先秦治道论

朱光磊 著

创于1897
商务印书馆
The Commercial Press

本书系国家社会科学基金青年项目
“先秦诸子社会治理的思想体系与理论判释”（18CZX041）结项成果，
并获苏州大学人文社会科学学术专著出版资助和
苏州大学哲学一级重点建设学科经费资助

目　录

导论
先秦治道论的建构路径与理论意涵

社会治理在新时代需要打破旧有程式，不断改革创新，以适应社会发展的要求。社会治理不但需要在具体操作层面上根据新的社会情况进一步丰富发展，还需要在思想观念层面上进行持续的拓展与改进。从前者来看，随着新时代社会情况的变化，各种社会组织复杂多样，产生各类差别性诉求，于是各类具体的治理手段需要得到多方面的加强；而从后者来看，厘清利用上述治理手段所达成的目的与意义则显得更为必要。在此意义上，中国传统的治理思想就具有非常重要的借鉴价值。

当下与历史并非截然无关，历史是过去的当下，当下是未来的历史。历史与当下是源与流的关系，虽然屡有波折变化，但仍具内在连续性。在这种连续性中，人的世界观、价值观、人生观仍旧暗含着传统的影响。此外，我们也需要看到，传统的与社会治理有关的思想学说，也并非完全与旧时代一起退出历史舞台，失去其时效性，而是仍旧具有普遍的理论维度，具有处理人类永恒问题的有效性。

中国先秦时期是思想的大爆发期，当时百家争鸣、处士横议，提出了各式各样的思想观点和理论论证。其中，具有系统性进而可以解释整体人生的思想学说大约可以分为儒家、道家、墨家、法家这四个学派。在后世的流传中，儒家思想成为主流，而其余思想则成为支流，时多时少地有所浮现。社会治理是整体人生的一部分，故在此四家思想中也颇有涉及。张舜卿先生曾言：“周秦诸子之言，起于救时之急，百家异趣，皆务为治。”[①] 故研读四家思想中有关社会治理思想的表达与理论论述，厘清先秦诸子关于社会治理的理论构建，能够帮助我们把握传统中国治理思想的核心与源头，并使之与现代社会治理的思想观念相会通，或许对于新时代社会治理的创新具有更为重大的启发效用。

一、社会治理古今意涵的会通

在传统文献中，并没有出现完全具有现代意义的有关“社会治理”的词语，但已经有了“社会”与“治理”二词。尽管这些词语的传统使用与现代使用有很大差别，然而它们的古今叠用仍旧说明了两者之间具有内在的共通性。我们可以从“社会”“治理”的传统意涵入手进行考察，并将之与现代意义上的“社会治理”进行联系会通，从而得出一个无论基于传统思想还是现代治理都能够被普遍接受的理论模式。

“社会”由“社”与“会”两个字构成。从“社”与“会”两个字上看，在许慎的《说文解字》中，“社”的意思是“地主也”[②]，本义是指土地神，即地方上的神灵，后引申为地方上的团体。“会”，《说文》曰“合也”，段玉裁注曰：“器之盖曰会，为其上下相合也。”[③] “会”的本义是器皿的盖子，可以上下合拢，后来引申为会

① 张舜卿：《周秦道论发微》，中华书局1982年版，第3页。
② 许慎撰，段玉裁注：《说文解字注》，上海古籍出版社1988年版，第8页。
③ 同上书，第223页。

聚、集合。因此，“社”与“会”结合而成的“社会”，则为各方土地神集会的节庆活动。然而，各个地方上的土地神不会自己来集会，必定是被各个地方组建的祭神团体拥簇而来。再进一步引申，各方的祭神团体转变为各类组织。聚会由具体节日的集聚转变为日常的各类关系。故而，“社会”由原本的各方土地神灵聚会，演变为各类组织的相互关系。这样“社会”就由具有宗教意义的词语转变为具有政治意义的词语。[①]

“治理”由“治”与“理”两个字构成。从“治”与“理”两个字上看，在许慎的《说文解字》中，“治”的意思是：“水，出东莱曲城阳丘山，南入海。”本义是一条河流的名称。段玉裁在《说文解字注》中说“今字训理，盖由借治为理”[②]，也就是说，“治”除了是河流名称外，在后世的其他用法与“理”字意义相同。“理”的意思是“治玉也”[③]，段玉裁注为：“《战国策》郑人谓玉之未理者为璞，是理为剖析也。玉虽至坚，而治之得其鰓理以成器不难，谓之理。凡天下一事一物，必推其情至于无憾而后即安，是之谓天理，是之谓善治，此引申之义也。戴先生《孟子字义疏证》曰：‘理者，察之而几微必区以别之名也，是故谓之分理。在物之质曰肌理，曰腠理，曰文理；得其分则有条而不紊，谓之条理。’郑注《乐记》曰：‘理者，分也。’许叔重曰：‘知分理之可相别异也。’古人之言天理何谓也，曰理也者，情之不爽失也，未有情不得而理得者也。天理云者，言乎

① 另一方面，作为土地神的“社”与作为粮食神的“稷”合成“社稷”一词。“社稷”即土地神与粮食神所保佑的领域。古代君王祭祀社稷，就是希望神灵能够保佑在王权统治范围内国土稳固、粮食丰收、百姓安居乐业，故而“社稷”一词就具有了政治的含义。

② 许慎撰，段玉裁注：《说文解字注》，第540页。

③ 同上书，第15页。

自然之分理也。自然之分理。以我之情絜人之情，而无不得其平是也。”[①] 段玉裁的解读可以分为三层意思。其一，“理”的原义是剖析玉石，将未经加工的璞石剖析加工为玉石。璞石是不完善状态，玉石是完善状态，“理”是由不完善达到完善的加工过程。其二，“理”作为加工手段可以因循具体的事项而表现在各个事项的加工过程之中，从而又具有差异性。其三，“理”的处事准则需要依照性情所发之正，遵守絜矩之道，将别人看作与自我一样的主体，在考虑自我性情的同时也要考虑到他人的性情，具有道德的同理心。以上三条，除第一条是本义之外，其余二条为引申义。从引申义看，“治”与“理”同，故“治理”的意思与“理”同，就是用道德价值来差异化地处理各类事项以达至完善。

在先秦诸子文献中，起码有两处出现了“治理”：一是《荀子·君道》：“明分职，序事业，材技官能，莫不治理，则公道达而似门塞矣，公义明而私事息矣。”二是《韩非子·制分》：“是故夫至治之国，善以止奸为务。是何也？其法通乎人情，关乎治理也。”这里的两个“治理”都不是剖析玉石的本义，而是“治理”的引申义，《荀子》中的“治理”倾向于达到完善状态的结果，《韩非子》中的“治理”倾向于达到完善状态的手段。[②]

---

① 许慎撰，段玉裁注：《说文解字注》，第15—16页。

② 汉代也有较多出现“治理”一词的文献。譬如，《韩诗外传》卷五曰：“天子三公，诸侯一相，大夫擅官，士保职，莫不治理，是所以辩治之也。”《孔子家语·贤君》曰：“孔子见宋君，君问孔子曰：‘吾欲使长有国而列都得之，吾欲使民无惑，吾欲使士竭力，吾欲使日月当时，吾欲使圣人自来，吾欲使官府治理。为之奈何？’孔子对曰：‘千乘之君，问丘者多矣，而未有若主君之问问之悉也，然主君所欲者尽可得也。丘闻之，邻国相亲，则长有国；君惠臣忠，则列都得之；不杀无辜，无释罪人，则民不惑；士益之禄，则皆竭力；尊天敬鬼，则日月当时；崇道贵德，则圣人自来；任能黜否，则官府治理。’”《老子河上公章句·守道第五十九》曰：“治人，谓人君治理人民。”《汉书·赵尹韩张两王传》曰：“壹切治理，威名流闻，及匈奴降者言匈奴中皆闻广汉。”

“社会治理”由“社会”与“治理”组合而成。依照传统的理解路径，我们可以做出如下的类推，“社会治理”可以理解为以道德价值为主旨来差异性地促成各类组织相互关系趋于完善。其中，组织既包含物，也包含人，同时还包含组织自身的价值目标。治理的方式既包含依附于具体事项的客观性的技能，也包含整体性的价值目标。这个整体性的价值，是社会治理的原初性动力，是贯穿于具体事项差异性价值中的宏观背景，是社会治理走向完善的最终目的。故而，整体性的价值目标全面体现在社会治理的起点、终点与过程当中。

在现代的理解中，社会治理虽然因维度差异而有不同的侧重，但大致可以达成一定的共识。对治理的理解如下：“治理是各种公共或私人机构和个人管理其共同事务的诸多方式的总和；治理是使相互冲突的或不同的利益得以调和并且采取联合行动的持续的过程。”① 而对社会治理的理解如下：“立足于一定社会基础之上的社会管理和社会自治共同构成了社会治理，社会治理既包括自上而下的管理，又包括自下而上的自治。”② 社会治理是组织之间的相互调和，而且这种调和在组织之间是上下双向进行的。

比较社会治理的古今意涵，传统意涵似乎比现代意涵更凸显了调和的依据，也就是整体性的价值目标。事实上，现代意义上组织之间的调和如果没有共同价值的维系也是难以长久成立的。当我们认识到这种共同价值不是外在的强制要求而是内在的价值自生时，则此共同价值应该会被社会治理的古今意涵所共同承认。

---

① The Commission on Global Governance, *Our Global Neighborhood: The Report of the Commission on Global Governance*, Oxford University Press, 1995, p23.

② 殷昭举：《创新社会治理机制》，广东人民出版社 2011 年版，第 17 页。

二、社会中的组织与价值

组织与价值是社会治理必须面对的两大维度。组织是社会治理的实务领域，价值是社会治理的精神领域。

（一）组织的理解

依据巴纳德的理解，组织可以被解读为："经过自觉协调的、两个或两个以上的人的活动和力量所构成的系统。"[①] 组织是自觉地通过一定关系结合成的群体系统。它可以是基于政治协作而形成的国家，可以是基于血缘亲情而形成的家庭，可以是基于经济利益而形成的企业，可以是基于兴趣爱好而形成的社团，可以是基于共同意愿而形成的协会，等等。同时，巴纳德又认为："最为综合的正式组织则被包含在非正式的、不确定的、模糊不清的、没有计划的系统之中，人们通常把后者称作'社会'。"[②] 社会是最大的非正式组织，而诸多正式组织与非正式组织都被社会这一最大的非正式组织所包含。

社会中的诸多组织大致可以分为三类。第一类是人类文明与生俱来的血缘族群。族群是人类生存的原初单位，它与人类先天的自然属性紧密关联，人脱离族群就没有办法维持日常生活。在文明的进程中，庞大的群体性族群慢慢演变为家族与家庭。可以说，现代意义上的家庭，就是原初组织的延续。第二类是人类文明发展至目前的最高政治组织——国家。国家不是文明与生俱来的，而是随着社会发展逐渐演变而成的，它与人类先天的自然属性无关，完全是后天文明进化的产物。吕思勉认为："社会与国家确系两物。未有国家之前先有社

① 巴纳德：《经理人员的职能》，王永贵译，机械工业出版社 2013 年版，第 61 页。
② 同上书，第 60 页。

会，社会是不能一天没有的。人永远离不开社会的，出乎社会之外而能生存的人，我们简直不能想象，而国家则是社会发展到某种程度应于需要而生的……所谓政治，就是国家所做的事情，国家既是社会发展到某程度应运而生的东西，政治自然也是社会发展到某程度应运而生的现象。”[①] 第三类是介于族群与国家之间的中间形态的组织，比如商业组织、慈善组织、行业组织、社团组织等等。它们多在第一类先天属性与第二类后天属性之间，在不同的划分体系中或与第一类结合或与第二类结合。[②]

（二）价值的理解

价值由人心择取而来。人心的经验设定在理论上是纯粹自由的。善念与恶念都在一念之间，并无善必然战胜恶或者恶必然战胜善的充分理由。但如果某种文化系统认为人心中存在一种本质性的道德精神，那么人心在纯粹自由当中，必然能够呈现出道德精神的方向指引，并在后续的实践中将此道德精神落实在具体的意愿与事务之中。然而，人不是纯粹个体的人，而是依附于具体组织的人，故人心的选择也会受到所处组织的影响而呈现出一定的客观性，从而表现出该组织的具体价值。该组织的具体价值既可能与道德精神保持一致，也可能与道德精神相违背。在后一状态中，就需要该组织内部成员的觉醒对其进行改进，或者该组织外部其他组织的制衡。

吕思勉将此善恶二念解读为公心与私心的关系，认为：“人类所组织的社会，有两心交战，正和我们一个人的心有善恶两念交战一

---

① 吕思勉：《中国文化思想史九种》，上海古籍出版社2009年版，第747页。

② 若在自由主义的理论框架中，第一类与第三类都为私人领域，行事注重自由原则，第二类为公共领域，行事注重法制原则；若在儒家思想的理论框架中，第二类与第三类都在家门之外，行事注重道义原则，第一类在家门之内，行事注重亲情原则。

样。这两条心是什么？便是（一）公心（二）私心。公心，是己欲立而立人，己欲达而达人。一个人好，就希望大家好，甚而至于为着人家不恤牺牲自己。因此，就发生出许多好的制度和好的事实——代表公意的制度和事实来。私心，是只顾自己不顾别人的，不但不肯损己以利人，还要损人以利己。因此，便生出许多坏的制度和坏的事实来。"① 公心与私心是人在处理人己关系时的两种心灵状态，由人对他者的定位而来，并存在于自我的一念之间。公心可谓善，在于其将他人作为与自我一样的平等主体来对待；私心可谓恶，在于其将他人作为实现自我的工具来进行不平等的对待。

公心和私心可以并存在个体之上，他既可以在某个与己无关的事项上表现出公心，但同时又在另一个关涉自家利益的事项上表现出私心。同理，公心与私心也可以并存在一个组织上，它可以在某个与本组织无关的事项上表现出公心，订立合于整体性价值的规范，但同时又在另一个关涉自身组织利益的事项上表现出私心，订立违反整体性价值的规范。

组织表现的具体价值可以视作群体人心价值选择的客观化状态。在具体的组织中，国家是其中的特例，它所反映的具体价值应该最为接近整体性价值，不但要确立自己的规范，还要制定其他组织的规范并管理其运行，故国家所产生规范的效果最为显著。在具体的治理过程中，可以自上而下地依仗全能型政府的单向度管理，也可以自下而上地发动各类组织进行网络化自治，更可以将上述两种维度结合起来进行综合的治理。

理想中的全能型政府可以通过各种手段有效地贯彻整体性价值于

① 吕思勉：《中国文化思想史九种》，第747—748页。

社会各个方面。但这样做的问题是，全能型政府未必能如此理想，而且容易走入单向治理的盲区，又会削弱社会的自治性。整体性价值本来植根于每个人的道德意识中，可以通过无数个体与各类组织表现出来，国家固然是一主要的表现载体，但不是唯一的表现载体。与其依靠全能型政府来贯彻整体性价值，不如依靠全体社会来自发地贯彻整体性价值。第一类的族群与第三类的组织可以发挥很多积极的作用，很多方面比国家的单方面治理更具有效性。通过组织之间的互动，可以使各类组织的客观化价值重新调整，在表现差异性的同时融入整体性价值中。

组织与价值都基于人本身而得以成立，从而构成各类关系相互交错的社会。组织是人先天或后天所从属的系统，价值又是人的自由意识所抉择的主导方向。组织的具体价值表现为其构成人群的共同选择，并对其他组织产生制约与融合的契机。社会治理在思想观念上协调各类组织的关系，就需要在制度设计上限制各类组织违背整体性价值的自我膨胀发展，在思想文化上树立公心所彰显的道德价值，进而将此道德价值贯穿在组织的具体事务中。

三、先秦诸子社会治理思想的理论构建

在先秦时代，社会上诸多组织的发展不如现代社会这样丰富。若依照上述三类的划分，有第一类的族群、第二类的国家，第三类的组织则不明显。而且，在周代封建制家国同构的时代背景下，族群与国家具有紧密的联系。但是，我们仍可以在这样的原初组织构成中抽取出族群与国家两个不同的组织系统，作为一般原则进行讨论。

先秦诸子中具有整体性思想系统的，主要为儒家、道家、墨家、

法家。他们都对人具有自我独特性的理解，并就整体性价值提出各自不同的完整解说，进而将此价值落实在族群精神与国家精神上。

依照四家学派的思想观点以及族群与国家的二分法，我们可以建构先秦诸子社会治理思想的理论框架，分别有以下四大维度：

其一，治理本体，探讨社会存在的整体性价值的形上学表达。

其二，治理伦理，探讨整体性价值在人际交往上的关系。

其三，治理措施，探讨组织内部与组织之间的维持与纠偏措施。

其四，治理秩序，探讨整体性价值如何客观化为组织的差异性状态。

其中，治理本体与治理伦理来自价值观念，属于精神领域；治理秩序与治理措施来自组织功能，属于实务领域。

（一）四家治理本体的内涵

社会治理归根结底是人的治理。故社会治理的基础性依据应该来自人的存在性。存在的人在本体意义上的价值取向构成了人存在的意义。人在具体经验的存在中，必然或多或少地偏离此本体意义的价值，而促使偏离的回归也就成了社会治理的意义。

在以孔、孟为代表的先秦儒家思想系统中，人心本身具有内在的仁爱，具有四端之心。这些道德意识是人之所以为人的根本，先天、普遍根植于每个主体之中。人在没有任何杂念的前提下，就天然地具有成就其所面对对象的意愿。此道德意识既是人自身内在的，故为主体性的；又是天然所本有的，故为普遍性的。从前者看此主体性，为良知；从后者看此普遍性，为天理。人心的道德意识，就是天理的好生之德，两者本来即一物。孔、孟的德性精神在儒家社会治理思想中具有本体地位。人在处理万事万物的过程中，都需要将此成就完善对象的精神表现出来，开物成务，经世济民。

在以老、庄为代表的先秦道家思想系统中，世界本来没有一致的标准，没有终极的意义，没有普遍的真理，没有恒常的原则。在没有本体价值主宰的情况下，各种各样的事物都依照自己的本性进行生长，而不以自己的本性来要求其他事物的生长，这最为符合道家的精神。故道家的价值本体是对儒家本体实有性的消解，体现了无的精神。在无的价值本体下，体现万物诸多个体性的“有”就能够完全自然自由地成长。

在以墨子为代表的先秦墨家思想系统中，世界具有一个至高的主宰，至高的主宰通过墨家团体的巨子来传达天志。故巨子虽然不是至高主宰的天，却是天的唯一代言人。天志要求所有人普遍地爱所有人，所有人普遍地帮助所有人，所谓“兼相爱，交相利”。而且，这种爱与利主要表现在基本的物质生存需求上，而不表现在精神文化的发展上。

在以韩非子为代表的先秦法家思想系统中，世界是没有普遍价值的气化流行的存在。人性只是本能的动物性，贪赏厌罚，好逸恶劳。人与人本身没有什么不同，仅仅因权势而划分出君王与臣民的不同。在此种权势下，世界的根本价值来自君主个体。君主个体理性化的利益趋向就代表了整个国家甚至整个世界的方向。

（二）四家治理伦理的内涵

治理本体的预设通过人与人的关系而获得形而下的具体体现，进而被塑造为治理伦理。人又处于不同的组织当中，于是在不同的组织中就会有不同的伦理要求。

在以孔、孟为代表的先秦儒家思想系统中，在先天的超越德性上，贵族与平民具有等同的价值。人与人的差别主要表现在是否能够将本有的德性扩充发挥出来。人是处在具体的组织环境中的，故扩充发挥德性需要依靠组织环境的外援以及自身的努力。儒家认为人所处的最为原初的组织就是族群，所以尤为注重家庭伦理的教育，提倡孝悌之义。人由家庭走向社会，学而优则仕，成为国家组织中的一员，于是儒家又提倡对于天下社稷的忠义之心。父慈子孝、君仁臣忠，成为儒家思想在族群与国家两大组织中所体现的伦理教诲。

以老、庄为代表的先秦道家思想系统中，既然没有先天实有的本体价值，那么个体与个体之间就没有可比性。每个个体固然有自身的特性，相互之间各有不同，但不能说某物的个性高于或者低于另一物的个性。因此，道家认为人与人之间本没有高低贵贱之分，人与人的交往需要随性而为，不应该被俗礼约束。事实上，道家并不主张人与人之间需要具有积极的伦理关系。老子认为小国寡民、民至老死不相往来是最好的组织形态。庄子甚至对各类组织中的伦理关系表现出更为冷淡的态度。在族群组织中，庄子并不在意儒家所提倡的仁爱之情。庄子妻死，庄子非但不哀悼，反而鼓盆而歌，庆祝妻子终于摆脱了人伦的束缚。在国家组织中，庄子也并不在意儒家所提倡的忠义之理。楚王请庄子出仕，庄子以乌龟作比，认为与其在庙堂上做被人供奉的死去的神龟，不如在荒野中做曳尾于烂泥中的活龟。

以墨子为代表的先秦墨家思想系统中，先天的实有本体来自天，而出自巨子。能够通晓天意的巨子就比不能通晓天意的一般民众具有更高的地位。因此，在理论设定上，巨子与民众之间是不平等关系。然而，天意中“兼相爱，交相利”的内容已经成为墨家的客观化传统，巨子个体难以挑战这样的传统，故而被这样的气氛笼罩着的墨家团体中，人与人之间仍旧具有实际上的平等关系。墨家团体本身作为一个组织具有强大的凝聚力，其一切平等分配的伦理关系大大弱化了族群组织中的儒家伦理色彩。但是，墨家团体在与国家组织打交道时，无法推行积极的墨家主张——促使对方实施兼爱，故只能推行消极的墨家主张——帮助对方防御敌人。

以韩非子为代表的先秦法家思想系统中，民众都是动物性的存在。人与人由于权势的不同而形成不平等的关系。法家学说帮助掌握权势者进一步巩固其至上的地位，定立名法来巩固其权势。在名法的系统中，民众作为成就君主利益的手段，成为物化的存在；君主作为利益的集大成者，也成为物化的存在。

（三）四家治理措施的内涵

从治理本体、治理伦理到治理秩序，是治理理论从形上到形下的一致性表达。而治理措施则是促使形下秩序与形上精神达成一致的方法，即在初步一致中继续深入落实的方法以及在不一致中改错纠偏的方法。

在以孔、孟为代表的先秦儒家思想系统中，治理措施主要为外在的礼乐、律法的规范以及内在的道德意识的觉醒。儒家认为，天地万物存在建立在道德意识上，如《孟子·尽心上》说："万物皆备于我矣，反身而诚，乐莫大焉。"故道德意识的觉醒是最为核心的治理措施。道德意识的觉醒完全依靠自身，虽非外力所能决定，却为外力所影响。故柔性的礼乐教化与刚性的法律法规就有存在的必要。礼乐教化可以在潜移默化中影响人的品性，法律法规可以通过强制性的威慑力来禁止人作奸犯科。族群组织主要建立在血缘伦理引发的情感的基础上，国家组织主要建立在公共伦理中道义的基础上，故族群组织与国家组织的治理措施并不相同。在有血缘关系的家庭组织中，如果长辈有错误，晚辈需要不断地劝解。如果长辈不听，晚辈应继续劝解，不能强行解除家庭关系。在国家组织的公共关系中，如果君主有错误，臣子也需要劝解。但如果君主不听，臣子可以强行解除君臣关系，甚至替换君主、改变国家典章制度。

在以老、庄为代表的先秦道家思想系统中，社会秩序本身具有自然的法则，万物依循自身的本性而生长就会天然和谐，而人力在此方面起不到任何作用。故有效的治理措施就是去除人力的造作，不是强加各类标准，而是去除各类标准，损之又损，以至于无。无为而治就是最好的治理。

在以墨子为代表的先秦墨家思想系统中，社会治理措施就是让一切个体与组织都服从天志。在墨家团体内部建立起严格赏罚机制，迫使人们努力向天志的方向靠拢。同时，又营造鬼神的气氛，将鬼神塑造成为天志的辅翼，监察人在精神领域是否依照天志来思考。这样，律法制度在公共性的群体交往中起到规范作用，而鬼神观念则在律法无法有效执行的精神领域起到规范作用。墨家思想系统中似乎没有对不称职的巨子进行弹劾的制度。现任巨子的合法性似乎源于上任巨子的任命，而此任命来自天志。天志是不会错的，故每任巨子也不会有不称职的情况出现。

在以韩非子为代表的先秦法家思想系统中，君主需要理性而冷峻地考量他的利益所在，不能被自身情感的波动所左右，并依靠法与术来维持并加强保证君民权势的差异。一方面，君主颁布名法来维持巩固自身的权势。名是对于各类人的要求规范，法是确保人遵守相应的要求规范的赏罚措施。这样的手段体现在社会各个方面。故而在法家的社会秩序中，君主代表的国家意志彻底贯彻到整个社会，落实到每个家庭，一切组织的特性都应被取缔而纳入代表君主意志的国家政权中去。另一方面，君主依靠南面之术，掩藏自己个体性的喜怒哀乐，成为没有情感、让人捉摸不透的渊府，并不断地试探臣民对于君主的忠心，让臣民无法顺着君主的情感弱点来制约君主，在心理上不敢生反叛之心。法家的治理措施也没有弹劾君主的制度，仅有针对君主自身的个体情感无法彻底服从个体利益最大化的理性化设计时进行劝诫。

（四）四家治理秩序的内涵

伦理显示了人与人关系的应然性要求。由此应然性要求，客观化的社会秩序得以建立。因此，治理伦理奠定了治理秩序的基础。

在以孔、孟为代表的先秦儒家思想系统中，族群中的族规家风是家族伦理的具体表达，国家中的典章制度是公共伦理的具体表达。一切礼乐制度都来自伦理的要求，都可以从君臣、父子、夫妇、兄弟、朋友的伦常关系中获得应然性的理论支持。甚至在后世的理论发展中，士农工商各个阶层都有应然性的伦理要求，催生了各行各业的职业伦理与职业规范。

在以老、庄为代表的先秦道家思想系统中，一切人为的秩序规范都是造作的产物，都是戕害自然天性的“凶手”，故老、庄反对一切社会秩序的建构。但道家欣赏自然的秩序，让万物复归于万物，万物之间具有天然的和谐。这种秩序不用丝毫人力，而全凭无思无虑的道的力量。

以墨子为代表的先秦墨家思想系统中，最好的秩序就是依循天志而建立的人间法则。这种秩序是以传达天志的巨子为中心建立的严格的律法制度，贯穿着墨家“兼相爱，交相利”的伦理主张。这样的主张超越了族群、国家等组织的自身特征，实质上是取缔了各类差异性组织而将之纳入墨家的组织原则中，将人类一切现实中的不平等统一到墨家风格的彻底平等之中。

以韩非子为代表的先秦法家思想系统中，君主需要依靠名与法来维持巩固自身的权势。名是对于各类人的要求规范，法是对于人是否达到相应要求规范的赏罚措施。这样的手段体现在社会各个方面。故而在法家的社会秩序中，君主代表的国家意志彻底贯彻到整个社会，落实到每个家庭，一切组织的特性都应被取缔而纳入代表君主意志的国家政权中。

四、四大模式的理论特征与启示作用

社会治理虽然有古今的不同，但更大的差异可能体现在治理技术以及治理技术的发展对原先陈旧保守的治理观念的突破上，而对于治理本体、治理伦理以及在两者导引下所产生的治理秩序、治理措施及其普遍性导向上，可能并没有颠覆性的变化。因此，我们可以说，先秦诸子所建立的社会治理思想系统的理论范式仍旧具有其普遍的生命力，成为中国传统社会治理思想的四大模式。其所展现的理论特征，仍旧可以对当下的社会治理产生极大的启示作用。

简单地说，四大治理模式具有如下的理论特征：

（一）本体预设是社会治理不可回避的根本性问题

儒、道、墨、法四家社会治理体系在对价值与组织的理解上各有差异。其根本原因，可以归根于四家思想的本体预设各不相同。儒家认为人类世界具有普遍的客观化价值；道家否认这样的客观化价值的存在；墨家承认有客观化价值，但其并不普遍存在于每个人心中，而是仅巨子所能得知；法家否认世界具有客观化价值，只承认君主一人的理性化价值。这些根本性的差异性本体预设导致了其后伦理、制度、机制上的不同。

（二）思想系统本身没有绝对的正确与错误

关于本体预设所揭示的终极价值是否存在的问题，本身不是理性能够证明其有，也不是理性能够证明其无的。与其说是一种哲学性的命题，毋宁说是一种宗教性的命题。在此意义上，任何一种预设都不能说是绝对正确或者绝对错误的，各家都可以构建出比较完整的整体性系统。对于思想系统本身而言，诸家治理思想并没有高低之分，都能在其理论内部获得自洽的证明。

（三）传统社会治理思想在古今时代长河中不断翻新融合

儒、道、墨、法四家的社会治理思想，存在于各个时代中国人的思维中，而且在各种不断翻新的理论中都能找到其历史影响。儒家治理思想虽然成为历史的主流，但在具体的实施过程中，又掺杂了法家的治理模式；道家治理思想虽然缺少积极建构的倾向，但对于严刑峻法这种权威体制的弊端又具有正面的矫正作用；墨家治理思想虽然在先秦之后逐渐消亡，但其实仍存在于后世的江湖帮派、起义团体之中；法家治理思想虽然由于秦的覆灭而背上骂名，但一直作用于后世的君主治国之道中。而且，后世的治理之法未必完全依靠某一家的系统，甚至出现杂家糅合各种不同的治理理论来进行综合的实践。

（四）儒家社会治理思想的历史影响最为宽泛与悠久

虽然从理论自身而言，先秦四家学说都有其合理性；但从理论融合与历史经验上看，儒家思想最能够融合其他思想，并在历史实践中取得较好的效果。在具体治理中无论掺杂何种思想体系的治理方式，都需要将其融入儒家社会治理的思想系统中，才能够具有真正长久的生命力。这种实践性的效果，既是儒家自身义理特征完满性的体现，也是中国传统历史文化的选择。

上述理论特征给予我们的启示非常丰富。我们当下的社会治理，不能仅仅从治理措施与治理方法上着眼，更需要厘清治理的价值意义，以及治理的价值性目标与治理措施方法的内在一致性关系。不能简单地排斥其他思想系统的治理模式，而要合理地进行创新发展，在理论上进行思想系统的会通，在实践上进行治理方法的综合。在融合其他治理系统时，最需要重视的是传统的儒家社会治理思想。儒家社会治理思想本身的融合度与创新性居于四家思想系统之首，在思想文化的发展史上又不断吸收其他各家的思想来发展自己，故现代社会治理的思想系统更应该考虑与儒家思想进行创新融合。

第一章
先秦天道历史演变的四大阶段与理论特征

治理行为并不仅仅是一个技术性的操作手段，行为背后具有相关价值考量。对于社会治理而言，其治理依据就是整体社会的最大价值，或者说是整体社会的意识形态。此意识形态在先秦时期，就是所谓天道。

天道被认为是最为基础也最为终极的真理，万物起始于天道又复归于天道，故人世间的一切活动——从个体的修身到天下的治理，在终极意义上都必须以天道为准衡。天道赋予社会治理以合法性、指导性、权威性。

先秦时期，天道演变可以分为四个阶段。第一个阶段，以绝地天通为中心事件，由民神杂糅变为民神不杂，天道由开放转向垄断；第二个阶段，以周革殷命为中心事件，由皇天有亲变为皇天无亲，天道由垄断转向开放；第三个阶段，以礼崩乐坏为中心事件，道家、墨家、儒家依据自身学说，通过截取天道变化的历史痕迹来重新赋予天道以各类新的意义，天道仍旧保持一定程度的开放状态；第四个阶段，以邹衍的五德终始说与韩非子的法家学说为代表，天道由开放转向垄断。第三、第四阶段，可以视为士人真正自觉地创造整体社会价值系统的时代。

一、绝地天通：从民神杂糅到民神不杂

在上古思想史中，绝地天通可以被视为十分重要的文化事件。事件的相关记载主要在《尚书·周书》以及《国语·楚语》之中。

《尚书·周书·吕刑》中有一段较为简易的记载，其曰：

> 若古有训，蚩尤惟始作乱，延及于平民，罔不寇贼，鸱义，奸宄，夺攘，矫虔。苗民弗用灵，制以刑，惟作五虐之刑曰法。杀戮无辜，爰始淫为劓、刵、椓、黥。越兹丽刑并制，罔差有辞。民兴胥渐，泯泯棼棼，罔中于信，以覆诅盟。虐威庶戮，方告无辜于上。上帝监民，罔有馨香德，刑发闻惟腥。皇帝哀矜庶戮之不辜，报虐以威，遏绝苗民，无世在下。乃命重、黎，绝地天通，罔有降格。群后之逮在下，明明棐常，鳏寡无盖。

这段描述主要是说蚩尤与苗民作乱，遭到了天帝的惩罚从而导致绝地天通、罔有降格。

《国语·楚语》中的记载是楚昭王向观射父询问《尚书·周书》中绝地天通的事件，而观射父详为作答，故该文献可以视为对《尚书·周书》的补充，其曰：

> 昭王问于观射父曰："《周书》所谓重、黎实使天地不通者，何也？若无然，民将能登天乎？"
>
> 对曰："非此之谓也。古者民神不杂。民之精爽不携贰者，而又能齐肃衷正，其智能上下比义，其圣能光远宣朗，其明能光照之，其聪能听彻之，如是则明神降之，在男曰觋，在女曰巫。是使制神之处位次主，而为之牲器时服，而后使先圣之后之有光烈，而能知山川之号、高祖之主、宗庙之事、昭穆之世、齐敬之

勤、礼节之宜、威仪之则、容貌之崇、忠信之质、禋洁之服而敬恭明神者，以为之祝。使名姓之后，能知四时之生、牺牲之物、玉帛之类、采服之仪、彝器之量、次主之度、屏摄之位、坛场之所、上下之神、氏姓之出，而心率旧典者为之宗。于是乎有天地神民类物之官，是谓五官，各司其序，不相乱也。民是以能有忠信，神是以能有明德，民神异业，敬而不渎，故神降之嘉生，民以物享，祸灾不至，求用不匮。

"及少昊之衰也，九黎乱德，民神杂糅，不可方物。夫人作享，家为巫史，无有要质。民匮于祀，而不知其福。蒸享无度，民神同位。民渎斋盟，无有严威。神狎民则，不蠲其为。嘉生不降，无物以享。祸灾荐臻，莫尽其气。颛顼受之，乃命南正重司天以属神，命火正黎司地以属民，使复旧常，无相侵渎，是谓绝地天通。

"其后，三苗复九黎之德，尧复育重、黎之后，不忘旧者，使复典之。以至于夏、商，故重、黎氏世叙天地，而别其分主者也。其在周，程伯休父其后也，当宣王时，失其官守，而为司马氏。宠神其祖，以取威于民，曰：'重实上天，黎实下地。'遭世之乱，而莫之能御也。不然，夫天地成而不变，何比之有？"

《国语》的内容比较详细。在观射父的描述中，本来远古时期是民神不杂的，祭祀有觋巫负责，其他老百姓都听从觋巫的安排。后来民神杂糅，老百姓家家都可以祭祀，于是产生了各种灾祸。这种民神杂糅的情况出现了两次，一次是九黎作乱，一次是三苗作乱，分别由颛顼和尧重新制定了绝地天通的政策。于是，掌管祭祀、传达天意就为相关官员所垄断。余英时认为："在'绝地天通'时期，只有地上人王以全民代表的名义拥有与'帝'或'天'直接交通的特权。（另一方面，王对于万民则号称他是奉‘天’或‘帝’之‘命’在人间建立并维持秩序的。）但是他必须通过一种特有的神奇法术才能和‘帝’或‘天’取得直接联系，这便是所谓‘巫术’。王或者以‘群巫之长’的身份，或者指派他所信任的巫师主持天人之间的交通。”①可见，绝地天通不是断绝人“登天”的途径，而是剥夺了人人都可以向至上神祭祀的权利。由人人都可为觋巫并领受天意，转变为只有某一特殊阶层可以祭祀、领受天意。

最初的民神不杂的状态，可以说是自然形成的部落的觋巫传统。至上神的神意通过这些觋巫传达至人世，部落群体自发地认可觋巫对于天意的传达。然而，在九黎、三苗的影响下（为何会产生这样的影响，则不得而知），人人都去祭祀至上神，于是自然形成的天意传达渠道就被破坏了。人人都可以通过祭祀领受天意，那么对于同一件事情，天意的判断就可能产生矛盾对立，到底以谁领受的天意为准，就会产生疑问甚至斗争。这种民神杂糅的状态破坏了部落运行的秩序。故而，垄断天意的传达，就是绝地天通需要执行的任务。天意只能通过唯一的渠道传达，谁获得此垄断权，谁就是至上神在人世的代理人。故而，绝地天通的事件，表面上看是一个宗教事件，其实是一个政治事件。这样从远古至绝地天通，可以有三个状态。其一，自然的觋巫传统；其二，九黎、三苗影响下的民神杂糅；其三，民神不杂下的权力垄断。在自然的觋巫传统下，人与人之间有着原始的平等，觋巫的权力并没有自发地进行自我包装和自我垄断。在民神杂糅状态下，人与人之间开始有权力之争，从而导致社会日益混乱。在民神不杂状态下，权力被部分统治阶级垄断，社会又重新趋向安定。但在这

① 余英时：《论天人之际》，中华书局2014年版，第163页。

种状态下，不能祭祀通神的群体与可以祭祀通神的群体之间就产生了阶层的分化，原始的平等状态由此被打破。故而，从民神杂糅到民神不杂，是权力由自然走向自发的过程。

二、周革殷命：从皇天有亲到皇天无亲

在绝地天通的状态下，只有特殊阶层的人才能与神相通，故而可以通神的阶层就成为天意传达者，并进一步垄断权力，成为贵族；而不能通神的群体，就会在部落中低一等级。由此，超越的天意遂与世间的王权结合在一起。这样的一种观念在绝地天通之后，完全有可能一直延续到周初。

在殷人的卜辞中，有“宾于帝”之说。“帝是天地宇宙之主，并没有作商王始祖的意味。一切先王包括始祖的身份，都在帝之下。不过与此同时，先王升天而位于帝左右，自然天神都不如先王离上帝那么近。”[①] 殷人认为，自己死去的祖先与作为至上神的“帝”在一起，殷人通过祭祀祖先来沟通天意。《尚书·商书·高宗肜日》中记载了祖己劝诫商王武丁的话：

> “惟天监下民，典厥义。降年有永有不永，非天夭民，民中绝命。民有不若德，不听罪。天既孚命正厥德。”乃曰：“其如台？呜呼！王司敬民，罔非天胤，典祀无丰于昵。”

从祖己的话中，我们可以看到商人认为上天监视世上的君王，君王若不听命于天就会获罪。执政者需要怎么办呢？祖己给出的方法是

---

① 郭静云：《天神与天地之道：巫觋信仰与传统思想渊源》，上海古籍出版社 2016 年版，第 508 页。

“王司敬民，罔非天胤，典祀无丰于昵”，孙星衍解释“王司敬民”为“王司者，言王嗣位也。民者，对天之称，谓先王”[①]，于是这句话的意思就是后王要敬奉所有死去的历代先王，因为这些先王都是上天的后代，不要仅仅对自己的近祖祭祀丰盛。这样一来，世间的君王保持政权最为重要的方法，莫过于虔诚地祭祀历代祖先，小心翼翼地奉承天帝。

祭祖奉天甚至演变为维护政权最为核心的方法。从《尚书·商书·西伯戡黎》一段祖伊与纣王的对话中，可以看出祭祖奉天的地位：

> 西伯既戡黎，祖伊恐，奔告于王。曰：“天子！天既讫我殷命。格人元龟，罔敢知吉。非先王不相我后人，惟王淫戏用自绝。故天弃我，不有康食。不虞天性，不迪率典。今我民罔弗欲丧，曰：‘天曷不降威？’大命不挚，今王其如台？”
>
> 王曰：“呜呼！我生不有命在天？”
>
> 祖伊反曰：“呜呼！乃罪多，参在上，乃能责命于天？殷之即丧，指乃功，不无戮于尔邦！”

在商人的传统视域中，王权主要来自祖先天帝的保佑。但在祖伊看来，王荒淫无度，激起了天怒民愤，祖先也无法保佑了。可是纣王仍旧秉持着传统的观点，认为“我生不有命在天?”，相信祖先天帝仍旧会保佑自己的王权。

商人这种根深蒂固的观点在周革殷命之后彻底分崩瓦解。原来商人依靠祖先保佑政权合法性的说法已经无法解释小邦周取代大邦殷的事实。这个时候，周人需要给殷人以及其他族群一个新的说法。周人给予天下的说法是“皇天无亲，惟德是辅”（《尚书·周书·蔡仲之

---

① 孙星衍撰，陈抗、盛冬铃点校：《尚书今古文注疏》卷七，中华书局2004年版，第245页。

命》），意思是上天不会因为谁的祖先在其左右就保佑谁的政权，而是会保佑那些有德的政权。而所谓“德”，虽然也包含对于上天的敬奉，但敬奉的重点却转移到了“敬德保民”。周公追念周历代圣王保民之事，曰：

厥亦惟我周太王、王季，克自抑畏。文王卑服，即康功田功。徽柔懿恭，怀保小民，惠鲜鳏寡。自朝至于日中昃，不遑暇食，用咸和万民。文王不敢盘于游田，以庶邦惟正之供。文王受命惟中身，厥享国五十年。（《尚书·周书·无逸》）

周公认为，周的统治者能够“敬德保民”，故而赢得了上天的青睐；而商的统治者不能够“敬德保民”，故而惹怒了上天，于是天下共主的政权由商转移到了周。郭齐勇先生认为：“在殷周之际的革命中，较之夏殷两代的主政者，周公等人的观念发生了一定的变化，即把‘以祖配天’发展成‘以德配天’，把血缘性的祖宗崇拜，发展为政治与道德性的祖宗崇拜，把外在性的天神崇拜，逐渐内在化、道德化。这些变化对整个中国哲学思想史的走向起了决定性的作用。”①周革殷命，将原来政权所依靠的血缘关系转变为道德关系。这样的转变，将殷人贵族一家的权力垄断敞开给了天下。也就是说，无论哪个部落首领，只要其有德行，能够敬德保民，就能够获取天下共主的地位。这种权力的敞开，可以视为绝地天通权力垄断之后的一次反动，它似乎又回到了民神杂糅的自然状态中，但又与民神杂糅的自然状态不同。民神杂糅的自然状态是非理性的宗教精神意义上的平等，而周人“皇天无亲，惟德是辅”是道德理性意义上的平等。权力由敞开到垄断再到敞开的历程，不啻历史文化的一大进步。

① 郭齐勇：《中国哲学史》，高等教育出版社2006年版，第16页。

与此同时，王权所依靠的上天也随着王权合法性基础的变化而产生变化。一方面，人要奉迎天帝，由原来的无条件地听从天帝的任何命令，变为无条件地听从天帝的道德命令。这样一来，人格神由至上的权威转变为至上的道德。另一方面，人格神的命令是非理性的，只能靠不断祭祀、不断占卜来获取，而道德命令则是理性的，人可以依靠自己的内心来获取。道德命令在实践上必然表现为保民爱民，人可以比较有把握地依靠自己的道德理性来取得天帝的保佑。这样一来，人格神由无法把握的随意性转变为可以把握的客观性。道德性与客观性的增强，进一步削弱了至上神的人格神色彩，同时促发了人内心的道德理性以及道德律令的客观化。

三、礼崩乐坏：从周礼瓦解到各家新说

以周公为核心的周人对于天道作出了新的“皇天无亲，惟德是辅”的诠释，并在此基础上全面建构了整体性的文化制度，即所谓“周礼”。周礼规范了衣食住行、等级秩序、分封制度以及整体族群为之奋斗的核心价值。作为周的社会治理的价值系统，周礼的影响一直有效维持到西周末年。然而，自东周始，周作为天下共主的地位开始受到挑战，贵族地位逐渐下滑，平民与士的地位不断上升。原来周礼所规定的社会秩序遭到了瓦解，原本贵族所持有的学术思想逐渐流向了民间。“大抵古代学术，只有一个‘礼’。古代学者，只有一个‘史’。史官随着周天子之封建与王室之衰微，而逐渐分布流散于列国，即为古代王家学术逐渐广布之第一事。”[1] 先秦诸子百家正是在

① 钱穆：《国史大纲》，商务印书馆1996年版，第94页。

礼崩乐坏的社会背景中逐渐成长起来的。

面对周原有价值系统的崩溃，先秦诸子需要重新确立新的社会价值系统。在最高价值的理论建设上，他们所共同享有的思想资源就是上古到周的天道演变历程。从民神杂糅到民神不杂，相对先秦诸子是非常古老的文化事件，而从皇天有亲到皇天无亲，相对先秦诸子则是近世的文化事件。

司马谈曰："夫阴阳、儒、墨、名、法、道德，此务为治者也，直所从言之异路，有省不省耳。"（《史记·太史公自序》）除阴阳家、名家之外，在先秦诸子中，儒、道、墨、法四家的思想最为整全，对于社会、人生具有整体性的理解。他们的理论创造都截取了古代天道演变中的相关部分作为思想资源，从而构建出多元化的各具特色的社会治理价值系统。

（一）道家天道观新诠

从天道演变时间顺序来看，截取天道演变最初状态来建立学说的思想流派为道家。道家思想的代表人物是老子和庄子。司马谈论道家学说曰：

> 道家无为，又曰无不为，其实易行，其辞难知。其术以虚无为本，以因循为用。无成埶，无常形，故能究万物之情。不为物先，不为物后，故能为万物主。有法无法，因时为业；有度无度，因物与合。故曰"圣人不朽，时变是守。虚者道之常也，因者君之纲"也。群臣并至，使各自明也。其实中其声者谓之端，实不中其声者谓之窾。窾言不听，奸乃不生，贤不肖自分，白黑乃形。在所欲用耳，何事不成。乃合大道，混混冥冥。光耀天下，复反无名。凡人所生者神也，所托者形也。神大用则竭，形

大劳则敝，形神离则死。死者不可复生，离者不可复反，故圣人重之。由是观之，神者生之本也，形者生之具也。不先定其神形，而曰“我有以治天下”，何由哉？（《史记·太史公自序》）

司马谈总括道家为无为而无不为，并认为虽然单看文字不甚明白但具体实施则较为容易。司马谈对于道家的具体观点可以分为四个部分。其一，虚无为体。道家思想以虚无为其本体。既不在万物之前来控制万物，又不在万物之后被万物所牵引，而是成就万物之实情，主之于自然。其二，因循为用。道没有自己的主见，而是顺着万物之实情来变化。因时有法则有法，因时无法则无法；因物有度则有度，因物无度则无度。其三，名实相符。道家体用之学用于治理，则是让万物都依照其实情来变动。万物之实情，就是万物之性分、万物之自然。如果某物的名声和实情相符合，则是良好的状态，有利于社会治理；如果某物的名声和实情不相符合，则是败坏的状态，不利于社会治理。故应提倡正确的名实关系，从而将名实相符与名实不符区分开来，让万物都在自然之性上变动，不去追求不合于性分的名望。其四，神形俱养。明确神的主体义、形的承载义，认为神形不能相分，需要共同保养神形。以上四点，其一、其二是理论上的本体特征与运用原则，其三、其四是实践上的群体治理和个体修身。

道家思想的最大特征是无为而无不为。无为是从虚无之体上说的，无不为是指主体去除成见而随性任运、因循为用。在这个意义上，没有一物可以建立起具有实际内容的普遍法则，没有一物可以对其他各物强加干涉。万物都依照自然去发展变动，呈现出一派和谐融合的境界。这种没有外在强制力、固定性、普遍性而天然和谐的理想，十分类似绝地天通之前自然部落中的素朴状态。黄玉顺认为：“‘民神杂糅’正是前原创期的观念世界的基本事实：那是在生活感悟中显示出来的生活本身的本源情境，那是天地人神交融共处，不分彼此。而观射父所谓‘民神不杂’‘绝地天通’，作为原创时期形而上学建构的开端，却正是对这种本源的生活情境的打破。”[①] 需要指出的是，黄先生将绝地天通之前的状态归纳为纯粹自然的状态，而笔者认为绝地天通之前的状态有两类：一类是纯粹自然的状态，属于“天地人神交融共处，不分彼此”；另一类是民神杂糅后不自然的状态，已经具有彼此之争，各以交通天神为自我标榜。故在对前一类社会性质的理解上，笔者的观点与黄先生相同。借用黄先生的理论框架，绝地天通之前的世界具有生活本身的本原情境，那么可以说这一理境与道家思想具有极大的相通之处。

在老、庄的叙述中，道家之道似乎存在于上古的源头。老子言：

> 吾不知谁之子，象帝之先。（《道德经·第四章》）
>
> 执古之道，以御今之有。能知古始，是谓道纪。（《道德经·第十四章》）
>
> 古之善为士者，微妙玄通，深不可识。（《道德经·第十五章》）

道无法再往前推，没有东西来生成道。道的存在都在上古，故谓“执古之道”“古始”“古之善为士者”。道本身即本原，故道不是“谁之子”，反而作为主宰的“帝”由道所派生。故老子言“象帝之先”，庄子言“生天生地”。

庄子言：

> 夫道，有情有信，无为无形；可传而不可受，可得而不可

---

① 黄玉顺：《绝地天通：从生活感悟到形上建构》，载《面向生活本身的儒学——黄玉顺生活儒学自选集》，四川大学出版社2006年版，第111页。

见；自本自根，未有天地，自古以固存；神鬼神帝，生天生地；在太极之先而不为高，在六极之下而不为深；先天地生而不为久，长于上古而不为老。豨韦氏得之，以挈天地；伏牺氏得之，以袭气母；维斗得之，终古不忒；日月得之，终古不息；堪坏得之，以袭昆仑；冯夷得之，以游大川；肩吾得之，以处太山；黄帝得之，以登云天；颛顼得之，以处玄宫；禺强得之，立乎北极；西王母得之，坐乎少广，莫知其始，莫知其终；彭祖得之，上及有虞，下及五伯；傅说得之，以相武丁，奄有天下，乘东维，骑箕尾，而比于列星。（《庄子·大宗师》）

在庄子看来，道的存在早于任何圣王的时代，那是天地鬼神都未经人的刻意安排而天然和谐的状态。而后世圣王之所以具有不朽的功绩，很大意义上都是因为袭取了道的精神。

道家将道的存在托于上古，这与绝地天通之前的纯粹自然状态非常符合。由此，我们可以视为道家截取了天道历史演变中的最初形态作为其理论建构的依据，从而为礼崩乐坏后的社会树立起新的社会治理价值体系。

（二）墨家天道观新诠

先秦墨家则截取天道演变历程中绝地天通一段作为其理论建设的依据。墨子言：

古者民始生，未有刑政之时，盖其语“人异义”。是以一人则一义，二人则二义，十人则十义，其人兹众，其所谓义者亦兹众。是以人是其义，以非人之义，故文相非也。是以内者父子兄弟作怨恶，离散不能相和合。天下之百姓，皆以水火毒药相亏害，至有余力不能以相劳，腐臭余财不以相分，隐匿良道不以相

教，天下之乱，若禽兽然。（《墨子·尚同上》）

墨子所谓“十人十义”，类似绝地天通前的民神杂糅，人人都可以通神，获得的天意就各不相同，争执不断。墨子认为，面对这样的困境，需要通过“尚同”来破除。百姓上同于正长，正长上同于诸侯国君，诸侯国君上同于三公，三公上同于天子，天子上同于天。这样一来，天子垄断了与天的交通，类似于绝地天通。“天下之百姓皆上同于天子，而不上同于天，则灾犹未去也。今若天飘风苦雨，溱溱而至者，此天之所以罚百姓之不上同于天者也。”（《墨子·尚同上》）“尚同”需要由百姓一直上同于天。如果百姓上同于天子，而百姓、天子不上同于天，那么天就会降下灾情来惩罚大家。这就说明，即使天子也不可以违背天志。

如果说绝地天通之后的上天之神意不可预测，那么墨家的进步性就表现在天意具有一定的价值取向，这样天意就不会完全被天子垄断，而是具有一定的客观性。墨子认为：

> 天下有义则生，无义则死；有义则富，无义则贫；有义则治，无义则乱。然则天欲其生而恶其死，欲其富而恶其贫，欲其治而恶其乱，此我所以知天欲义而恶不义也……故天子者，天下之穷贵也，天下之穷富也，故于富且贵者，当天意而不可不顺，顺天意者，兼相爱，交相利，必得赏。反天意者，别相恶，交相贼，必得罚。（《墨子·天志上》）

墨子认为，天欲天下之人能生、富、治。“兼相爱，交相利”就是天意的表达。作为天子，需要秉持天意。做到了“兼相爱，交相利”，就会得到上天的奖赏；违背了“兼相爱，交相利”，就会受到上天的惩罚。这样，“兼相爱，交相利”的天意就从上天传到天子，继而从天子一直下贯至百姓。墨家的社会治理之道，即由此天意出发而落实于社会各个方面。司马谈论墨家学说曰：

> 墨者亦尚尧舜道，言其德行曰："堂高三尺，土阶三等，茅茨不翦，采椽不刮。食土簋，啜土刑，粝粱之食，藜藿之羹。夏日葛衣，冬日鹿裘。"其送死，桐棺三寸，举音不尽其哀。教丧礼，必以此为万民之率。使天下法若此，则尊卑无别也。夫世异时移，事业不必同，故曰"俭而难遵"。要曰强本节用，则人给家足之道也。此墨子之所长，虽百长弗能废也。（《史记·太史公自序》）

司马谈肯定了墨家强本节用的思想，但对于墨家的过度节省则不无微词。因为一旦施行"兼相爱，交相利"，则不论个体如何劳动，每个人享受的物质回报都是无差别的，而且为了将物质财富平摊给最大多数的人，每个人享受的物质回报都是最低档次的。但是，这种完全平均的社会理想实在很难实施。一方面，每个人的物质回馈应该和各自的社会贡献成正比，完全平均后必然抹杀个人的奋斗。既然多干少干都一样，那么大部分人就会偷懒少干，只有少部分彻底相信天志者才会不计收入地多干。另一方面，礼乐秩序的维持需要花费不同量的物质财富，完全省去礼乐的花费会导致文化生活的消失以及礼乐之教所倡导的道德人情的滑落。

墨家之道具有天子尚同于天的特色，而天子以下诸人都要尚同于天子。这样的天人关系，正与绝地天通之后的状态相似。只是，墨家给天志增添了"兼相爱，交相利"的具体内容，促使天意具有较好的稳定性，不需要屡屡通过祭祀来卜测天意，同时也秉持节用的精神对儒家的礼乐提出了批评。"墨子则以彻底改造礼乐为自己的神圣使命。他并没有整个抛弃夏商周三代的礼乐传统，而是用据他说是古代先王所认可的原初简洁性来重新阐释这个传统。无疑，他认为后代，尤其是东周时期，'礼'日趋复杂繁缛，并不是进步，而是堕落……墨子倾向于假借古代圣王——包括夏禹——的名义，提出他自己对于'礼'的革新。"① 总体而言，墨家之道可以视为截取天道演变历程中绝地天通后的一段内容作为自我义理的阐发依据，从而为礼崩乐坏后的社会提供新的社会治理价值体系。

（三）儒家天道观新诠

在礼崩乐坏的背景下，大部分先秦诸子都否定了周礼的价值，另外去寻觅一条可以重新促进社会人生健康发展的道路，唯有儒家学派继承了周礼，并对原来的周礼进行创造性的发展。这样的发展线索，可以从孔子、孟子、荀子的学说演进中体现出来。

孔子一生膜拜周公，《论语》中经常提到周公，如"如有周公之才之美，使骄且吝，其余不足观也已"（《论语·泰伯》），以及"甚矣吾衰也！久矣吾不复梦见周公"（《论语·述而》）。孔子对于周公所开创的周礼也十分欣赏，其言："周监于二代，郁郁乎文哉！吾从周。"（《论语·八佾》）在孔子的学说中，天保留着周公所赋予的德性人格色彩，比如：

> 子见南子，子路不说。夫子矢之曰："予所否者，天厌之！天厌之！"（《论语·雍也》）
>
> 天生德于予，桓魋其如予何？（《论语·述而》）
>
> 子畏于匡。曰："文王既没，文不在兹乎？天之将丧斯文也，

---

① 余英时：《论天人之际》，第101—102页。

后死者不得与于斯文也；天之未丧斯文也，匡人其如予何?”（《论语·子罕》）

君子有三畏：畏天命，畏大人，畏圣人之言。小人不知天命而不畏也，狎大人，侮圣人之言。（《论语·季氏》）

颜渊死。子曰：“噫！天丧予！天丧予!”（《论语·先进》）

不怨天，不尤人。下学而上达。知我者，其天乎！（《论语·宪问》）

天作为德性人格，既具有人格性，又具有道德判断，这与“皇天无亲，惟德是辅”中的“皇天”具有一致性。但是，如果周公所言的天仅仅针对邦国部落而言，那么孔子之天则包含了对所有个体的关怀。此外，尤须注意的一点，孔子所言之天必然与孔子的道德自我相互呼应。自我的道德心灵与超越的道德来源具有内在的联系。在深层意义上，孔子的道德心灵已经与超越的道德来源具有内在的绾合。在一些文句中，孔子之天甚至已经褪去了人格化的色彩，完全成为超越的道德来源。其曰：

子曰：“予欲无言。”子贡曰：“子如不言，则小子何述焉?”子曰：“天何言哉？四时行焉，百物生焉，天何言哉?”（《论语·阳货》）

不言之天，不是客观的、自然科学意义上的天，而是不进行自我夸耀的超越的道德根源。

道德根源与自我心灵的内在绾合，成就了仁。仁从普遍性上说是超越的道德根源落实于人心之中，从主体性上说是自我的心灵秉持着超越的道德根源。

大哉，尧之为君也！巍巍乎！唯天为大，唯尧则之。荡荡

乎！民无能名焉。巍巍乎！其有成功也；焕乎，其有文章！（《论语·泰伯》）

尧的德性功业可以与天媲美，这时已经人而天，天而人了。尧之心就是仁心。

孔子对于周代天道观的发展，是逐渐去除天的人格化，并将之内在化，从而成就内在超越的仁心。

孟子在孔子的基础上，进一步对天与心进行阐释。孟子之天，一部分仍旧保留着孔子之天的德性人格，比如讲“天将降大任于斯人也”（《孟子·告子下》）、“仰不愧于天，俯不怍于人”（《孟子·尽心上》）以及论述政权转移时说“天与之”（《孟子·万章上》）。但是这个“天与之”的天，已经不是完全外在超越的德性根源，而是“天听自我民听，天视自我民视”，回到了人的群体性的内在道德根源。孟子之天，另一部分也与孔子之天的超越的道德根源一样，失去了人格性，而纯粹为普遍之德性，比如“夫君子所过者化，所存者神，上下与天地同流，岂曰小补之哉”（《孟子·尽心上》）。这种天而人、人而天的道德境界内化到心灵就是孟子所谓的四端之心。

尽其心者，知其性也。知其性，则知天矣。存其心，养其性，所以事天也。夭寿不贰，修身以俟之，所以立命也。（《孟子·尽心上》）

诚者，天之道也；思诚者，人之道也。至诚而不动者，未之有也；不诚，未有能动者也。（《孟子·离娄上》）

天之道德根源、性之道德本质、心之道德发动，都能在道德主体上一以贯之。孟子曰：

乃若其情，则可以为善矣，乃所谓善也。若夫为不善，非才之罪也。恻隐之心，人皆有之；羞恶之心，人皆有之；恭敬之心，人皆有之；是非之心，人皆有之。恻隐之心，仁也；羞恶之心，义也；恭敬之心，礼也；是非之心，智也。仁义礼智，非由外铄我也，我固有之也，弗思耳矣。故曰："求则得之，舍则失之。"或相倍蓰而无算者，不能尽其才者也。《诗》曰："天生烝民，有物有则。民之秉夷，好是懿德。"孔子曰："为此诗者，其知道乎！故有物必有则，民之秉夷也，故好是懿德。"（《孟子·告子上》）

孟子将天、性、心融贯而为四端之心，将之视为人的实情本然的善性。这种善性是天赋予人的。孟子认为这种说法有其来源，并将之追溯至《诗经》与孔子时代。

荀子在心性论上没有继承孟子的演进道路，其将天与性解为自然气化之物，可以视为对于孔子"天何言哉"的气论解读。然而，荀子之贡献不在心性而在礼乐。荀子的问题意识与墨子之"十人十义"一样，认为人在一起就会产生纷争。但解决纷争的方法不是尚同于天，而是"明分使群"，其言：

离居不相待则穷，群居而无分则争；穷者患也，争者祸也，救患除祸，则莫若明分使群矣。（《荀子·富国》）

荀子通过建立人世间的制度来平息各类争议，此制度则为儒家的礼乐，其言：

至道大形。隆礼至法则国有常，尚贤使能则民知方，纂论公察则民不疑，赏克罚偷则民不怠，兼听齐明则天下归之；然后明分职，序事业，材技官能，莫不治理，则公道达而私门塞矣，公义明而私事息矣。（《荀子·君道》）

荀子提出隆礼重法，通过建立各类有利于社会发展的制度规则来保障社会和谐发展。

司马谈论儒家学说曰：

> 夫儒者以六艺为法。六艺经传以千万数，累世不能通其学，当年不能究其礼，故曰“博而寡要，劳而少功”。若夫列君臣父子之礼，序夫妇长幼之别，虽百家弗能易也。(《史记·太史公自序》)

司马谈批评儒家礼制的繁文缛节，但又肯定儒家礼乐秩序的合理性，认为其可以很好地维持社会运行。事实上，我们从孔子、孟子、荀子对于天与心的阐释中，可以发现儒家对于天道的内在化，道德根源与自我心灵不断融合，从而树立了人人普遍具有的道德主体，并在此基础上重新夯实礼乐制度。这样的理论解析，可以视为儒家截取了天道演变过程中的周代部分，并对之进行创造性发展，从而建立礼崩乐坏后新的社会治理价值体系。

四、五德转移：从学说纷呈到以吏为师

在礼崩乐坏之后，道、墨、儒三家都重新诠释了之前的天道，而建立了新的价值学说。在这样的主流诠释之外，尚有另外一条天道论的诠释路径——以邹衍五德转移论为核心的客观化的天道诠释方向。在社会治理方面，则对应产生“无先王之语”(《韩非子·五蠹》)的法家学说。法家学说与邹衍的天道论并没有直接关系，但是他们两家的学说，都秉持了价值外在于人的客观化，从而强制人服从客观化的外在价值。这两种学说共同构筑了秦的价值体系，并指导了秦的社会治理。

邹衍的五德转移说，是将天道运行规范化、客观化，从而比屡次卜祀来揣测天意更具有稳定性。五德之说最早可以追溯到箕子的洪范九畴，五行是事物存在的五种状态：“一曰水，二曰火，三曰木，四曰金，五曰土。水曰润下，火曰炎上，木曰曲直，金曰从革，土爰稼穑。润下作咸，炎上作苦，曲直作酸，从革作辛，稼穑作甘。”（《尚书·洪范》）邹衍将五行的学说进一步推演到天道变化上，《史记》记载其言行曰：

> 其语闳大不经，必先验小物，推而大之，至于无垠。……称引天地剖判以来，五德转移，治各有宜，而符应若兹。（《史记·孟子荀卿列传》）

邹衍将具有五种属性的“小物”扩充到天道运行的“无垠”上，创造出一套宏大的历史发展学说。这个天道，既不是具有人格的揣摩不定的超越意识，也不是普遍的超越的道德根源，而是外在于人的普遍性的强制力。在五德转移的天道变动中，人的力量根本没有任何作用。天不以人的力量为转移，人无论愿不愿意都要绝对服从天道的变化。

五德转移说所体现的客观化趋势，与法家学说的内在要求正好具有极大的相似性。法家人物虽然与邹衍不属于同一学派，但都看到建立外在客观性规范的优点。

法家以韩非子为集大成者，其并不真实地推崇古代某个时期，也不通过改造某个天道演变的截面来诠释自我的理想。韩非子汲取了部分道家与荀子的思想，但又进行了具有全新价值立场的理论创造。韩非子并没有多少有关天道的叙述，如果以其师从荀子并继承荀子学说中的自然气化的人性论来看，则其天道观大抵上也应以自然气论为主。这样的天道观，纯粹与人世价值无关，并不能给予整体社会任何方向。如果为此自然气论的天道观赋予五行生克的属性，则很容易导向邹衍的五德转移说。盖五德之德，并非超越之德，而是指自然之气自身的内在属性，属于气命鼓荡的规律。

法家自然气论的天道观落实在人上，就是自然人性论。但同样的自然人性论，却在心性论上引出两条不同的路径，成为社会治理的根本出发点。一条是君王的心性路径，由此来治理臣民；一条是臣民的心性路径，由此来被君王所治理。

韩非子论前者曰：

> 道者，万物之始，是非之纪也。是以明君守始以知万物之源，治纪以知善败之端。故虚静以待令，令名自命也，令事自定也。虚则知实之情，静则知动者正。有言者自为名，有事者自为形，形名参同，君乃无事焉，归之其情。（《韩非子·主道》）

君王需要虚静以待，临事不掺杂自我的喜怒，由此能够获得对于臣下名实是否相符的真实判断。这表面上类似道家，但实质上并不承认道家的人人皆有自然本性的主张，而仅仅是让君王在这一方面能够不为自己一时情感所囿，真正做到冷静而全面的有效控制。

韩非子论后者曰：

> 夫民之性，恶劳而乐佚，佚则荒，荒则不治，不治则乱，而赏刑不行于天下者必塞……故治民无常，唯治为法。（《韩非子·心度》）
>
> 明主之所导制其臣者，二柄而已矣。二柄者，刑、德也。何谓刑德？曰：杀戮之谓刑，庆赏之谓德……功当其事，事当其言，则赏；功不当其事，事不当其言，则罚。（《韩非子·二柄》）

臣民的本性都是恶劳乐逸的。故君王需要订立名法，并以赏罚二柄来重新引导臣民的欲望所向，由之而做到名实相符。这表面上类似荀子，但其名法只是一派肃杀之气，不似荀子的礼乐之教具有人文风尚。

上述两条路径，将君王心性与臣民心性区别开来。进一步看，可以说在性的恶劳乐逸上，君王与臣民似乎应该都一样。但是，君王的心能够不被自己的喜怒欲望所牵绊，故能够做到虚静；而臣民的心则在名法与赏罚的机制下永远被自己的欲望所牵绊，故无法做到虚静。君王与臣民的区别就在于心的状态不同。而此不同，使得君王可以定立名法，自己不为名法所拘；而臣民不能定立名法，故为名法所拘。

> 夫为人主而身察百官，则日不足，力不给。且上用目则下饰观，上用耳则下饰声，上用虑则下繁辞。先王以三者为不足，故舍己能，而因法数，审赏罚。先王之所守要，故法省而不侵。独制四海之内，聪智不得用其诈，险躁不得关其佞，奸邪无所依。远在千里外，不敢易其辞；势在郎中，不敢蔽善饰非。朝廷群下，直凑单微，不敢相逾越。故治不足而日有余，上之任势使然也。（《韩非子·有度》）
>
> 人臣之于其君，非有骨肉之亲也，缚于势而不得不事也。（《韩非子·备内》）

君王与臣民最为关键的区别在于势的不平等。君王之势，可以定名法、掌刑赏，故性虽恶劳乐逸，而心能虚静。因虚静而能审查名实，赋予赏罚，从而稳固其君王之势。臣民之势，不可以定名法，不能掌刑赏，而为名法、刑赏所拘，故性之恶劳乐逸在名法刑赏的激励下，更加无法虚静，人生照着名法刑赏的方向奔波不已，永远被束缚在臣民之势上。由此，韩非子建立了君王与臣民不平等关系的死循环。

韩非子的理论将君王与臣民置于不平等的地位上，可以说是对周礼的一次反动，开始了新的绝地天通、垄断权力。但这次的绝地天通、垄断权力不是依靠宗教精神来建立的，而是完全从现实的人事上来建立的。

韩非子并不推崇古代的圣王，其所提及的先王只是用来传达自己的学术主张而已。其学说与其说是截取天道历史演变若干片段而来，不如说是部分借鉴道家思想与荀子思想，并重新熔铸一炉的崭新理论。司马谈论法家思想曰：

> 法家不别亲疏，不殊贵贱，一断于法，则亲亲尊尊之恩绝矣。可以行一时之计，而不可长用也，故曰“严而少恩”。若尊主卑臣，明分职不得相逾越，虽百家弗能改也。（《史记·太史公自序》）

法家思想用于社会治理，可以非常有效地维护社会秩序，但由于维持这种秩序的基础不是人内在的道德伦理，而是基于名法刑赏的外在不平等制度，故这种维持无法长久。

综上所述，先秦天道历史演变经历了四个阶段，第三阶段的道家、墨家、儒家思想与第四阶段的法家思想，构成了先秦士人构筑新的社会价值体系的核心学说。这些价值体系，以无形的形上力量贯穿了整个社会的方方面面，解释了人生的整体性问题，并推动价值体系中的个体为了促使现实世界趋向完美价值而不断地对现实世界进行实践改造。

第二章
孔子的社会治理思想

一、治理本体

仁是孔子思想的核心，也是儒家学说的基石。儒家学说在伦理关系、秩序建设、礼乐教化方面无不以仁作为其根本。

仁是一种具有内在超越性的道德意志，支撑了人的整体世界，赋予了人生命价值。仁的存在是人的生命中本具有的核心特质，仁的发现则经历由天到仁的历史进程。这一存在本身与历史进程，皆由孔子鉴于殷周天道变革之契机而切入生命之真实而得以开启。

从孔子的思想中，可以看出孔子之仁保留了殷周变革背景下的天道渊源，并借由对天命的分层解读而衍生出自由心灵自觉的道德意识。

（一）决定力量下的人格意味与道德意识：孔子之天的双重意涵

先秦时期的天道，既是政权存在的合法性依据，也是社会文化存在的合法性依据。殷周变革带来的政权更替，改变了关于政权合法性的天道理解。原先殷人的天道理解是由祖先神所沟通的作为人格神的天帝，其对人世间具有无可辩驳的决定性力量。而周人喊出“天命靡常，惟德是辅”之时，则意味着周人的天道理解已经与祖先神无关，而加入了“敬德保民”的道德意识，这种道德意识也具有无可反驳的决定性力量。

周人的天帝与殷人的天帝相比，其共同点是：两者都具有对人世间的决定性力量。这一特征，也可以视为周人对于殷人天帝观的继承。其不同点是：原先由祖先神所沟通的作为人格神的天帝，并不具有定然的道德意志，其所发布的天命更多从卜祀中获取，显示出很强的随意性，世人难以猜测其客观必然的旨向。而“惟德是辅”的天帝，其天命就会由随意性转变为客观普遍性。在这样的变化过程中，上天愈发显现出一种宏大而普遍的必然律令，天帝的人格神意味虽然仍旧保留，但显得越来越弱，而客观必然的道德意识则越来越强。这一特征，则可以视为周人对于殷人天帝观的改造。

孔子说：“周监于二代，郁郁乎文哉！吾从周。”（《论语·八佾》）孔子对天的理解直接继承了周人的天帝观念。通观孔子对于天的论述，既具有决定力量下的人格神特征，又具有决定力量下的道德意识特征。

1. 决定力量下的人格神

绝定力量下的人格神，这个天的意象，属于周人对于殷人天帝观的继承。所谓人格神，即天帝并非纯粹的道德意识，祂也有可能如常人一般做出违背道德意识的事情。如果天具有道德意识，则可以说天具有君子人格或者圣人人格；而天不具有道德意识，则可以说天具有一般常人的人格。

人世间有很多不符合道德意识的事情，人在这些事情中只能被绝对力量所约束。虽然心中不愿意，但又无可奈何，只能诉之于天。天作为这些事情的形上保证，不能说其显现出了道德意识，只能说天也具有如一般人的既可如此又可如彼，甚至喜怒无常的人格状态。在《论语》中，天的这种人格状态主要表现在孔子对于负面限制的哀叹上，比如：

颜渊死。子曰：“噫！天丧予！天丧予！”（《论语·先进》）

颜渊是孔子最为得意的弟子，可以传承孔子之道，却不幸英年早逝。孔子对此非常悲恸。如果说上天具有道德意识，则有好生之德，不至于让年轻而有德行的颜渊早死。故颜渊之死，必不符合道德意识，乃为人生负面之事。此事件无法改变，孔子只能诉之于天。而“丧”孔子的天，亦断非道德意识的天，而是决定性的限制力量。

此外，《论语》中还有一段讲天，亦能从中读出天的决定力量：

子畏于匡。曰：“文王既没，文不在兹乎？天之将丧斯文也，后死者不得与于斯文也；天之未丧斯文也，匡人其如予何？”（《论语·子罕》）

孔子被困于匡地。孔子认为自己掌握了文王以来的礼乐文化，并认为传承礼乐文化是天的决定。他的理由是：如果天不要传承礼乐文化，那么就不会让我掌握礼乐文化；如果天要传承礼乐文化，那么匡人能把我怎么样呢？而孔子认为的现实是，自己已经掌握了礼乐文化，这也是天意，具有决定力量，匡人是无法与决定力量相抗衡的。

2. 决定力量下的道德意识

决定力量下的人格神与决定力量下的道德意识，两者的区别在于人格神与道德意识的差异。其实，无论是人格神还是道德意识，都是将天拟人化来理解。人格神的拟人化是将天视为一个常人的人格，而道德意识的拟人化是将天视为一个君子的人格。常人的人格，则其发动时可以是道德意识，也可以不是道德意识，具有任何可能，故别人在此无常的决定力量下，无法预测把捉，只能被动承受。君子的人格，则其发动时必然是道德意识。由于人人皆有道德意识，故此道德意识具有普遍必然性，故别人在此恒常的决定力量下，可以预测把捉，进行主动的延续。如此一来，道德意识与人格神相比更具有确定性，显现出普遍客观性，揭示出世界运行的普遍道德法则。

在《论语》中，这样的理解表现在孔子坚信上天会对人世进行道德判断上，比如：

> 子曰："天生德于予，桓魋其如予何？"（《论语·述而》）

桓魋是宋国司马，想要加害孔子。孔子认为，上天必然会支持自己，不会让桓魋不道德的行为得逞。

> 王孙贾问曰："与其媚于奥，宁媚于灶，何谓也？"子曰："不然，获罪于天，无所祷也。"（《论语·八佾》）

朱子解释"与其媚于奥，宁媚于灶"，喻其意为"自结于君，不如阿附权臣也"①，此为不道德的非礼行为。孔子认为，这种人世间不道德的行为会导致上天的降罪。

> 子见南子，子路不说。夫子矢之曰："予所否者，天厌之！天厌之！"（《论语·雍也》）

南子为卫灵公夫人，有淫行。孔子去拜见了南子，子路认为老师有失礼的地方。孔子发誓说，如果我有失礼的地方，则上天会舍弃我。

由以上三则内容可以知道，孔子思想中的上天具有赏善罚恶的道

---

① 朱熹：《四书章句集注》，中华书局2012年版，第65页。

德意识。这种道德意识也具有决定性力量，故为善者可以在这种对天的理解中获得精神上的支持。

（二）气命限定与理命贞定：孔子之命的两层维度

天具有决定性力量，天的存在必然对人世间产生影响。这种影响，可以称之为天命。命，《说文》曰：“使也，从口令。”段玉裁注为：“令者，发号也。君，事也。非君而口使之，是亦令也。故曰命者，天之令也。”① 上天使之然，就是命。鉴于天具有双重意涵，故天命也具有两层维度。

1. 气命的限定

从天的决定力量的人格神意涵上看，天的各种非道德的、反道德的力量落实在人世间，就是对人的道德生活的各种限定，表现为人世间的种种不如意之事。人对于这些限定，固然心中无法同意，但在实践中又难以做出彻底的改变。这种不具有道德意识的限定，亦可称作命，姑且称之为气命，即对人世间气化生命起限定作用的命。每个人都有各自的气化特征，气化生命的限定都不一样，故气命具有各种各样的形态。

在《论语》中，有几则关于人的气命限定的论述，比如：

> 伯牛有疾，子问之，自牖执其手，曰：“亡之，命矣夫！斯人也而有斯疾也！斯人也而有斯疾也！”（《论语·雍也》）

伯牛有贤德，却不幸染上恶疾。孔子对此十分伤感，所谓“斯人也而有斯疾也”，实在是想不到这样好的人竟然会染上这样的恶疾。伯牛染上恶疾，是对其生命的限定，任何人都难以改变。钱穆解

---

① 许慎撰，段玉裁注：《说文解字注》，第57页。

曰："孔子此来，盖与伯牛为永诀。伯牛无得此病之道，而病又不可治，故孔子叹之为命。"①

> 司马牛忧曰："人皆有兄弟，我独亡。"子夏曰："商闻之矣：死生有命，富贵在天。君子敬而无失，与人恭而有礼。四海之内，皆兄弟也。君子何患乎无兄弟也？"（《论语·颜渊》）

司马牛的担忧，引发了子夏的一番议论。"死生有命，富贵在天"，就是气命的限定。人的生存与死亡、财富的充足与否、身份的高贵与否，这些都不是人自身能够决定的，而是被外在的强大命运所决定的。这些外在的决定也就是对自身生命的限定。在常人的愿望中，人都想生存不想死亡，都愿意财富充足、身份高贵。只是，现实中的状态并非如此，这些都是无可奈何之事。然而，面对这些因外在的决定力量而无法转移的限制，子夏则以积极的态度处之。这种积极的态度，来源于理命的贞定。

2. 理命的贞定

从天的决定力量的道德意识意涵上看，天具有道德意识，亦即世界运行的普遍道德法则。这些法则，人是如何来把握的呢？我们不能说，凡是上天给予的命令就是道德的；而是说，真正的上天给予的命令必然合乎人的道德。故人尊崇上天的道德其实就是尊崇人内心自我的道德。那么人内心自我的道德法则又是从何而来的呢？追溯到这里，我们可以说，人的自我的道德法则是天生的，是上天赋予我们的。这种具有道德意识的命，是对真正自我的贞定，可以称之为理命或者性命。无论人的气化差异有多大，每个人都有一样的道德意识，都有一样的理命。在理命面前，人人平等。

---

① 钱穆：《论语新解》，九州出版社2011年版，第137页。

《论语》更多地表现出理命的积极面向，比如：

> 孔子曰："君子有三畏：畏天命，畏大人，畏圣人之言。小人不知天命而不畏也，狎大人，侮圣人之言。"（《论语·季氏》）

天命、大人、圣人之言都具有共同的特征。圣人之言是从语言表达上来讲述道德法则；大人是从身体实践上来表现道德法则；天命是理命之天命，而非气命之天命，实为道德法则自身。君子以树立、实践道德法则为人生目的，故对此三者皆有敬畏之心；而小人无意正视道德法则，故对此三者不以为然。

> 子曰："予欲无言。"子贡曰："子如不言，则小子何述焉？"子曰："天何言哉？四时行焉，百物生焉，天何言哉？"（《论语·阳货》）

孔子之无言是为树立天命之道德法则，而非外在模仿善行之迹象。天不言，则其体於穆不已，而其用源源不竭、处处生辉。倘若仅仅去模仿迹象，而错失其源头，则无法真正贞定天命，也无法长久维持道德实践。

> 子曰："大哉，尧之为君也！巍巍乎！唯天为大，唯尧则之。荡荡乎！民无能名焉。巍巍乎其有成功也；焕乎其有文章！"（《论语·泰伯》）

孔子对于尧的称赞，亦如同其以己比天一样，认为尧可以真正效法天。此天，即理命之天。"民无能名焉"如同"天何言哉"，此为天命之道德法则；"其有成功也""其有文章"如同"四时行焉，百物生焉"，此为天命之外在功效。

（三）自由与必然：自由心灵中的道德意识

决定性的天命落实在人上，即理命的贞定与气命的限定落实在人心上。人心本身是自由的，而此自由中又含有两类“必然”。一类必然是自由心灵内在的必然，即心灵达到彻底的自由时，必然开显出道德意识；另一类必然是自由心灵外在的必然，即心灵在开显过程中必然具有种种限定。这两类“必然”伴随着心灵自由同时存在。

1. 自由心灵与道德开显

心灵本身具有主动性，在其主动性的发动过程中，心灵既可以被外在必然所限定而丧失主动性，也可以超越外在必然的限定而达到内在道德的必然。孔子说：“唯上知与下愚不移。”（《论语·阳货》）阳明解曰：“不是不可移，只是不肯移。”① 这样的解释彰显了人心灵的主动性。心灵勤勉奋进，则如临深渊、如履薄冰，呈现其道德意识之必然，一直维持在上知的状态中；心灵自甘堕落，则被气化的必然所牵绊，一直固守在下愚的状态中。孔子说：

> 仁远乎哉？我欲仁，斯仁至矣。（《论语·述而》）
>
> 克己复礼为仁。一日克己复礼，天下归仁焉。为仁由己，而由人乎哉？（《论语·颜渊》）

“一日克己复礼”的“为仁由己”是心灵对气化牵绊的主动超越；“我欲仁，斯仁至矣”是心灵对道德意识的主动呈现。心灵超越气化牵绊之必然，呈现道德意识之必然，则为仁。超越与呈现，都在一心之中，具有自由性、主动性。

---

① 陈荣捷：《王阳明传习录详注集评》，华东师范大学出版社2009年版，第78页。

2. 无待气命与发动理命

命有气命与理命两层维度，故真正地了解人的生命，必然要在心灵中融合好这两种因素，此谓知命。

> 子曰："吾十有五而志于学，三十而立，四十而不惑，五十而知天命，六十而耳顺，七十而从心所欲，不逾矩。"（《论语·为政》）

孔子五十而知天命，其心灵既知自身气命之限定，又知自身理命之贞定，并且知在气命的限定下如何发而皆中节地去贯彻落实道德准则。这类状态即使到了最高境界，仍旧具有其内在的融贯之处。所谓"七十而从心所欲，不逾矩"，"从心所欲"之欲为"欲明明德于天下"之欲，而非"欲望"之欲，为理命之实践；"不逾矩"之矩，虽然未必完全为气命之限定，但必然有外在客观性的限定，亦应含有气命的特征在内。气命的限定构成天下万物的差异化特征；而理命的贞定则赋予具有差异性的天下万物以共同的道德方向。这正如牟宗三先生所言，"真理必须要通过这限制来表现，没有限制就没有真理的表现，所以这个限制，它同时限制你，使你在限制中把真理体现出来"[①]。人心之有限性即无限之道的通孔，无限的道体必然凭借着有限的生命来表现自己，同时也必然由于限定生命的特殊性而表现为各种具体的差别化的道德行为。故而，在儒者的道德实践中，必然保留着差别性来落实普遍之道德。而此落实法，又可分为两类：一类是心无待于气命的限定；另一类是心发动于理命的贞定。

"无待"与"发动"二词，虽然不见于《论语》，但引申自孔子

---

① 牟宗三：《中国哲学十九讲》，载《牟宗三先生全集》第29册，联经出版事业公司2003年版，第10页。

对颜渊与子贡的评价，《论语》记载：

> 子曰："回也其庶乎，屡空。赐不受命，而货殖焉，亿则屡中。"（《论语·先进》）

颜渊安于贫困，而子贡不安于贫困。子贡经商擅贸易获得了财富，摆脱了贫困的命运。在孔子的语境中，看不到孔子有将两者比较高下的意思，反而是作为两类典型案例来进行赞扬。在这里，贫困的命运，乃是气命的限定。颜渊受命，是指颜渊不以气命的限定为意，气命的限定虽然存在，但仅仅是物质上的限定。颜渊在心灵上一点也不受物质限定的影响。物质限定与否，对于颜渊的心灵没有任何作用。这种状态可以称为心无待于气命的限定。而子贡则去经商，获取财富，其间也有道德法则的运用，并改善了贫困的命运。这种状态可以称为心发动于理命的贞定。真正的知命，必然一方面无待于消极的限定，另一方面有动于积极的方向。两者结合，则气命的限定终将减弱，理命的实现亦有希望。故颜渊为无待之道，而子贡则为进取之道。

我们再看上文子夏对于伯牛无兄弟的回答，其对于命的态度，也可以分为此两类。"敬而无失"可谓无待之道，对于"无兄弟"这一限定，不要耿耿于怀，而是不让此事干扰自己持敬的心灵；"恭而有礼"可谓进取之道，则对于他人以道德态度待之。这样的结果，就是"四海之内，皆兄弟也"。

这样的精神状态，在孔子身上也有明显的表现，如：

> 子曰："莫我知也夫！"子贡曰："何为其莫知子也？"子曰："不怨天，不尤人。下学而上达。知我者，其天乎！"（《论语·宪问》）

孔子“不怨天，不尤人”，是指对气命限制的无所待，保持自身持敬的心灵；而“下学而上达”则表现为道德践履的步步落实，由仁心而通达天命。故此处之天，为理命之所从出；知孔子者，为道德意识之天。

（四）智、仁、勇：孔子之心的三达德

《中庸》引孔子之言曰：“智、仁、勇三者，天下之达德也，所以行之者一也。”依照《中庸》的说法，我们可以将孔子之心灵，从智、仁、勇三个方面阐释之。

1. 仁者安仁

依照上文所述，人的生存处在两种必然性之间，气化的必然性是实然的必然性，性理的必然性是应然的必然性。人的生命在两种必然性之间动态地游走，而真正的仁，则是不断超越气化的限定，且在各种限定上呈现出必然的道德意识。这种生命的存在状态，就是仁。

> 君子去仁，恶乎成名？君子无终食之间违仁，造次必于是，颠沛必于是。（《论语·里仁》）

名，可以视为整个生活状态下的礼乐秩序。儒家要正名，要成就这个名。而礼乐秩序又来自仁的生活状态。所以，君子倘若去掉了仁，就丧失其生活的秩序以及背后支撑的仁的价值。仁塑造了人的整体生活，在仁的状态下，人才有了对气化生命限定的抗争与超越。

仁者安仁，即一个真正的仁者，其心灵必然安于如此的仁的生命存在状态。仁者能够不在意气化的限定，能够自觉发扬道德意志，并不断持续改善气化的限定。从前者看，其能够“敬鬼神而远之”，能够“未知生，焉知死”，能够“知其不可为”；从后者看，其能够

“祭神如神在”，能够“吾日三省吾身”，能够持有忠恕之道，能够“知其不可而为之”。

2. 智者利仁

所谓智者，尚未达到仁的状态，而处于追求仁的状态中。“利字，乃欲有之之义”①，这个时候，心灵与仁之间尚没有达到合一的境界，我是我，仁是仁，仁是我追求的对象。但别人尚不知道要去追求仁，而我已知道要去追求仁，故为智。朱子曰：“惟仁者则安其仁而无适不然，知者则利于仁而不易所守，盖虽深浅之不同，然皆非外物所能夺矣。”② 安于仁的仁者，时时与仁的境界无二；而利于仁的智者，则时时向仁的境界合一。

> 子曰：“知者乐水，仁者乐山；知者动，仁者静；知者乐，仁者寿。”（《论语·雍也》）

心灵在仁的状态中，完全是道德心的全幅彰显，故己心即性理天命，性理天命即己心。此完全合一的仁者，如山一样宁静与长久。心灵在智的状态中，则尚有认识心在作用，处处超越气性的牵绊而去追求与性理天命的合一。故尚在追求合一的智者，如水一样灵动与快乐。

简单地归纳，仁为道德心，智虽然亦有道德心的含义，但由于尚在主客对举中，故还包含了认识心的功能。孔子虽然注重道德心，但亦不废认识心。比如：

> 子曰：“小子！何莫学夫诗？诗，可以兴，可以观，可以群，可以怨。迩之事父，远之事君。多识于鸟兽草木之名。”（《论

① 钱穆：《论语新解》，第 77 页。
② 朱熹：《四书章句集注》，第 69 页。

语·阳货》)

儒门中的诗教，主要在于涵养人的性情，培育活泼泼的君子人格。即使达不到这个目标，学习诗歌也可以多认识鸟兽草木的名称。如果前者讲的是培育心的道德能力，那么后者讲的就是培育心的认识能力。

在西汉海昏侯刘贺墓出土的《论语·知道》篇中，也有类似"智者利仁"的说法：

> [孔]子智道之昜也。昜昜云者三日。子曰："此道之美也，莫之御也。"①

"智"通"知"，"昜"通"易"。类似的话在《礼记》中出现过，其文如下：

> 孔子曰："吾观于乡而知王道之易易也。"(《礼记·乡饮酒义》)

对于这段话，郑氏曰："乡，乡饮酒也。易易，谓教化之本，尊贤尚齿而已。"② 孙希旦曰："礼行于乡，而人无不化者，故可以知王道之易行也。"③ 所以，我们可以知道，孔子在观乡礼时，通过乡礼中的尊贤尚齿看出教化之本。由此，再进一步推论，以此精神来施行王道亦为易事，并接连多天说施行王道之易。孔子感叹道：这个道理生发的美好力量，谁也挡不住。孔子知王道之易行，而赞叹此道莫之御也，就是利仁的过程。对于道德的认知，有助于激发人们学习道德的热情。

---

① 转引自杨军、王楚宁、徐长青：《西汉海昏侯刘贺墓出土〈论语·知道〉简初探》，《文物》2016年第12期。

② 孙希旦：《礼记集解》，中华书局1989年版，第1430页。

③ 同上。

3. 勇者不惧

如果说智是对仁的追求，那么勇就是仁的发动。

> 子曰："知者不惑，仁者不忧，勇者不惧。"（《论语·子罕》）

智者，知道自己对仁的追求，故任何状况都不能使其产生迷惑。仁者，已经一心安定于仁的状态，故碰上各种限定的困难，都会坦然面对，而不会怨天尤人。勇者，明确仁的发动与践行，故能"知其不可而为之"，可以"当仁不让于师"，可以"匹夫不可夺志"。勇者不会对气命的限定产生畏惧感，而能够直面各种困难，以直道处之。

> 子曰："有德者，必有言。有言者，不必有德。仁者，必有勇。勇者，不必有仁。"（《论语·宪问》）

德是言的基础，言是德的表象。有基础自然有表象，有表象不一定有基础。同理，仁是勇的基础，勇是仁的表象。所以有仁，就必然有诚中形外的勇，而仅仅有血气之勇，则不必有仁。所以，孔子的勇，并不是血气之勇，而是有仁心作为基础的勇。这样的勇，先要行己有耻，战胜旧日的自己，再充拓而出，不断突破气命的限定，提升自己与他人的物质与精神状态，做到见义勇为、经世济民。

综上所述，孔子心灵中的三达德具有内在的逻辑关系。仁为核心，是人心达到自由状态时必然显现出来的、本有的、能够突破超越限定的道德意识。智则是对于仁的知识性的了解认知，越是了解认知仁，越是能够向往追求仁。勇则是对于仁的由内而外的发动与实践。

三达德以心灵感悟之仁为基础，以认知之知与实践之勇为辅翼，构成了孔子心灵之整体，也描绘了一位儒者心灵的蓝图，从而最终完成了殷周以来天命内化的历史进程，真正凸显了人的生命价值与存在意义。

二、治理伦理

孔子的伦理思想以仁为基础。仁既具有德性，又具有理性。在仁的自觉作用下，人需要通过理性认识来完成德性生命，不断超越气化生命的有限性，从而呈现无限的道德意识，并由此逐渐改善天地万物的有限气命。

气化生命本身既是有限的，又是活动的。仁的发动，在面对他者的前提下才得以生成，而“他者”，既包含家人、朋友、社会上的陌生人等具体的个体，又包含家庭、国家这些抽象的整体。故仁在不同对象上，就要赋予其不同的德性意义，并产生相对与绝对的责任、基础性与后发性的德行。

（一）道德心与认知心

孔子之心灵，可以从智、仁、勇三个角度来阐述。仁是道德心，为心灵之基础。心灵为了获取道德心，必然对道德意识具有清醒的认知，此为认知心，即智心；获取了道德心之后，必然由内向外产生成就心灵所面对事物的行为，即勇心。如此，智、勇皆通过实践融合于仁心之中。蔡仁厚先生说：“儒家学问重实践，而不习惯于作概念性的思辨和知识性的论证。所以，儒家之学应该是行为系统的学问，而不是属于知识系统的学问。”① 虽然智含有知识的意味，但智本身不能独立存在，必然依附于仁之价值与勇之行为。仁作为道德心与智作为认知心，两者的地位并不等同。应该说，认知心并不具有核心的地位，但为了成就道德心而不得不成为辅翼。然而，道德心倘若缺乏认

---

① 蔡仁厚：《孔孟荀哲学》，学生书局1984年版，第7页。

知心，亦难成就真正的道德心。

两者的主辅关系可以从两个方面进行说明。其一，从认知心说道德心。其二，从道德心说认知心。

1. 从认知心说道德心

认知心将世界分作主客——认知主体与认知对象。认知对象可以包含道德，也可以不包含道德。当认知对象是道德时，认知主体将获得关于道德的知识。而关于道德的知识，并不是道德。故而，纯粹从认知心出发来学习道德知识，理论上并不能保证人具有真正的道德。但是，当我们承认人本身具有道德心时，那么在本身的道德心的动力或者方向的作用下，作为辅翼的道德知识就会帮助道德心更好地落实体现出来。

这样一种理路，可以在后世朱子学的开展中获得印证。朱子讲格物致知，又讲理一分殊。实则朱子之心，在理气二分格局下，虽为气心，但亦受性理之降衷。只是此性理的力量仅给予心体一个道德方向，并没有如阳明学那般既有方向又有动力。在本有的性理给予气心方向的基础上，气心贞定此理一，继而通过格物致知，一方面获取事物之理，另一方面开拓心中之性，由此将理一落实到具体的分殊之事物上。

2. 从道德心说认知心

道德心本身主客不分，天下万物与我一体，故而道德心所面对的事物，道德心无不愿成就之。但这一道德愿景一旦要落实，则如何成就之就成为一个问题。成就某事物，需要顺着某事物气命之条理，不能毁坏其气命之条理。这样一来，道德心就会转出一个认知心来，需要客观地观察认知对象，将气化对象中的条理总结归纳出来，才能够知道如何进一步改善成就之。

这样一种理论，可以在后世阳明学的开展中获得印证。阳明讲致良知，致良知不能是空头的玄谈，而需要具体的落实。比如，落实在父母身上就是孝心，孝心需要知道温清定省之仪节。温清定省之仪节的掌握，就是一门知识，需要认知心去发生作用。在道德心的动力下，心灵生成认知心，从而更好地落实道德心。一旦将道德心置于勇的实践领域，则认知心必然包含在此进程之中。

人生活于天地之间，天地之间万事万物本来就是参差不齐的，而面对此参差不齐之气化世界，儒家主张自身的心灵要无待于此不齐，从无限而人人皆有的道德心出发来改善此不齐的世界。改善不齐的世界，是道德心，而一旦落于实践，则必然需要用认知心来认知此不齐的特征。

因此，无论哪条进路，为了成就道德，认知心与道德心皆不可废。朱子与阳明的道路都包含于孔子所开出的理路之中。对于此两种心灵状态，孔子希望在道德心的主导下来引发认知心，而不希望仅仅专注于认知心却遗忘了道德心。从前者看，比如：

> 子曰："盖有不知而作之者，我无是也。多闻，择其善者而从之，多见而识之，知之次也。"（《论语·述而》）

人天生具有道德心和认知心，但此心灵功能只是形式化的，没有内容。具体实施时，只有后天的内容填充进去才能真正发挥作用。孔子不是天生就知道事物之条理的，而是通过后天的学习。一方面，面对各种事物，以自己的道德判断进行抉择；另一方面，见多识广，记住很多经验知识。

从后者看，比如：

> 樊迟请学稼，子曰："吾不如老农。"请学为圃。曰："吾不

如老圃。”（《论语·子路》）

君子不器。（《论语·为政》）

孔子不希望樊迟仅仅在学稼学圃这些具体知识上用功，而是希望其突破具体知识的限定，呈现自身的道德心。如果学习者一味将自己陷于某一具体的事物知识中，而埋没了其道德心，那就成了器。孔子不赞同这种学习方式，故认为“君子不器”。

（二）伦常与正名

人的一生，开端于家庭，成熟于社会。家庭环境与社会环境有所不同，家庭环境相对稳定，而社会环境则复杂多变。家庭环境与社会环境里面的各种条理规则，也是气化世界的变现，故而参差不齐，可谓气化世界之有限性。

夫仁者，己欲立而立人，己欲达而达人。能近取譬，可谓仁之方也已。（《论语·雍也》）

人终其一生，不能是一个没有肉体的灵，必然要落实在此有限的人生成长轨迹上来成就其仁，故必在道德心的观照下成就之，既成就自己，又成就他人。“己立己达是对自己尽责，立人达人是对他人尽责，二者在实现时，难分其先后，且都是一无限过程。”① 他人，既可以是家庭领域内的亲人，也可以是社会领域内的陌生人。而这种成己成人，需要保持家庭、社会的存在来认知其不同特征，成就不同限定特征下的自己与他人。

1. 人在家庭、社会中的限定性关系

在儒家思想中，人的存在，并非首先是独立的个体而后自由地订

① 韦政通：《中国的智慧》，吉林出版集团股份有限公司 2009 年版，第 74 页。

立契约结合成社会组织，而是天然地内嵌在各种人伦关系之中，并需要在各种人伦关系中尽其应有的道德责任。

从经验层面看，我必然具有肉体的出生，故而我天然地内嵌在父子关系中；如果父母还生了其他的兄弟姐妹，于是我又内嵌在兄弟关系中；社会上不可能只有一个家庭或家族，我结识其他家庭或家族的成员，于是我又内嵌在朋友关系中；我与其他家庭或家族的异性结合构成一个家庭单位，于是我又内嵌于夫妇关系中；我与各类人等一起为了共同志向而奋斗，构成一个组织，具有职业的分工与协助，于是我又内嵌于君臣关系中。在这种五种关系中，父子、兄弟是纯粹家庭或家族的内部关系；朋友、君臣接连多个家庭或家族，属于社会关系；夫妇是两个家庭或家族的结合，属于家庭与社会皆有之的关系。这五种关系构成了人们生活的常态，也是常人生活难以去除的关系。儒家认为，人不应该逃避这种关系，而是要认知这种关系，并赋予这种关系以道德意义。

2. 五伦：横向的道德心灵的发动

上述的经验性的关系存在，构成了人的五伦。尽管五伦并不直接出现在《论语》中，但《论语》已经具有类似的记载，比如：

> 子曰："弟子入则孝，出则弟，谨而信，泛爱众，而亲仁。行有余力，则以学文。"（《论语·学而》）

一入一出，展现出两种伦理原则。在家庭关系中，以孝、亲的道德原则来处理；在社会关系中，以弟、信、爱的道德原则来处理。不同的伦常关系，配备了不同的道德原则。这样的配比方式，在后来孟子的思想中获得了更为规范的整合。孟子说：

> 父子有亲，君臣有义，夫妇有别，长幼有序，朋友有信。

（《孟子·滕文公上》）

五伦是气命的限定，也是人的存在的特征。如果要构建一个和谐美好的社会，需要在此五伦的基础上配以五种德性。此五种德性，皆可看作普遍的道德意识从具体的人的存在关系这一通孔中表现出来的特殊性，对于关系双方都具有指导意义。此特殊性虽然附着于各种具体关系上，但都具有成就他人、成就自己的共性，在关系双方中共同构建理想的世界。事实上，在现实生活中，五伦只是粗线条地把握人的存在关系，更为细致的关系都会因人而异地发生各种变动。[①]

五种德性，从根源上说，来自人的普遍道德意识。但由于伦常是人的生活常态，故此德性的五种主体性的发动，就会客观化为道德规范。倘若人能够觉察到自身道德意识的流露，则会把这种德性的完成看作自身的道德责任；倘若人无法觉察到自身道德意识的流露，就会把此道德规范看作外在于我的强制性命令。在前者意义上，每个人都会有自己的伦常以及伦常所赋予的道德责任。倘若人人都承担起自己所在伦常关系中的道德责任，那么伦常关系就会成为一种合作关系，呈现出道德的价值。在后者意义上，如果人人都不愿意承担伦常关系中的道德责任，那么伦常关系会成为一种束缚——气化生命的限定性对于自由的、情感的、欲望的心灵的束缚。

3. 正名：纵向的道德心灵的发动

人愿意承担伦常中的道德责任与不愿意承担伦常中的道德责任，

---

① 有一种观点认为，儒家的伦常是建立于血缘宗法制基础上的。其实不然，儒家的伦常是建立在普遍的道德意识与具体的气命限定特征上的。在先秦，气命限定所呈现的社会状态是宗法制，故儒家的普遍的道德意识就需要宗法制来呈现，一方面无待于宗法制对于人的束缚而建立人人具有的道德意识，另一方面以道德意识为动力来尽可能地改善血缘宗法制。在现代社会，血缘宗法制的色彩大大淡化，而呈现出新的限定性特征，故儒家的道德意识仍需要在当下社会存在的气化限定中来谈具体的落实。

在自由心灵中没有必然性的发动。但一个社会的存在，必然要求每个人在其关系中有必然如此的发动。如果某人不能有如此的发动，则其已经游离于存在关系之外。个别人的游离，对于社会的存在无多大妨碍；而伦常关系自身的存在，则对社会的存在具有规范性的作用。也就是说，伦常关系虽然发生于主体与主体之间，但是这种关系客观化之后，就与主体具有一定的脱节。客观化的伦常关系具有自身的运作规律；主体无论自愿与否，都需要投身到伦常关系中去。伦常关系的自身运作规律，不是出于某些个体，而是出于人的普遍道德意识，故单独的个体虽然偶尔游离于普遍道德意识之外，但必然遭到以此普遍道德意识为标准对其进行的判决。这种从普遍道德意识出发来谈人的伦常关系，并赋予伦常关系以客观而必然的道德责任的做法，就是正名。

> 齐景公问政于孔子。孔子对曰："君君，臣臣，父父，子子。"公曰："善哉！信如君不君，臣不臣，父不父，子不子，虽有粟，吾得而食诸?"（《论语·颜渊》）

君君、臣臣、父父、子子，就是正名。前一字是指具体在此位的人，后一字是指在此名位所需承担的道德责任。"君君"是指处于君位的人要担负君王的道德责任；"臣臣"是指处于臣位的人要担负大臣的道德责任；"父父"是指处于父位的人要担负父亲的道德责任；"子子"是指处于子位的人要担负子女的道德责任。人处在什么关系中，就需要担负这个关系中的道德责任，就能发挥此限定性的优点与长处；人若不能承担这个关系中的道德责任，就会被此限定性所束缚，甚至任由此限定性的缺点发挥恶劣的作用。

> 子路曰："卫君待子而为政，子将奚先?"子曰："必也正名

乎!”子路曰:“有是哉,子之迂也!奚其正?”子曰:“野哉由也!君子于其所不知,盖阙如也。名不正,则言不顺;言不顺,则事不成;事不成,则礼乐不兴;礼乐不兴,则刑罚不中;刑罚不中,则民无所措手足。故君子名之必可言也,言之必可行也。君子于其言,无所苟而已矣。”(《论语·子路》)

正名是基于普遍的道德意识而对人所处的共同的限定性关系进行道德的改善。故名分后面的道德责任虽然根本上源于每个人的道德意识,但一旦客观化之后,就不以个别人的意识为转移。这种普遍的道德应然性,指向了一种制度建设。一切治理秩序与治理措施都以此正名为出发点。正名可谓普遍的治理伦理。

(三)家庭伦常与社会伦常的异同

在五伦与正名所贯穿的家庭与社会关系中,家庭的伦常正名与社会的伦常正名既有一贯性,又有所不同。

从一贯性上看,家庭的伦理与社会的伦理,都是道德意识的贯彻实施。比如:

子曰:“唯仁者能好人,能恶人。”(《论语·里仁》)

仁者的好人、恶人,为其本有的道德判断,是道德心的表现。这种道德心所涵盖的好人、恶人的范围,既可以是家庭的,也可以是社会的。

有子曰:“其为人也孝弟,而好犯上者,鲜矣;不好犯上,而好作乱者,未之有也。”(《论语·学而》)

一个人在家孝悌,说明他比较容易发动其道德意识。“仁心之显发,首先表现为孝弟,故行仁当从孝弟始。孝弟行于家,而后仁爱及于物。孝弟是仁心最自然最直接的显现。”[①]同样的道德意识，既然能够在家庭对象上发动，自然也能在社会对象上发动，故其对于国家也会具有忠诚的道德属性。这样的一贯性，一方面需要承认天理发动扩充的次序，由互动最为密切的家庭关系出发，而说“孝悌也者，其为仁之本”（《论语·学而》），另一方面又鼓励推己及人，不能将天理的扩充仅仅停留在家庭范围，而是需要“老吾老以及人之老，幼吾幼以及人之幼”（《孟子·梁惠王上》），由自己家人而推广到其他人，由家而国，由国而天下。[②]

从不同性上看，家庭的伦常正名较为主观化，容易随意地发动变化，同时伴有亲情的润滑，容易发自内心；社会的伦常正名较为客观化，不能随意地发动变化，同时伴有律法的准则，容易成为他律的规范。

从对父母的态度上，可以看出家庭伦常的特征，比如：

> 子曰：“父在，观其志；父没，观其行；三年无改于父之道，可谓孝矣。”（《论语·学而》）
>
> 子曰：“事父母几谏。见志不从，又敬不违，劳而不怨。”

---

① 蔡仁厚：《孔孟荀哲学》，第86页。

② 这种不同，被称为等差之爱、亲亲之杀。然而，对于儒家主张的等差之爱、亲亲之杀，我们需要较为灵活地看待。一方面，儒家并没有让人永远停留在等差之爱上，而仅仅承认等差之爱是起点，最终要完成的天下万物一体之仁才是终点。另一方面，等差之爱不是道德意识本身，而是道德意识在有限性上落实的表现。人与人的亲疏远近，基于人的有限性，基于天地生物之不齐。这是生命存在的限定性，亦是无可奈何之事。而人的道德意识本身，则是纯粹的无限，故没有亲疏远近之别。然而，道德意识必然从有限的形下心灵中显现出来。形下心灵是具体的，存在于有限的时空中，而对象具有远近亲疏之别。故道德意识之普照，也在形下心灵的影响下，有了等差之爱、亲亲之杀。当然，这种远近亲疏也是从大体上如此说，具体展现是因人而异的。比如，如果一个人自出生以来，父母不去照管他，而是孤儿院的员工照管他，那么他的爱就会先顾及孤儿院的员工，而不会顾及自己的父母；如果孤儿院的员工对待他极尽刻薄之事，那么他也不会爱孤儿院的员工。爱的具体流露，需要人与人之间不断地友好互动，家庭这样的环境最有利于友好互动，故爱最容易在家庭这样的环境中表现出来。

（《论语·里仁》）

孝道需要子女继承父母的志向。但这个志向需要符合普遍的道德意识，如果仅仅是父母私人情感欲望的志向，则子女非但不需要继承，还要对父母进行劝诫。但这种劝诫又不是对抗性的，而是柔性的。一次劝诫不听，就来第二次，第二次不听，就来第三次，隔一段时间再劝，慢慢让父母回心转意。当然，如果子女犯错误，父母更是可以用各种方法对其进行教育。双方以柔性的、可修复的互动关系为主。对伦常关系进行多次实验、试错，最终训练出一个具有常态化道德意识的人。也就是说，在伦常关系中，当一方不能承担其道德责任时，另一方不能主动退出，仍旧要不断去帮助促成另一方承担其道德责任。

从朋友、君臣的关系上，可以看出社会伦常的特征，比如：

子曰："君子不重则不威，学则不固。主忠信，无友不如己者，过则勿惮改。"（《论语·学而》）

所谓"无友不如己者"，则对于品性不好的人，可以与其断绝朋友关系。同理，孔子周游列国，推行自己仁政的主张，但若没有君王采纳其意见，孔子亦非必须"货与帝王家"。其言：

子曰："道不行，乘桴浮于海。"（《论语·公冶长》）

子欲居九夷。或曰："陋，如之何！"子曰："君子居之，何陋之有？"（《论语·子罕》）

孔子可以离开家邦，去海外之地、蛮夷之乡来传播其学说。这显示出儒者不阿附君王的态度。其中的道理与"无友不如己者"是一样的，即在社会关系上，如果一方不能承担其道德责任，另一方为了对道德责任负责，可以不顾前者，而是与能够承担道德责任的其他主体建立起新的伦常关系。

家庭伦常与社会伦常的差别在于家庭伦常中的关系主体不可退出，一旦退出，家庭伦常就会崩溃瓦解；社会伦常中的关系主体可以退出，一旦退出，可以组建新的社会伦常，社会可以照常良性运行。但是，由于社会伦常具有客观必然性，刚踏入社会的人需要演练之后才能熟练掌握其运行规则，故家庭伦常的存在就是人的演练之所。

> 仲弓问仁。子曰："出门如见大宾，使民如承大祭。己所不欲，勿施于人。在邦无怨，在家无怨。"仲弓曰："雍虽不敏，请事斯语矣。"（《论语·颜渊》）

"出门""使民"都是社会关系中的行事。"见大宾""承大祭"这种客观性的德性的发动，需要在家庭家族中演练。当人掌握这种行事法则之后，再用到社会交往中，就能与社会的道德运行法则较为和谐地融合了。因此，虽然从社会的角度来看家庭的演练似乎不甚规范，却是社会规范被遵守的前提。

由家庭伦常与社会伦常的区别，可以引出一个关系双方处事原则问题。家庭伦常可以引申为私人关系，而社会伦常可以引申为公共关系。两个主体之间，既有私人关系，也有公共关系。一般而言，两人处理公务，或者仅仅是路人之间的礼节性交往，则以公共关系为主；倘若进至私人情感的交涉，则以私人关系为主。然而，人与人之间，可能有价值性的正向与逆向的交往，对于这一点，孔子提出了自己的主张，其言：

> 或曰："以德报怨，何如？"子曰："何以报德？以直报怨，以德报德。"（《论语·宪问》）

以德报德，既有公共关系的回应，也有私人关系的回应。受恩之一方，既要秉持公心，以一般社会规范要求来回报施恩者，也要用个人的感激之情来对待施恩者。而以直报怨，则仅仅具有以道义为保障的公共关系上的回应，不具有私人关系的回应。受怨之人需要依一般社会规范要求来惩罚施怨者，但同时尽量去除私愤。这样一来，被罚的施怨者能够心悦诚服地受罚，不会恼羞成怒，甚至变本加厉地世代为敌。相反，如果采取以德报怨的方式，固然可以期待对方被自己道德感化，但此感化却不具必然性，反而为公共关系的不平等性开了错误的先河。一旦以德报怨成为常态，那么其他受怨之人想要以直报怨就容易受到道德的谴责，这反而助长了施怨者肆无忌惮地去做坏事。因此，人与人的社会交往都需要以公共性的道义为支撑，进行公平合理的交往；如有损益，需要进行规范化的弥补。而在私人的心灵上，则要感激施恩者，而不去计较施怨者。

（四）家人之爱与故国之情

仁的发动，根源在于性，主动权在于心，所发在于情，情之必然性则谓之义。性具有必然性，道德之性是先天自主的确立，命定之性是先天限定的确立。道德之性落实在限定之性上，则就着限定之性而表现为心的活动。心所发动，即为情感，此情感既可以被限定的事态所牵引而遗忘了道德性的方向，也可以借着限定的事态来自觉地发出道德性的方向。心时时刻刻都处于一个具体的场景之中，故限定性不是如此就是如彼，心的道德性亦是就着如此或如彼的场景来发动，故其所发之情，亦是千变万化。

1. 道德情感的正面发动

在心所处的不同场景中，有些场景有利于情感中道德性的发动，有些场景不利于情感中道德性的发动。为了维持情感中道德性的发动，对于那些有利于情感中道德性发动的场景，需要加以特别的重视；对这些场景中所萌发的道德感情，也需要加以特别的珍惜。人的存在，最亲爱的场景莫过于自己所在的家庭，莫过于自己所在的祖国；故这种最为自然的道德感情，从小处看是家人之爱，从大处看是故国之情。对家人的爱与对故国的情，是人的情感发动中最容易生成道德性的地方。[①]

人在生命成长过程中，由家庭生活开始，慢慢进入社会生活，由亲人的小天地，慢慢进入陌生人的大世界，由家庭中直观的情感慢慢演变为社会中抽象的公共秩序。在家庭生活的直观情感中，个人感受到的家人的爱，最容易产生情感的回应。在社会生活的公共秩序中，个人开始反思秩序与文化对于个体成长的塑造，并能够意识到国家与自我千丝万缕的关系，而产生更为宏大的情感回应。因此，对于家人的爱，是人在生命成长过程中最为自然的道德情感；对于祖国的爱，是人在生命成长的反思过程中最为自然的道德情感。

这两种情感，可谓人最为重要的两大道德情感。关于家庭之爱：

> 子曰："弟子入则孝，出则弟，谨而信，泛爱众，而亲仁。行有余力，则以学文。"（《论语·学而》）

孝是家庭生活中的重要德行。这是个人生长过程中第一个形成的德行，也是最自然的德行，为限定性家庭经验赋予了超越的价值。"孝爱表明人的实际生存确实是超功利、超手段，甚至是超进化的，由生成意义的亲子时间而非生殖时间和物理时间所发动。"[②] 孝道是

---

① 纯粹从德性的发动来看，倘若心所处的场景为中性的，既不利于道德性的发动，也不碍于道德性的发动，则更能显现出德性本身与后天经验无关，而具有先天必然性。而在现实场景中，很少有完全中性的场景，反而有许多有碍于道德性发动的场景。然而，如下的场景——对家人的关爱、对祖国的关爱——则会有利于主体的道德性发动。

② 张祥龙：《孔子的现象学阐释九讲》，华东师范大学出版社2009年版，第235页。

以德性为基础衍生出来的第一个具体化的道德情感，在此基础上，可以随着生活空间的扩大而继续衍生出更多德行，比如悌、信、爱、学文等等。

关于故国之情：

> 孔子之去齐，接淅而行；去鲁，曰："迟迟吾行也。"去父母国之道也。（《孟子·万章下》）

此言虽为《孟子》所载，大致也符合孔子之意，可以看作儒家传统中对于故国之情的重视。①

家庭之爱与故国之情，是人伦中最为基础的道德感情。如果连这些感情都抹杀了，很难说在其他领域可以建立纯正的德行。所以，一个儒家的君子，如果他有家庭之爱，有故国之情，那么这样的人就可以很顺当地由爱家人而推及爱社会上的人，由爱自己的故土而推及尊重别国之人对于他们祖国的爱。反过来，如果一个人连自己的亲人都不爱，怎么能爱社会上的其他人？一个人连自己的祖国都不爱，怎么能尽心尽力为其他国家服务？如果他表面上能做到这些，那么很有可能他的心中藏有更多的诉求与阴谋。

为仁，就是仁的表现。孝是仁的表现的第一站，也是仁的诸多表现的前提。有这个前提性的表现，那么在之后的诸多表现中，都能够步步趋实，不犯上，不作乱。

2. 基础德行与后发德行的矛盾

在儒家思想中，一般说来，仁表现出的基础性德行与仁表现出的

---

① 需要指出的是，儒家的故国之情并非不分是非的狭隘的爱国感情，也不是对于三桓政权的愚忠，而是对于久浸于斯的乡土与文化的眷恋。孔子的学说并不仅仅局限于鲁国，而是放之四海皆准，如"道不行，乘桴浮于海"（《论语·公冶长》）、"子欲居九夷"（《论语·子罕》）。

其他德行具有一致性，都是德性自身在不同的生活场景的发动。但是，如果碰到某些特殊情况，比如仁表现的基础德行与仁表现的其他德行之间产生矛盾，则儒家主张主体在个体身份的意义上暂缓后一种德行，而保证前一种基础性的德行。

在保证家庭德行的意义上，有一个极端的例子，就是亲亲互隐。

> 叶公语孔子曰："吾党有直躬者，其父攘羊，而子证之。"孔子曰："吾党之直者异于是。父为子隐，子为父隐，直在其中矣。"（《论语·子路》）

父子之情是德性在家庭生活场景中所发动的德行，而社会公义是后发的德行。两者之间产生直接冲突时，主体应该先保全前一种更为基础的德行，并通过非直接对抗的方式来协调社会公义的要求。比如，父亲顺手牵羊，儿子没有必要去检举揭发，而是劝了父亲之后，把羊再还回去，并声称自己送回了走失的羊。

如果儿子并不是个体身份，而是村里的村长，已经收到失羊人的报案，那么他要么辞掉村长职务，以个人身份来协调矛盾，要么不辞掉村长职务，对父亲依照律法进行惩处。儿子以个体身份行事，是为了保持其德性发动的基础德行；儿子以村长身份行事，则是为了对村长身份的道德责任负责。故无论如何选择，都是正确的，但儿子不能以村长身份来包庇自己的父亲。

在保证故国之情的意义上，也有一个极端的例子，就是伯夷、叔齐。

> 齐景公有马千驷，死之日，民无德而称焉。伯夷、叔齐饿于首阳之下，民到于今称之。其斯之谓与？（《论语·季氏》）

齐景公非常富足，但其死后，老百姓都不称颂他。因为齐景公虽富而无德，其富足并没有与老百姓共享，而仅仅自己一人独享。伯夷、叔齐虽然不富，但有德行，故老百姓一直称颂他们。伯夷、叔齐的德行表现在哪里？程子曰："伯夷、叔齐逊国而逃，谏伐而饿，终无怨悔，夫子以为贤，故知其不与辄也。"[①] 程子所赞扬的是逊国而逃、谏伐而饿两事，认为此两事都是终无怨悔，如孔子所言："求仁而得仁，又何怨。"（《论语·述而》）逊国而逃、谏伐而饿都是求仁而得仁之事。

若说逊国而逃为仁，比较容易说得过去，朱子曰："盖伯夷以父命为尊，叔齐以天伦为重。其逊国也，皆求所以合乎天理之正，而即乎人心之安。"[②] 但说谏伐而饿（亦即"饿于首阳之下"）为仁，则需要作出一番阐释。

依照儒家义理，汤武革命，顺天应人，可谓以武王之正义对抗纣王之非正义。而伯夷、叔齐竟然叩马而谏，并且不食周粟，饿死于首阳，明明是怀念商的天下，而不承认周的天下。伯夷、叔齐这种遗民的态度，被认为体现了求仁得仁的至理，非但没有受到儒家的谴责，反而受到儒家的赞扬。伯夷、叔齐对于殷天下的情感是较为基础性的德行，而对于周天下的承认是后发的德行。两者产生矛盾时，儒家主张以个体身份保持前者基础性的德行，而暂缓后发的德行。由此我们可以看到，儒家的故国之情具有超越政治立场的作用。无论当下的主流政治形态如何，遗民可以保持对于旧朝的情感，并仍旧受到儒家的尊重。当然，遗民的态度也是个体身份的选择，被儒家予以尊重，允许个体与新朝保持不合作的态度。这样，既保全前一种基础性德行，同时不与后一种德行产生直接的正面冲突。但若此人是一个商朝的将

① 朱熹：《四书章句集注》，第 97 页。
② 同上。

领，他要么以将领身份誓死抵抗周，成为顾炎武说的“保国者，其君其臣肉食者谋之”（《日知录·正始》），要么放弃将领身份，以个体身份做不合作的遗民。从儒家传统对于殷周之变的评价来看，以将领身份继续抵抗，虽然成就个人职务之私德，但助纣为虐，于天下为更大的不仁不义，故儒家可能更为支持后者的遗民态度。

三、治理措施

治理措施是对治理秩序的维护。维护需要从两个方面考虑，一个是人才，一个是制度。没有良好的人才，就没有办法生成和完善良好的制度；没有良好的制度，就没有办法培育良好的人才。从人才方面看，良好的人才是维护治理秩序的主体。儒家教化的目的在于培养君子，君子在家在国都能作出表率，承担起维护社会秩序运行的责任。从制度方面看，良好的制度既需要柔性的教化，也需要刚性的刑罚，同时还需要修正机制，可以对错误、无效的制度进行拨乱反正。

（一）儒家人才建设：士人的培养

儒家的主张需要士人去执行，故其人才建设必然要培养士人。士人的培养则以君子为楷模。君子与小人最初是贵族与平民的意思，只与身份地位有关，与道德无关；而在孔子的语境中，君子与小人的区别从身份地位的高低转变为道德水平的高低。贵族身份者，也可能由于道德水平低下而被称为小人；平民身份者，也可能由于道德水平高而被尊为君子。

1. 士人的出身

孔子称自己的教学是“有教无类”（《论语·卫灵公》），又说

“自行束脩以上，吾未尝无诲焉”（《论语·述而》）。钱穆先生解“束脩”曰：“脩是干脯，十脡为束。古人相见，必执贽为礼，束脩乃贽之薄者。”① 也就是说，在孔子的教育理念中，不管学生是什么阶层身份，都可以受到儒家的教育，唯一的门槛就是交一份并不昂贵的学费。颜回、闵子骞家境贫寒，也能从学于孔子，并且还特别受孔子的器重；而像子贡这样的富商，也求学于孔子，得到孔子的教诲。可以看出，孔子在教学中没有身份的偏见，贵族和平民，富人与穷人，都一视同仁。钱穆认为：“孔子是开始传播贵族学到民间来的第一个。孔子是开始把古代贵族宗庙里的知识来变换成人类社会共有共享的学术事业之第一个。”② 孔子真正做到了在教育面前人人平等。

2. 士人的德行

士人身上担当着重大的文化使命，需要在社会上弘扬道德教化，曾子说：

> 士不可以不弘毅，任重而道远。仁以为己任，不亦重乎？死而后已，不亦远乎？（《论语·泰伯》）

士人所追求的君子人格，在为人处世上需要做到“周而不比”“和而不同”，既能团结大家，又不党同伐异。这种“周而不比”“和而不同”的精神可以用在私人家庭领域，也可以用在公共社会领域，比如：

> 子路问曰：“何如斯可谓之士矣？”子曰：“切切、偲偲、怡怡如也，可谓士矣。朋友切切、偲偲，兄弟怡怡。”（《论语·子路》）

---

① 钱穆：《论语新解》，第 159 页。
② 钱穆：《国史大纲》，第 100 页。

子贡问曰："何如斯可谓之士矣？"子曰："行己有耻，使于四方，不辱君命，可谓士矣。"曰："敢问其次。"曰："宗族称孝焉，乡党称弟焉。"（《论语·子路》）

结合上述两段的内容可以看到：士的作用，在朋友之间表现为相互切磋、相互督促；在兄弟之间表现为保持和睦；在宗族中表现为孝悌；在乡人中表现为尊敬；在公职上不断反省自己，顺利完成各项任务，不违背职业道德。①

3. 士人的才干

孔子所注重的士人教育在于培养一个既有仁义精神，又有多种才干的君子。

从培养仁义精神上看，孔子认为君子需要符合道义。

子曰："君子之于天下也，无适也，无莫也，义之与比。"（《论语·里仁》）

君子不会从个人立场、个人情绪出发，刻意强求、故意反对某些事情，而是与客观应然的道义一致。

子曰："富与贵是人之所欲也，不以其道得之，不处也；贫与贱是人之所恶也，不以其道得之，不去也。君子去仁，恶乎成名？君子无终食之间违仁，造次必于是，颠沛必于是。"（《论语·里仁》）

儒家并不反对富贵，但富贵需要符合仁义。如果不符合仁义，那

---

① "在公职上不断反省自己，顺利完成各项任务，不违背职业道德"是对"行己有耻，使于四方，不辱君命"的现代创造性解读。"四方"，由出使的国家引申为各项任务；"君"，由君位引申为公共性领导岗位；"君命"，由君位对臣位职业操守的赋予引申为领导岗位对各项职业的职业道德的要求。

么情愿坚守仁义，也不要富贵。

从培养多种才干上看，孔子希望君子能够既有仁义，又有才干，做到文质彬彬。如果只做到有才干，而没有仁义，则是孔子所反对的。

子曰："君子不器。"（《论语·为政》）

樊迟请学稼，子曰："吾不如老农。"请学为圃。曰："吾不如老圃。"樊迟出。子曰："小人哉，樊须也！上好礼，则民莫敢不敬；上好义，则民莫敢不服；上好信，则民莫敢不用情。夫如是，则四方之民襁负其子而至矣，焉用稼？"（《论语·子路》）

孔子不希望学生只成为某个领域的专家，不希望学生只掌握知识技能而丧失仁义精神，故曰"君子不器"。其实，孔子自己就是既多才干，又有道德的追求。

大宰问于子贡曰："夫子圣者与？何其多能也？"子贡曰："固天纵之将圣，又多能也。"子闻之，曰："大宰知我乎！吾少也贱，故多能鄙事。君子多乎哉？不多也。"（《论语·子罕》）

当别人称赞孔子多能时，孔子比较谦虚，认为是自己年少时做鄙事而学会的。但其实，这种多能正是儒者所需要的能力。孔子"入太庙，每事问"（《论语·乡党》），同时学琴于师襄，问道于老聃，和之善歌者，正说明孔子具有非常卓越的学习能力，能够将仁义之心落实在各类具体的实践事件上。孟子赞叹孔子，曰："孔子尝为委吏矣，曰'会计当而已矣'，尝为乘田矣，曰'牛羊茁壮，长而已矣'。"（《孟子·万章下》）

结合仁义精神和各种才干，就会成为真正文质彬彬的君子。

棘子成曰："君子质而已矣，何以文为？"子贡曰："惜乎！

夫子之说君子也。驷不及舌。文犹质也，质犹文也。虎豹之鞟，犹犬羊之鞟。”（《论语·颜渊》）

子曰：“质胜文则野，文胜质则史。文质彬彬，然后君子。”（《论语·雍也》）

君子的内涵是仁义，才干是外显。仁义并不应该仅仅保持在与他人无关的修身中，而是要自然地在待人处事上表现出相应的才干。即使本来才干不明显，也会在具有自主学习意愿的情况下，不断优化自我的才干。相反，在待人处事上具有才干，则不必然有仁义的内涵。所以如果专门擅长才干之道，就有孔子“君子不器”之忧。故而，君子当以仁义内涵为重，而从君子的长久养成来看，则又必然文质彬彬，仁义与才干都能得到发展。

4. 士人的处世

儒家培养士人是为了承担起治世之责任。治世，虽然也包含了每个家庭家族的治理，但更多地表现在国家的治理上。子夏曰：“仕而优则学，学而优则仕。”（《论语·子张》）就是希望受到儒家教育的士人能够做官，或者做官者能够重新接受儒家教育。这样一来，儒家的社会治理思想就能够真正在庙堂上施行起来。

然而，事实上，儒家的治世理想并不一定能够真正付诸实施。有时候，不但不能付诸实施，可能还有大量违背儒家治世精神的政策出台。在国家层面的宏观力量面前，接受儒家教育的士人应该如何进退，也成为孔子所关心的话题。

子曰：“邦有道，谷；邦无道，谷，耻也。”（《论语·宪问》）

子谓南容：“邦有道，不废；邦无道，免于刑戮。”以其兄之子妻之。（《论语·公冶长》）

子曰："笃信好学，守死善道。危邦不入，乱邦不居。天下有道则见，无道则隐。邦有道，贫且贱焉，耻也；邦无道，富且贵焉，耻也。"（《论语·泰伯》）

以上三段语录，充分表现了孔子对士人立身处世、进退仕途的态度。在一个良好的社会中，士人应该积极地出仕，在各个实践领域充分地表现仁义的精神；而在一个不好的社会中，士人要么离开这个社会，要么隐居起来，从而保存仁义精神的火种以流传后世。孔子主张，在社会氛围良好的时候，士人应该富贵，这是良好的社会发展给予每个人的红利，也是士人为国出力所应该获得的报酬；但是在社会氛围不好的时候，士人在此氛围中要发迹、要保持富贵，必然与负面因素同流合污。因此，若是士人在此不好的社会氛围中仍旧富贵，那就是非常可耻的事情。其实，无论是邦有道还是无道，都是为了保存与发展仁义。有道的时候，仁义得以保存并获得发展，反馈为相应的物质利益。无道的时候，仁义得以保存，但难以获得发展，故无法获得相应的物质利益。无论哪种状态，都为孔子所赞同。但若在无道的时候，只为了物质利益而丧失了仁义，这就是孔子所反对的了。

（二）儒家制度保障：礼乐的制作

士人的治理需要客观化的措施。这种客观化的措施表现为礼乐之治，其核心在教化，并以赏罚作为辅助。

礼乐的精神，在于"乐合同，礼别异"（《荀子·乐论》）。礼用来表明诸多个体间的差异性，乐用来表明诸多个体间的协调性。虽然礼乐有此不同的方向，但其核心都指向仁。差异性是指仁在不同个体之间的表现，故虽有差异，仍可以互补而和谐；协调性是指仁在不同个体之间的关联，故虽有协调，仍可以保持各自特性。

1. 榜样作用

从礼的治理措施来看，礼给不同身份者安排了不同的行为法则，此法则固然是由仁义之道客观化而成，但是否克己复礼，则完全是仁心自我的决定。故而，要真正让大家发自真心地依礼而行，不能采取强制手段，而是要从打动别人内心入手，其中最为常用的办法就是在上位者自己成为榜样来克己复礼。

> 子曰：“苟正其身矣，于从政乎何有？不能正其身，如正人何？”（《论语·子路》）
>
> 季康子问政于孔子。孔子对曰：“政者，正也。子帅以正，孰敢不正？”（《论语·颜渊》）

孔子要求从政者自己正身，在上位者自己做好榜样，恪尽职守，就容易上行下效，让在下位者也恪尽职守。如果在上位者不能做好榜样，则上梁不正下梁歪，既不能治己，更不能治人。

> 季康子问政于孔子曰：“如杀无道，以就有道，何如？”孔子对曰：“子为政，焉用杀？子欲善，而民善矣。君子之德风，小人之德草。草上之风，必偃。”（《论语·颜渊》）
>
> 哀公问曰：“何为则民服？”孔子对曰：“举直错诸枉，则民服；举枉错诸直，则民不服。”（《论语·为政》）
>
> 樊迟问仁。子曰：“爱人。”问知。子曰：“知人。”樊迟未达。子曰：“举直错诸枉，能使枉者直。”樊迟退，见子夏。曰：“乡也吾见于夫子而问知，子曰‘举直错诸枉，能使枉者直’，何谓也？”子夏曰：“富哉言乎！舜有天下，选于众，举皋陶，不仁者远矣。汤有天下，选于众，举伊尹，不仁者远矣。”（《论

语·颜渊》）

为政者打算采用杀戮的方式来治国，孔子建议他不要轻易杀戮，并认为在上位者可以通过善言善行来感化老百姓。正直的为政者，会选用一大批贤良方正的人才来治理天下，社会风气就会逐步改善，可以让不正直的老百姓改邪归正。相反，不正直的为政者，会有一批谄媚者围在左右，他们欺上瞒下、吃里爬外，一方面极力奉承昏聩的为政者以分有其权力，另一方面对老百姓极尽欺压之能事，这些行为会让老百姓感到不服气，敢怒而不敢言，最终容易导致民变。

2. 广施乐教

乐教是礼教的重要组成部分，其目的在于保持诸多差异性个体之间的和谐关系。乐教能够发扬人的情志，让仁义精神通过具体的情感表现出来，并且在与他者的情感交往中达到密切的融合。

子曰："兴于诗，立于礼，成于乐。"（《论语·泰伯》）

诗是心之志的发动，礼是伦理秩序的建立，乐是差异性个体间的和谐。乐可以视为诗与礼的最终旨向。正因如此，孔子十分看重乐教，经常弦歌不绝。孔子击磬于卫，曾点鼓瑟而作，皆为乐教之实证。

子之武城，闻弦歌之声。夫子莞尔而笑，曰："割鸡焉用牛刀？"子游对曰："昔者偃也闻诸夫子曰：'君子学道则爱人，小人学道则易使也。'"子曰："二三子！偃之言是也。前言戏之耳。"（《论语·阳货》）

子游将乐教施之于武城，很好地继承了孔子的乐教精神，得到了孔子的赞扬。

3. 德主刑辅

虽然孔子的治理措施以柔性的礼乐为主，但并不意味着孔子杜绝刑罚的使用。事实上，孔子更可能的治理倾向是德主刑辅。

> 子曰："道之以政，齐之以刑，民免而无耻；道之以德，齐之以礼，有耻且格。"（《论语·为政》）

在这段文辞中，孔子分析刑罚措施与德治措施的区别。虽然两者似乎都能使老百姓不去犯罪，但前者主要是让老百姓畏惧刑罚而在行动上免于犯罪，并没有给予老百姓以羞耻心；后者则是给予老百姓以羞耻心，故不但在行动上可以使老百姓免于犯罪，更在心灵上培养了道德感，去除了犯罪的动机。两者相比，德治似乎比刑罚更胜一筹。

但是，这样的德治方式对于本身容易感化者而言具有较好的效用，但对于一些仁义精神自愿被蒙蔽者而言，则效果不大，故刑罚仍旧是万不得已才使用的底线措施。

> 子曰："君子怀德，小人怀土；君子怀刑，小人怀惠。"（《论语·里仁》）

君子从德性的普遍性上考虑，故其情感不偏于一方乡土，而是能够关怀天下；小人只从自己的自然情感着手，故只偏爱自己的一方乡土。君子能够考虑到刑罚的普遍性，故能够自守；小人经常希望得到法外之恩，故勇于求乞。对于这些小人，刑罚的底线必须有所坚守。所以孔子说"谨权量，审法度，修废官，四方之政行焉"（《论语·尧曰》），又说"礼乐不兴，则刑罚不中；刑罚不中，则民无所措手足"（《论语·子路》）。这些话都说明了刑罚的重要性，可以作为底线，有效地辅助、保障礼制的实施。

（三）儒家的修正方式：进谏机制

孔子设计了一整套社会治理系统，既有系统本身的运行方式，又有支撑运行的人才与机制。同时，还需要在系统运行出现状况时能够产生自我修正的能力，而这种修正方式主要体现在进谏机制上。由于儒家在划分社会时，区分了家庭与国家的差异，故在进谏机制上，亦有家国的区别。

1. 进谏家人

儒者与自己的家人朝夕相处，尤其是父母与子女间天然具有血缘关系的联结，故父子一伦的关系难逃于天地之间。

> 子曰："事父母几谏。见志不从，又敬不违，劳而不怨。"（《论语·里仁》）

倘若父母有错，作为子女照样可以进谏。但若父母不听从子女的意见，仍旧在错误的道路上我行我素，那么孔子主张子女仍旧要对父母行孝，尊敬父母，不违亲命，就是劳累也没有怨言。等到父母心情好了，子女再找机会对父母进谏。父子一伦是天伦，只要给予时间，大家充分了解，天然可以沟通。故子女与父母的矛盾，常以妥协来化解。

2. 进谏君主

君主与大臣之间的关系是友道的延伸。君臣是志同道合的朋友关系，为了治理天下相互协作。如果君主有过错，大臣应该进谏君主。

> 子夏曰："君子信而后劳其民，未信则以为厉己也；信而后谏，未信则以为谤己也。"（《论语·子张》）

子夏主张，大臣进谏君主，前提是君主充分信任大臣，知道大臣的进谏是为了国家的强大，而不是为了揭露君主的错误，彰显大臣自己的令名。

然而，倘若君主还是不听劝告，那么大臣要么继续冒死进谏，要么挂冠而走。从前者看，如孔子所说：

> 微子去之，箕子为之奴，比干谏而死。孔子曰："殷有三仁焉。"（《论语·微子》）

从后者看，如孔子所说：

> 道不行，乘桴浮于海。（《论语·公冶长》）
>
> 子欲居九夷。或曰："陋，如之何！"子曰："君子居之，何陋之有？"（《论语·子罕》）

父母的错误，其损失由家庭来承担，基本上不影响大局，故子女对父母的进谏，可以不伤和气，反复协商。君主的昏聩，其损失由国民来承担，会严重影响到国家的发展，故对其进谏就与对父母有所不同。如果能够得到君主的信任而使君主改弦更张，自然最好。如果没有得到君主信任，大臣要么冒死进谏，希望君主能够听取他们的意见；要么挂冠而走，去辅佐其他值得辅佐的明君，治理其他地区的百姓。

四、治理秩序

如果说儒在孔子之前本身仅是一种治丧相礼的职业[①]，那么儒学经过孔子的开拓创造，在其后获得了全新的发展。孔子将渐已趋向礼崩乐坏的旧秩序从一个外在客观性的规范转化为具有德性生命存在源

---

① 参看胡适：《说儒》，载陈平原编校：《中国现代学术经典 胡适卷》，河北教育出版社1996年版，第385页。

头的整体性的文化系统。

如果我们从社会治理思想来看待孔子的学说，孔子不仅在社会治理上提出具有洞见的有效的秩序性建设与维护措施，而且给予这样的治理秩序与治理措施以整体的文化内涵。在此意义上，与其说孔子的学说是为社会治理构筑整体人生观，不如说孔子学说的整体人生观必然包含了社会治理的一环。这种治理思想，并非着眼于局部的维持方式，而是注重整体人生的持续性改善。故而论述孔子的社会治理思想不能单就秩序措施谈秩序措施，而是需要从儒家的文化意识入手来加以更为整体性地审视。

（一）政道分离下的治理基础

依照儒家的传统，最初的圣王既能最好地治理国家，又能最好地表现德性，可谓真正德才兼备的领导人才。孟子曾引证《尚书》来阐明此事，其曰：

> 《书》曰："天降下民，作之君，作之师。惟曰其助上帝，宠之四方。有罪无罪，惟我在，天下曷敢有越厥志？"（《孟子·梁惠王下》）

"作之君"，是指具有治理能力的社会领袖；"作之师"，是指具有德性精神的人生导师。尧、舜、禹、汤、文、武以及摄政的周公，可以被视为圣王的典型，既作之君，又作之师。然而，自周公之后，则难以有此君师合一的圣王典型。

孔子有其德而无其位，后世称之为"素王"；桀、纣无其德而有其位，被孟子斥为"独夫"[①]。这说明即使在孔子的时代，作之师者

---

① 徐干《中论·贵验》："殷纣为天子而称独夫，仲尼为匹夫而称素王。"

未必作之君，而作之君者亦未必作之师。如此，则君师分离。儒学之理想目标，固然是君师合一的三代之治，而其所面对的现实情况，则使其需要在君师分离的前提下进行实践。

在君师分离的状况下，作之师的道统与作之君的政统亦是分离的。“在‘道统’与‘政统’分离的中国传统社会，没有一个皇帝敢说自己代表‘道统’（社会道德精神上的合法性），因为皇帝知道，‘道统’自古以来都由尧、舜、孔、孟及民间大儒代表，自己在社会中的定位只代表‘政统’（政治权力承接与使用上的合法性）。因此，他们不但不敢与圣贤争‘道统’，反而诚心尊重‘道统’，敬畏‘道统’，愿意接受‘道统’的评判监督。这表现在朝廷礼仪上，皇帝与一切政府官员进孔庙与国子监要下马，皇帝祭孔子也要像祭天一样行三跪九叩大礼。因此，在中国政治传统中，‘道统’高于‘政统’，‘道统’不仅是‘政统’的评价标准与道德合法性的来源，也是社会普遍道德与精神价值的基础与来源。”① 道统掌握在“作之师”的儒生手里，而政统掌握在“作之君”的君王手里。

社会治理，既有政府自上而下的管理，又有民间自下而上的自治。从前者看，政府可以制定规章制度、礼乐教化来维持治理的运作；从后者看，民间可以生成族规乡约来维持自我的德行操守。但是，需要指出的是，这些规章制度、礼乐教化、族规乡约的合法性，并不建立在政道权威者的基础上，而是建立在道统的基础上。道统的核心，正是儒家所阐发的仁爱思想。孔子说：

> 子曰：“人而不仁，如礼何？人而不仁，如乐何？”（《论语·八佾》）

---

① 韩星：《寓治于教——儒家教化与社会治理》，《社会科学战线》2012 年第 12 期。

这表明了仁是一切礼制的基础。如果仅仅具有礼，而缺乏仁，那么礼是没有任何意义与价值的。可以说，仁爱的精神道德客观化，表现为社会治理的秩序法则，并在维护仁爱精神的前提下建立维护秩序法则的各类措施。而政道的执行者是用来维护这种秩序法则的，其目的并不指向自身，而是指向仁爱精神。

（二）治理秩序的构建

儒家的治理秩序就是儒家所推崇的礼乐。礼乐本身范围十分宽泛，大致包含教育与制度两大类内容。《礼记》上说："礼也者，反其所自生；乐也者，乐其所自成。是故先王之制礼也以节事，修乐以道志。故观其礼乐，而治乱可知也。"（《礼记·礼器》）这种说法，凸显了礼乐生成的源头与旨向。从教育与制度两方面看，制度与教育相为表里，可以说教育的道德前提奠定了客观化制度的基础。黄绍箕、柳诒徵认为："礼乐二者，为古圣王道国定民之经纬，宁独有关于教育？……是礼乐虽非专为教育之用，言教育则必不可不本于礼乐也。"①

从《论语》的相关记载中来看作为治理秩序的礼乐，孔子突出了治理秩序背后默契的诚信基础、治理秩序在公共空间与私人空间中的运行法则、治理秩序的存在保障以及治理秩序的最终旨向。

1. 治理秩序的诚信基础

一个良性的治理秩序的建立，不但需要展现秩序内容的规章制度，还需要民众对于遵守规章制度的默契。正如威尔·金里卡（Will Kymlicka）所说："对公共责任的任何解释都必须能够契合更宽广的道德框架：这种道德框架既要能够容纳又要能够说明我们的私人责

---

① 黄绍箕、柳诒徵：《中国教育史》，中国和平出版社2014年版，第139页。

任。甚至对于在公共责任和私人责任之间作出截然区分的政治理论，即便这种理论所支持的政治原则与约束私人行为的规则几乎没有直接的关系，这种理论无论在理论上或实践上都仍然不能排挤我们的私人责任感，如帮助朋友、承担诺言、积极进取。”[①] 这种私人责任感，放到儒家系统中，就是本于仁心的信。

信，可以从两个维度来理解。一个是纵向的维度，给出其所成立的内在基础，所谓“诚信”“忠信”，皆是从“诚”“忠”这些更为深层次的道德体验来确立的信这一德性。一个是横向的维度，给出信这一德性表现在人与人的伦理关系上，所谓“信任”“信用”，皆是从信的发用上来论其结果。在《论语》中，孔子十分强调信的作用，比如：

> 子张问行。子曰：“言忠信，行笃敬，虽蛮貊之邦行矣；言不忠信，行不笃敬，虽州里行乎哉？立，则见其参于前也；在舆，则见其倚于衡也。夫然后行。”子张书诸绅。（《论语·卫灵公》）

孔子将人的诚信、信用看得很高，基本上可以等同于人的伦理活动。孔子认为，如果人能够做到忠信，即使是蛮貊之邦也能建立伦理活动，而如果人不能够做到忠信，即使是文明的地区也无法维持伦理活动。忠信是人与人之间基本的信任关系，它是一切伦理活动得以顺利进行的基础。虽然政府可以通过奖惩措施来促使人们进行活动，但这必然需要政府的监控时时刻刻存在。但事实上，政府的监控无法时时刻刻存在，故这种伦理活动的维持，不能建立在外在强制规范上，而应建立在内在的对于他人言行的信任上。正是由于相信他人的承诺与约定，自我才会做出相应的举动；而他人也正是相信自我的承诺与

---

① 威尔·金里卡：《当代政治哲学》，刘莘译，上海译文出版社2011年版，第6页。

约定，才会做出相应的举动。由此，人与人的互动才得以成立，伦理关系才逐渐建立，社会生活才能正常展开。有子说“信近于义，言可复也”（《论语·学而》），相互之间的承诺要符合道义[①]，由此承诺的口头约定，则可达至行动的履行。言可复的信，正是社会运行的公共道德基础。

信维持了社会治理秩序的运行。故而，孔子希望无论是民众还是君王，都要注重为人的诚信。孔子希望一般民众讲究诚信，在《论语》中记载如下：

> 子曰："弟子入则孝，出则弟，谨而信，泛爱众，而亲仁。行有余力，则以学文。"（《论语·学而》）
>
> 子曰："主忠信，毋友不如己者，过则勿惮改。"（《论语·子罕》）

“谨而信”是讲信的横向维度，“主忠信”是讲信的纵向维度。无论是“谨而信”，还是“主忠信”，都是希望民众能够养成良好的德性，维持基本的伦理生活。

> 子曰："人而无信，不知其可也。大车无輗，小车无軏，其何以行之哉？"（《论语·为政》）

诚信就如同马车的輗軏，没有了诚信就如同马车没有了輗軏，车辕与横木相衔接的部分会断成两截，无法正常行驶。人存在于社会中，没有诚信相当于断绝了与社会上其他人的交往。如果某人缺乏诚信，那么别人无法与他进行长期的互动，这个人最终必然一事无成。

---

① 信本身需要符合道义，如此的信才有复的必要。如果信不符合道义，则虽然有一时不义之承诺，言后也不必然履行此不义之言。如孔子所言："言必信，行必果，硁硁然小人哉！"（《论语·子路》）孟子亦言："大人者，言不必信，行不必果，惟义所在。"（《孟子·离娄下》）

孔子希望君王讲究诚信，在《论语》中记载如下：

> 子贡问政。子曰："足食。足兵。民信之矣。"子贡曰："必不得已而去，于斯三者何先？"曰："去兵。"子贡曰："必不得已而去，于斯二者何先？"曰："去食。自古皆有死，民无信不立。"（《论语·颜渊》）

正是因为信在维持社会交往中具有举足轻重的地位，故而与兵、食相比更显得重要。兵是武装防卫，可以用来保护社会秩序，不被外敌侵犯；食是民生建设，提高社会秩序中人民的生活品质。信则是社会秩序本身的基础。有了信，民众与军人才能同心保卫家园；有了信，民众与政府才能同心共克时艰。相反，如果没有信，则社会秩序趋于瓦解。即使有军队，军队与政府、民众之间也可能相互猜忌，导致兵燹；即使有民生资源，政府与民众，民众与民众之间也会相互欺骗，有权者巧取豪夺，无权者尔虞我诈。故而，统治者最为基础性的工作就是保持社会中的诚信。要做到这一点，统治者自己须起到表率作用。

> 子曰："道千乘之国：敬事而信，节用而爱人，使民以时。"（《论语·学而》）
>
> 上好礼，则民莫敢不敬；上好义，则民莫敢不服；上好信，则民莫敢不用情。夫如是，则四方之民襁负其子而至矣。（《论语·子路》）

孔子认为，君王自己敬事而信，则上行下效，普通民众也会诚信。如果君王自己带头不诚信，则其恶劣的影响就会扩展到整个社会，导致社会秩序的溃败。

2. 治理秩序的时空领域

以孔子为代表的儒家所建立的治理秩序的领域，在时空上囊括了一切存有。由于儒家并不相信轮回转世之说，故其一切存有以现世的存在为界限。因此，在现世的存在上，以时间为界，人由出生而至死亡，皆在以礼教为核心的治理秩序中；以空间为界，人由家庭而至社会，也皆在以礼教为核心的治理秩序中。结合时空来看，时间的源头与空间的源头可以合并，于是儒家的治理秩序范围包含人出生到成年之前所处的家庭、人成年之后走出家庭而踏入的社会以及人去世后他人对逝者的怀念。

孔子的治理秩序思想本身的目的在于唤醒人人本具有的仁，并将仁推广于天地万物之间，促使人人皆得其所。仁并不是孤悬之物，而必须体现在人与天地万物的交往过程之中。由此，我们可以分作三点来阐述儒家的治理秩序。其一，面对亲人的治理秩序；其二，面对陌生人的治理秩序；其三，面对逝者的治理秩序。

（1）面对亲人的治理秩序

人出生伊始，就处在具体的家庭之中，故有对亲人的感情，由此自然而生的感情来谈孝。孔子的家庭秩序就建立在家庭伦理亲情基础之上，这是治理秩序最初的表现。

父母对于子女的爱以及子女对于父母的爱，是人天然的情感。这种情感既有维持物种延续的动物性基础，又有超越于物种延续的道德因素。故而，家庭层面的治理秩序就是要规范这类情感，使其向道德因素方面发展。比如：

> 子曰："父在，观其志；父没，观其行。三年无改于父之道，可谓孝矣。"（《论语·学而》）

子女对于父亲的孝道，除了为父亲养老，还要真正地尊敬父亲，对于父亲的志向、行为有所继承。当然，这里父亲的志向、行为是指正面的、符合德性的志向、行为。父亲在世的时候，子女只需了解学习父亲的志向，不需要代替父亲去执行其志向；父亲去世之后，子女已经继承发展了父亲的志向，故可以在行动中表现其志向。而行动中的实践，必然需要依照时代与处境进行调整，故若干年之后必然会有所变动修正。

> 子曰："弟子入则孝，出则弟，谨而信，泛爱众，而亲仁。行有余力，则以学文。"（《论语·学而》）

孔子认为，在这种秩序中，一个人的德性将会逐渐成长。在家中显现出孝道，出门则尊敬长辈，谨慎而诚信，泛爱众人，亲近有仁德者。如此实践后尚有余力，就进一步读书学文。

在孔门师生看来，这种家庭秩序的锻炼，有助于人逐步踏入社会，进入社会秩序之中。

> 或谓孔子曰："子奚不为政？"子曰："《书》云：'孝乎惟孝，友于兄弟，施于有政。'是亦为政，奚其为为政？"（《论语·为政》）
>
> 有子曰："其为人也孝弟，而好犯上者，鲜矣；不好犯上，而好作乱者，未之有也。君子务本，本立而道生。孝弟也者，其为仁之本与！"（《论语·学而》）

为政，即参与社会秩序建设。一个健全的社会秩序，可以使众多家庭秩序得以良好维持。同时，家庭秩序的良好维持，也会塑造家庭成员的德性，并使其以健全的德性来参与公共秩序建设。

（2）面对陌生人的治理秩序

人在成年后，由家庭走向社会，由亲亲走向仁民。人与人之间的关系从亲人之间的情感转变为陌生人之间的道义。道义相比亲情更具抽象性与普遍性。这种抽象性与普遍性，构成了儒家社会秩序的核心，即孔子“正名”之义。何为正名？《论语》中记载：

> 齐景公问政于孔子。孔子对曰：“君君，臣臣，父父，子子。”公曰：“善哉！信如君不君，臣不臣，父不父，子不子，虽有粟，吾得而食诸？”《论语·颜渊》

君、臣、父、子的伦理关系，构成了国与家的社会秩序。在社会秩序意义上，家规与国法赋予了不同伦常关系中人相应的责任与权益。如梁启超所言：“君如何始得为君？以其履行对臣的道德责任故谓之君，反是则君不君。臣如何始得为臣？以其履行对君的道德责任故谓之臣，反是则臣不臣。父子兄弟夫妇朋友莫不皆然，若是者谓之五伦。”[①]《论语》中记载了孔子与子路的一段对话，显现出正名的重要性。

> 子路曰：“卫君待子而为政，子将奚先？”子曰：“必也正名乎！”子路曰：“有是哉，子之迂也！奚其正？”子曰：“野哉由也！君子于其所不知，盖阙如也。名不正，则言不顺；言不顺，则事不成；事不成，则礼乐不兴；礼乐不兴，则刑罚不中；刑罚不中，则民无所措手足。故君子名之必可言也，言之必可行也。君子于其言，无所苟而已矣。”（《论语·子路》）

在子路看来，正名既不是具体的德行要求，也缺乏可以实操的赏

① 梁启超：《先秦政治思想史》，上海古籍出版社2014年版，第81页。

罚措施，故以为迂。然而，孔子解释了正名的作用。正名是根据人在社会上的伦理责任来确立世间的行为秩序。如此之后，一切社会运作就可以在此秩序基础上开展起来。相关的刑罚等治理措施也可以与治理秩序相互配套。这样一来，一套有理有据、可供施行的社会治理秩序与措施就完备了。

（3）面对逝者的治理秩序

逝者虽然不在世间，但儒家追求立德、立功、立言的“三不朽”，即承认人虽然死亡但仍旧有道德精神长存世间。故而对于逝者的道德态度——以及由此产生的祭礼——也可以激起在世者的仁爱之心。

祭祀主要分为两类。一类是纪念为国家民族作出贡献的圣贤，一类是纪念为家庭家族作出贡献的亲人。前者属于国家范围内的祭祀，后者属于家庭范围内的祭祀。比如孔子说：“祭于公，不宿肉。祭肉不出三日。出三日，不食之矣。”（《论语·乡党》）“祭于公”就是国家祭祀典礼，凡是国家祭祀典礼分到的祭肉，不能隔夜。而一般的祭肉，主要是指家庭祭祀典礼的祭品，可以放三天，三天之后就不能吃了。这种不同的礼制，代表着祭祀的两种类别。但是，无论何种祭祀，都秉持着同样的持敬精神，比如：

> 子曰：“生事之以礼；死葬之以礼，祭之以礼。”（《论语·为政》）
>
> 祭如在，祭神如神在。子曰：“吾不与祭，如不祭。”（《论语·八佾》）

生死之事大矣！死后，依然需要以礼的方式来对待逝者。无论是对亲人、贤人死后的英灵还是鬼神，儒者都主张对其保持敬意。子张所谓“祭思敬，丧思哀”（《论语·子张》），如果祭祀的时候心不在焉，没有对祭祀的对象保持敬意，甚至让人代替参与祭祀，那么这种形式主义的祭祀，对于人的心灵没有起到陶冶的作用，就和不祭祀没有什么两样了。

需要注意的是孔子对于鬼神的态度，他不是要让鬼神来影响人间秩序，而是要让人间的伦理道德秩序来重构鬼神世界。故鬼神对于孔子而言，并不是具有超自然能力的决定性力量，而是通过其道德意义产生价值的存在物，世人需要通过纪念鬼神的德性来引发自身的德性。如果祭祀者不从道德意义出发，而是从膜拜鬼神的超自然能力出发，那么这样的鬼神是孔子所反对的。

> 子曰：“非其鬼而祭之，谄也。见义不为，无勇也。”（《论语·为政》）
>
> 子不语怪，力，乱，神。（《论语·述而》）

如果祭祀的目的不在道德意义上，而在于对超自然力量的膜拜与索取上，则为谄媚于鬼神。孔子不愿意去谈论作为超自然力量的鬼神的存在，认为这对于世间的秩序并没有太大帮助。

> 樊迟问知。子曰：“务民之义，敬鬼神而远之，可谓知矣。”（《论语·雍也》）
>
> 季路问事鬼神。子曰：“未能事人，焉能事鬼？”敢问死。曰：“未知生，焉知死？”（《论语·先进》）

孔子更多地看到祭祀中持敬的精神，而且祭祀就仅仅限于持敬，不需要与鬼神产生更多的接触与互动。不要让超自然的存在来左右世间秩序的运行。这种持敬的精神，虽然是在祭祀中面对鬼神的，但其实是通过鬼神的意象而唤起的心灵自身的德性状态。这种德性状态可以转化到人间秩序中，为建构良好的世间秩序作出贡献。通过祭祀秩序的运行，人们能够产生对于德性的尊敬，也会涵养自身的德性，从而获得仁民爱物的道德动力。

> 子曰："禹，吾无间然矣。菲饮食，而致孝乎鬼神；恶衣服，而致美乎黻冕；卑宫室，而尽力乎沟洫。禹，吾无间然矣。"（《论语·泰伯》）

孔子称赞大禹，"致孝乎鬼神"是对于死去圣贤的尊崇，"致美乎黻冕"是对于国家重器的敬重。而大禹对于自己个人的待遇，则在吃穿上都尽量简单，并把精力都投入为天下人治水的大业中去。

> 仲弓问仁。子曰："出门如见大宾，使民如承大祭。己所不欲，勿施于人。在邦无怨，在家无怨。"仲弓曰："雍虽不敏，请事斯语矣。"（《论语·颜渊》）

"出门如见大宾"，是对于陌生人的态度，也就是从家族亲情中转化出的道义精神的表现；"使民如承大祭"，是对于天下百姓的态度，需要以慎重而持敬的精神来对待老百姓的事务。

3. 治理秩序的文化保障

虽然治理秩序目的在于唤醒人的仁爱之心。但孔子对于仁人的期许则十分严格，对于很多有德有功者，孔子都不愿轻易称许其仁。

比如，对于非孔门的贤者，孔子不称许其仁。

> 子张问曰："令尹子文三仕为令尹，无喜色；三已之，无愠色。旧令尹之政，必以告新令尹。何如？"子曰："忠矣。"曰："仁矣乎？"曰："未知，焉得仁？""崔子弑齐君，陈文子有马十乘，弃而违之。至于他邦，则曰：'犹吾大夫崔子也。'违之。之一邦，则又曰：'犹吾大夫崔子也。'违之。何如？"子曰：

“清矣。”曰：“仁矣乎？”曰：“未知。焉得仁？”（《论语·公冶长》）

令尹子文、陈文子可谓贤者，但孔子一许其忠，一许其清，但不以仁许之。对于孔门弟子，孔子亦不称许其仁。

或曰：“雍也，仁而不佞。”子曰：“焉用佞？御人以口给，屡憎于人。不知其仁，焉用佞？”（《论语·公冶长》）

孟武伯问：“子路仁乎？”子曰：“不知也。”又问。子曰：“由也，千乘之国，可使治其赋也，不知其仁也。”“求也何如？”子曰：“求也，千室之邑，百乘之家，可使为之宰也，不知其仁也。”“赤也何如？”子曰：“赤也，束带立于朝，可使与宾客言也，不知其仁也。”（《论语·公冶长》）

仲弓、子路、冉有、公西华都有极好的德行与才干，但孔子对于自己的这些弟子也不称许其仁。在诸弟子中，可能只有颜渊得到过孔子较多的称赞。

子曰：“回也，其心三月不违仁，其余则日月至焉而已矣。”（《论语·雍也》）

孔子认为，颜渊能够做到很长时间不违背仁，而其余弟子只能短暂地达至仁。

孔子如此看重仁，是把仁当作全德来看。因为仁是根本的德性，是一切德行的基础，同时又是礼乐制度的源头。故而，任何偏于部分的德行都不能等同于全体德行的基础。

然而，孔子却赋予管仲以仁人的赞许。《论语》记载如下：

子曰：“管仲之器小哉！”或曰：“管仲俭乎？”曰：“管氏有

三归，官事不摄，焉得俭?”“然则管仲知礼乎?”曰:“邦君树塞门，管氏亦树塞门；邦君为两君之好，有反坫，管氏亦有反坫。管氏而知礼，孰不知礼?”（《论语·八佾》）

管仲本来辅佐公子纠，齐桓公杀公子纠之后，管仲又去辅佐齐桓公。管仲在个人私德上又有很多欠缺，生活奢侈，热爱攀比。就这些德行而言，管仲比不上前面所述的那些贤者以及诸多孔门弟子。然而，管仲自己不知礼、私德的欠缺，却不妨碍他对礼制的贡献。这些贡献主要表现在两个方面。

其一，管仲能够很好地施行礼制。

问管仲。曰:“人也。夺伯氏骈邑三百，饭疏食，没齿，无怨言。”（《论语·宪问》）

管仲取消了伯氏的封地，让伯氏过上了粗茶淡饭的苦日子，但伯氏没有怨言。这说明管仲能够主持公道，让被罚者认识到自己的错误，心服口服。

其二，管仲能够有效地保存礼制。

子路曰:“桓公杀公子纠，召忽死之，管仲不死。”曰:“未仁乎?”子曰:“桓公九合诸侯，不以兵车，管仲之力也。如其仁！如其仁!”（《论语·宪问》）

子贡曰:“管仲非仁者与？桓公杀公子纠，不能死，又相之。”子曰:“管仲相桓公，霸诸侯，一匡天下，民到于今受其赐。微管仲，吾其被发左衽矣。岂若匹夫匹妇之为谅也，自经于沟渎，而莫之知也。”（《论语·宪问》）

管仲虽然私德不好，但能够辅助齐桓公，尊王攘夷，打退夷狄入侵，保存华夏文化，维持周礼的运作。从这个角度看，管仲的功劳是巨大的。如果没有管仲，就没有礼乐文化，也丧失了治理秩序。如此，表现仁的礼乐制度也就消失无余。可以说，管仲的功劳在于为作为治理秩序的礼乐文化提供了卓越的保障和有效的施行基础。

由此可知，孔子不称许其他人为仁，则在于这些人在礼乐秩序下没有更为充分彻底地表现出根源性的仁德；而孔子称许管仲为仁，则在于管仲保存住了能够让人表现仁德的礼乐秩序。

4. 治理秩序的最终旨向

孔子的治理秩序所希望维持的社会状况可以分为两个阶段。一个是尽善尽美的大同社会，一个是结合现实可以践行的小康社会。《礼记·礼运》篇中记述了孔子对于这两种社会的描述。

对于大同社会，孔子说：

> 大道之行也，天下为公。选贤与能，讲信修睦，故人不独亲其亲，不独子其子，使老有所终，壮有所用，幼有所长，矜寡孤独废疾者，皆有所养。男有分，女有归。货恶其弃于地也，不必藏于己；力恶其不出于身也，不必为己。是故谋闭而不兴，盗窃乱贼而不作，故外户而不闭，是谓大同。(《礼记·礼运》)

大同社会，大道普遍地显现于整个社会之中，每个人的仁心都能达到与天地万物为一体。故而，人人各得其所，各类资源都能充分地为天下服务，每一个人都愿意贡献自己的力量为天下服务。没有任何错乱犯罪的事情，社会上去除了各种防范犯罪的措施。可以说，在这样的大同社会中，任何外在的、客观的治理秩序和治理措施都是不需要的，人人天然地秉持内心的良知天理，将之外化为尽善尽美的伦理行动。这可以说是儒家社会治理的理想状态。进一步说，政统的存在本身就是为了实现道统，而在大同社会，道统已经彻底地自我实现了，故政统完成了历史任务，就没有继续存在的必要了。

对于小康社会，孔子说：

> 今大道既隐，天下为家，各亲其亲，各子其子，货力为己，大人世及以为礼。城郭沟池以为固，礼义以为纪；以正君臣，以笃父子，以睦兄弟，以和夫妇，以设制度，以立田里，以贤勇知，以功为己。故谋用是作，而兵由此起。禹、汤、文、武、成王、周公，由此其选也。此六君子者，未有不谨于礼者也。以著其义，以考其信，著有过，刑仁讲让，示民有常。如有不由此者，在势者去，众以为殃，是谓小康。（《礼记·礼运》）

小康社会，大道没有彻底显现，而是暂时隐藏起来，每个人的仁心只能覆盖自己与自己的家庭，这样就有了自我与他人的区别。小康社会的治理秩序，是为了维持每个个体与家庭的生存与发展。故一方面，需要加强家庭成员内部的道德情感与资源共享；另一方面，需要设立制度来协调多个家庭之间的利益关系。通过礼制来构筑协调社会的互助功能，通过建立城池等防范措施来防止对他人利益的侵犯。可以看出，小康社会是建立在仁心不能普遍扩充的前提下，故需要社会治理来协调人己关系。这时候，治理秩序用来协调多个主体之间各自精神与物质的发展，治理措施则是通过礼制与赏罚来维持治理秩序的稳定有效。进一步说，在小康社会，道统还没有彻底实现，故政统仍旧具有存在的必要性。

对比大同社会与小康社会，主要是大道显隐之不同。大道之显，仁心存在而在天下充分显现自身；大道之隐，仁心存在而仅限于在家庭部分显现自身。然而，仁心以家庭自限，并不必然止步于此，更可以进一步由家而国，由国而天下。是故，大同社会与小康社会并非对立关系，而是递进关系：小康社会是低级阶段，大同社会是高级阶段，社会发展的方向是由小康社会走向大同社会。对于大同社会而言，“儒家悬此以为政治最高理想之鹄，明知其不能骤几也，而务向此鹄以进行”①。此大同社会虽然不能立刻实现，但作为理想的社会形态则永远激励现实中的社会向之奋进完善。对于小康社会而言，则是着眼于当下现实社会的一种提高，这种提高具有现实操作的可能性。真正要在当下的社会中实行良好的治理，则必须从小康社会的治理方式入手。

① 梁启超：《先秦政治思想史》，第79页。

第三章
孟子的社会治理思想

孟子是继孔子之后，最具代表性的儒者，孟子思想是对孔子思想的继承与发展。孟子在根本要义上继承了孔子，并结合其所处的战国时代背景，作出了更为广泛的发挥与阐释。社会治理在传统儒家的视域中属于“外王”事业。“外王事业的开展，根源在义利之别的价值论，发用在王霸之分的政治文化论。义利之别的人性根源在人禽之辨，王霸之分的价值判准在义利之别，这三者是一体不可分的。”①人禽之辨揭示了治理本体的性善论基础，义利之辨树立了治理伦理的价值取向，王霸之辨建构了治理秩序、治理措施的指导原则。故谈论孟子的社会治理思想，即可从此三个方向进行论述。

一、治理本体

在孟子的社会治理思想中，最为关键的治理本体为天道、性命、心灵这三类核心概念。天道为本体的客观普遍性表达，性命为本体落在主体上的客观性表达，心灵为主体的主观性表达。至于性命如何抉择、抉择后如何进一步实践，则完全依靠自由心灵的自主性作用。

---

① 王邦雄、曾昭旭、杨祖汉：《孟子义理疏解》，鹅湖出版社2007年版，第250页。

（一）孟子的天道观念

在孟子的思想中，天道似乎并不是可以独立的本体。在《孟子》的文本中，天道必然是伴随着人同时出场的。比如：

> 仁之于父子也，义之于君臣也，礼之于宾主也，智之于贤者也，圣人之于天道也。（《孟子·尽心下》）

在这一段文辞中，仁是父子之间德性发展的目的，义是君臣之间德性发展的目的，智是贤者德性发展的目的。德性在前，德性的发出者在后。依照一般的逻辑，应该是“天道之于圣人也”，而不是“圣人之于天道也”。然而，文中言“圣人之于天道”，故不能简单地理解为天道是圣人德性发展的目的，反而应该理解为圣人是天道发展的目的。随着天道自身的发展，必然“道成肉身”，显现在人心中，成为人心中先天本具的道德律。故而，天道不能离人而独存。倘若有离人而独存的天道，那么此独存的天道本身就并非完善状态。因而，凡是讲天道，必然与人的德性相联系。

> 孟子曰：“仁也者，人也。合而言之，道也。”（《孟子·尽心下》）

仁这种德性，必然通过人来实现出来。结合德性和德性的表现两个方面，才是真正的道，故道必然要从人上看出。此外，孟子又引《太誓》曰：“‘天视自我民视，天听自我民听’，此之谓也。”（《孟子·万章上》）上天没有眼睛，没有耳朵，故上天本身没有知觉，上天之所视所闻，必然是百姓之所视所闻，故上天的知觉即百姓的知觉。

（二）孟子的性命观念

性命是天道本体落实在人的主体性上而产生的表达。既然天道不能单独地显现，而需要落实在人上，故如此显现的天道即性命。因此，孟子哲学思想真正的前提并不是独存的天道，而是性命论。性是天道的证成性的表达，命是天道的限制性表达，孟子最为重视性，故而又以性善论作为其理论展开的基础。

1. 性之自存与性之作用

性是人的存在本质。孟子言性，一方面从性的自存上讲，一方面从性的作用上讲。从自存上看：

> 君子所性，虽大行不加焉，虽穷居不损焉，分定故也。君子所性，仁义礼智根于心。其生色也，睟然见于面，盎于背，施于四体，四体不言而喻。（《孟子·尽心上》）

性是完全彻底内在的，故从外在的表现上，性可以在较好的环境中生成很好的表现，也可以在较差的环境中没有多少表现。但无论是很好的表现还是没有表现，都不会损害内存的性体自身。因为性是天道落实在个体上的，个体先天地分有天道。性可以通过不同场域的心灵生成多种道德感情的表达。以已发的不同的道德感情来命名未发的性体，那么性体就有多种名称，预示着性体自身发动的多面性。仁义礼智是就着多种道德感情而求其性理之源，由此而赋予性体的名称。性体通过心而发动于各类感官上，从而呈现出丰富多样的面貌。

从作用上看：

> 孟子曰："天下之言性也，则故而已矣。故者以利为本。所恶于智者，为其凿也。如智者若禹之行水也，则无恶于智矣。禹之行水也，行其所无事也。如智者亦行其所无事，则智亦大矣。

天之高也，星辰之远也，苟求其故，千岁之日至，可坐而致也。”（《孟子·离娄下》）

这一段文字较为难解，但若结合朱子注来看，则包含了非常深厚的义理。朱子注“天下之言性也”一句为：

> 性者，人物所得以生之理也。故者，其已然之迹，若所谓天下之故者也。利，犹顺也，语其自然之势也。言事物之理，虽若无形而难知；然其发见之已然，则必有迹而易见。故天下之言性者，但言其故而理自明，犹所谓善言天者必有验于人也。然其所谓故者，又必本其自然之势，如人之善、水之下，非有所矫揉造作而然者也。若人之为恶、水之在山，则非自然之故矣。[①]

性本身是无形无相的，所以人无法直接去经验性体自身。故性体是指经验的现象。形而上的性体需要在形而下的经验中表达自身。人们要见闻性体，也只能通过观察经验之故来间接地观察性体。然而，经验现象杂多纷乱、变化万端，既有性体的直接表达，又有性体的蒙蔽、扭曲表达。我们在没有悟道的前提下，没有直接体证性体的超越能力，仅仅凭借观察经验现象，如何判断哪些经验表达属于性体的表达，哪些经验表达不属于性体的表达呢？于是，我们需要“以利为本”，利是顺的意思，即以最顺的自然之势为准来判断。自然之势，就是依其本性的变化，是经验变化中最为顺利的变化；其他变化是违背本性的变化，故为不自然的变化。我们不知道性体的时候，就需要从经验上分判自然顺利与否。自然顺利的已然之迹，就是性体之直接

① 朱熹：《四书章句集注》，第302页。

表达；不自然顺利的已然之迹，则是性体的蒙蔽表达。[①]

朱子注“所恶于智者……则智亦大矣”为：

> 天下之理，本皆顺利，小智之人，务为穿凿，所以失之。禹之行水，则因其自然之势而导之，未尝以私智穿凿而有所事，是以水得其润下之性而不为害也。[②]

性体的表达，本来是最为自然顺利的。顺着本性自然顺利之势，此为大智；以自己为是的私意来干扰自然顺利之势为不自然顺利，此为小智。大禹治水，摒弃小智，运用大智，依照水润下的本性来处理事物，故而能够很好地治水。

由孟子言性的自存与作用之两面可以看出，性体本身具有独立的意义，且此独立的性体又可以体现在人的行为实践中，成为人的已然之迹中最为自然顺利的态势。这些自存与作用，都源自人的自身内在，是自我决定自我者，而不是外在赋予我的或者外在限制我的。

2. 命之限定与知命正命立命

命是人无法抗拒的外在限制。人的存在，一方面从内心讲，事事都想获得满足；而另一方面，从外在讲，处处都有客观性的限制。这些外在的客观性的限制，就是命。需要进一步厘清的是，不但人所处

---

① 在经验层面，自然之利与不自然之不利，在很多情况下是较为容易分辨的，比如水往下流是自然，水往上流是不自然。很多事情顺着自然之势做，容易水到渠成，事半功倍；由着不自然之势做，容易吃力不讨好，事倍功半。但是，如果经验事物、私欲意见的干扰太多的话，未必有如此直观的后果，于是还需要人为的功夫来改善判断。判断的方法，则是摒弃个体的私见，把各种前理解搁置，而让天然的判断力发挥作用。对于儒者而言，主要的功夫大致可以分为如下两种办法。其一，去除所有经验个体性经验，直接从本体发出善端。自觉如此做功夫者，则为静坐；不自然而突兀得以如此，则为乍见（在乍见的当下，本能地截断众流，流露出善端）。其二，代入多种个体性经验，从自我私人经验的执迷中破掘而出，而进行公共的道德判断。此为强恕而行，絜矩之道。

② 朱熹：《四书章句集注》，第302页。

的时空领域以及人的生死变化可以视为命，就是人的家庭、形体、性别、性格也可视为命。

> 孟子曰："求则得之，舍则失之，是求有益于得也，求在我者也。求之有道，得之有命，是求无益于得也，求在外者也。"（《孟子·尽心上》）

心中寻求而能得到的，是求之在我。求之在我的，是无不为的事情，是人的道德诉求。我可以选择善，也可以选择恶，选择善与选择恶都是完全依靠我自己一心的判断，故与任何外在的限制力量无关。至于选择了善之后，善行能否真正落实，则要看外在的命运安排。很多情况下外在命运对于内在的善的发挥具有或正或反的影响。孟子希望人将自己的力量花在内心的求之在我的方面，而不是花在求之在外的方面。

> 孟子曰："莫非命也，顺受其正。是故知命者，不立乎岩墙之下。尽其道而死者，正命也。桎梏死者，非正命也。"（《孟子·尽心上》）

在命运存在的前提下，人需要做到知命。知命就是正名，依照着性体之正来处理与命运的关系。此可以分为两层来看：其一，在与德性无冲突的前提下，人不要与不可抗拒的外在限制去进行直面的对抗，产生无谓的牺牲。比如君子不立危墙之下，或者不去作奸犯科受桎梏而死。其二，在与德性有冲突的前提下，人可以秉持德性而与命运进行对抗，至死无憾；也可以通过权变来避免直接冲突、保存自己德性的火种。前者比如政权鼎革时尽道而死，后者比如政权鼎革时隐居避世。由此可见，命运本身为外在客观的限制性，本身无所谓正与不正的问题。故而所谓"顺受其正"，就是要顺着德性的要求来处理与限制性命运的关系。在两者无直接冲突的前提下，所谓顺，就是顺着德性自身的要求；在两者有冲突的前提下，所谓顺，仍旧是顺着德性自身的要求，来协调命运或者改变命运。当无法协调、改变命运时，德性仍旧值得坚持，于是就有“杀身成仁、舍生取义”的悲剧。

> 孟子曰：“尽其心者，知其性也。知其性，则知天矣。存其心，养其性，所以事天也。夭寿不贰，修身以俟之，所以立命也。”（《孟子·尽心上》）

孟子这段话，一方面从心、性、天的角度来谈德性的心性论依据，另一方面也同样显示了儒者对待命运的态度。尽其心，是要穷尽自己的心灵。心灵中具有很多意念，人们往往被自己的各种外在的杂念所牵绊，而无法真正认识到内心本有的德性，故而穷其心就是要穷尽自己的心灵，从心灵外围的杂念进至心灵内在的德性。如此，尽心即可知性。人的德性就是天生的，为天道的具体化，故体悟到性体就体悟到了天道，此谓知性则知天。这一基本原则落实到生活中，就是人要下功夫，不断地保存住内心的纯真，不为杂念所扰，此为存心；由存心，则体悟到内心纯真的道德本性，此为养性。存心养性，就是对本来天生的德性负责，对得起天道的赐予，此为事天。此一脉皆为自己完全可选择的内在的道路。内心对此道德的坚守，是不受外在事物影响的，无论外在肉体生命的漫长抑或短暂，以及类似于长寿、短命的各类事物的正反影响，内心都要坚守如一。修身以俟之是尽性，以此不动摇的德性坚守来处理各种类似夭寿的外在事件，此为立命。所以孟子又说：“君子行法，以俟命而已矣。”（《孟子·尽心下》）法，就是道德法则。君子行法，就是在实践上以德性为优先。故立命就是知命，就是正命，都在德性贞定的前提下来知、来正。虽然命运本身是中性的、外在而不可抗拒的，但无论这种限制是好是坏，孟子都以德性为根本准则，而将命运融入塑造德性生命的历程中，此为立命。

在讲立命的言辞中，孟子还有一段专门叙述人的道德精神、感官欲望与命运限制的关系，可谓尽心功夫的细化。

> 孟子曰："口之于味也，目之于色也，耳之于声也，鼻之于臭也，四肢之于安佚也，性也，有命焉，君子不谓性也。仁之于父子也，义之于君臣也，礼之于宾主也，智之于贤者也，圣人之于天道也，命也，有性焉，君子不谓命也。"（《孟子·尽心下》）

孟子分辨了口、目、耳、鼻、四肢（即味觉、视觉、听觉、嗅觉、触觉）感官的天性。这个天性属于动物本能，是人与动物所共具的。人和动物作为存在者，必须让自己与族群延续下去，故食色方面的感官欲望是存在的天性。就此天性来看，不能说善，也不能说恶。如果要从本能天性的角度说善恶，那就是牺牲别人的本能天性的满足，来满足自我的本能天性为恶；保障每个人的本能天性的满足，或者牺牲自我的本能天性来满足其他人的本能天性为善。事实上，让人的所有本能天性得到彻底满足是不可能的，人处在经验世界中，受命运的各种限制，但人的感官欲望很容易不满足现状，而流于纵欲。孟子认为"养心莫善于寡欲"（《孟子·尽心下》），在本能天性的满足上，不需要出于天性的缘故而放纵自己的口腹之欲，而是要考虑到命运的限制，主张随遇而安，服从命运的安排，在口腹之欲上不必太讲究。但是，在人伦天道的德性精神上，所显现的人的天生的德性，则是纯善的。这种德性精神的表达与否固然也会受到命运的限制，但孟子主张人不应该向命运妥协，而是要充分发扬人的德性的天性。可以看到，同样是天性，口腹之欲的天性与道德精神的天性具有不同的重要性。在口腹之欲的天性上，人可以和命运的限制相妥协；而在道德精神的天性上，人不可以和命运的限制相妥协。

（三）孟子的心性理论

性与命的存在，都体现在人的心中。孟子以心为主宰来呈现性体，同时以此态度来对待命运的限制。在这样的性命兼具的格局中，孟子以心—性的构架作为人存在的基础。

孟子认为，善性本身天然地存在于心灵之中，给予心灵以理义的爱好。比如：

> 口之于味也，有同耆焉；耳之于声也，有同听焉；目之于色也，有同美焉。至于心，独无所同然乎？心之所同然者何也？谓理也，义也。圣人先得我心之所同然耳。故理义之悦我心，犹刍豢之悦我口。（《孟子·告子上》）

从感官欲望上说，每个人虽然有不同的偏好，但是仍旧具有普遍的味觉、听觉、视觉上的共同爱好。心不同于感官欲望，心的意念若不受感官欲望的牵引，则也有普遍而共同的爱好。这个普遍而共同的爱好，就是对于理义的爱好。需要指出的是，口天生具有刍豢之悦，心天生具有理义之悦。正如刍豢之悦与口是一体的，那么理义之悦与心也是一体的。而心中此理义之悦，既是人心具有形上善性的直接表现，又是实施善行的经验前提。

> 孟子曰："乃若其情，则可以为善矣，乃所谓善也。"（《孟子·告子上》）

在"乃若其情"中，"情"为情实之意，也就是心中的理义之悦，此理义之悦扩充，则可以为“以利为本”的“故”，这就是在经验上的为善。这种经验上的“以利为本”的“故”，推究其所以然之理，就可以言性，故曰“乃所谓善也”。所谓善之善，是善性之意。所以，这也是以故言性的意思。但在经验现象中，并非都是“以利为本”的“故”，也有“不以利为本”的“故”，这种不善的行为，不能怪到人的天生德性的才性上。因为天生的德性，是本身就有的，不是外在给予我的。

性是先天的、存在于心灵深处的。心灵本身是自由的，可以思，也可以不思。心灵要体现出性，就需要主动逆觉自己，将本有的德性表达出来。孟子说：

> 若夫为不善，非才之罪也。恻隐之心，人皆有之；羞恶之心，人皆有之；恭敬之心，人皆有之；是非之心，人皆有之。恻隐之心，仁也；羞恶之心，义也；恭敬之心，礼也；是非之心，智也。仁义礼智，非由外铄我也，我固有之也，弗思耳矣。故曰：“求则得之，舍则失之。”或相倍蓰而无算者，不能尽其才者也。（《孟子·告子上》）

人的不善的行为，需要归结到心灵的思与不思上去。思的话，就是求则得之，就能真正地呈现本然的作为德性的才性；不思的话，就是舍则失之，就不能真正地呈现本然的作为德性的才性。思与不思，最后的结果大不相同。孟子认为，人不做某事，有两种情况。一种是客观上有所限制的不能，比如挟泰山以超北海；一种是主观上有意念的不为，比如为长者折枝。而心灵去选择道德，是和为长者折枝一样的事情，不是客观限制上能不能的问题，而是主观意愿上为不为的问题。

孟子曰："仁，人心也；义，人路也。舍其路而弗由，放其心而不知求，哀哉！人有鸡犬放，则知求之；有放心，而不知求。学问之道无他，求其放心而已矣。"（《孟子·告子上》）

孟子认为，仁义是人本然的由内而外的道德发动。如果有鸡犬走失了，人会知道去找回来；但是真正的德性之心迷失了，却不知道去找回来。而求学者的功夫，就在于寻找自己的德性之心。

孟子曰："牛山之木尝美矣，以其郊于大国也，斧斤伐之，可以为美乎？是其日夜之所息、雨露之所润，非无萌蘖之生焉，牛羊又从而牧之，是以若彼濯濯也。人见其濯濯也，以为未尝有材焉，此岂山之性也哉？虽存乎人者，岂无仁义之心哉？其所以放其良心者，亦犹斧斤之于木也，旦旦而伐之，可以为美乎？其日夜之所息，平旦之气，其好恶与人相近也者几希，则其旦昼之所为，有梏亡之矣。梏之反覆，则其夜气不足以存；夜气不足以存，则其违禽兽不远矣。人见其禽兽也，而以为未尝有才焉者，是岂人之情也哉？故苟得其养，无物不长；苟失其养，无物不消。孔子曰：'操则存，舍则亡；出入无时，莫知其乡。'惟心之谓与？"（《孟子·告子上》）

心灵中的德性一直在发挥作用，故理义之悦无时不在萌发。然而，刚刚萌发的理义之悦，还没有从端倪扩充为实在的善行，就由于心灵主观性的不思而遭到蒙蔽。心灵本身出入无时，莫知其乡，是彻底自由的。心灵若对德性进行存养，德性的端倪就会成长；心灵若不对德性进行存养，德性的端倪就会被扼杀于萌芽状态。而存养与否，又是心灵自己决定的。在论及人的本性是善，而在经验上为什么会善恶间杂的问题时，孟子认为：

耳目之官不思，而蔽于物，物交物，则引之而已矣。心之官则思，思则得之，不思则不得也。此天之所与我者，先立乎其大者，则其小者弗能夺也。此为大人而已矣。（《孟子·告子上》）

自由既能体悟德性的理义之悦，又能感知到感觉器官所获取的信息。如果心灵不思德性，不把德性作为主宰，那么心灵就会为感官欲望所牵引，会顺着物欲一味地滑落。如果心灵思其德性，能够把德性作为主宰，那么感官欲望就会被德性精神协调安排，发而皆中节。心灵的思与不思，就由心灵自我做主。

孟子的性、命、心所构成的性善论的治理本体，在社会治理的形上构造上具有十分重大的意义。性善论奠定了一个基础，治理伦理、治理秩序、治理措施皆由此基础而得以展开。这正如刘敬鲁先生所言："通过把孟子的性善论实施于社会治理的主要方面，经过长期不懈的努力，社会整体终将会成为一个具有善的本质、善的目标、善的活动过程的共同体，成为从根本上健康发展、不断增进全体成员共同福祉的共同体。这是社会共同体的终极意义所在。这样的共同体，从领导者到一般成员、从治理制度到治理政策、从内部关系的安排到对外关系的处理，普遍以善为灵魂方向，因而是共同体的本质和人的本质的完满实现。"①

二、治理伦理

伦理是社会治理秩序的前提。孟子的伦理学建立在仁义之学的基

① 刘敬鲁：《孟子"性善论"的价值意蕴及其对社会治理的意义》，《复旦学报（社会科学版）》2015 年第 2 期。

础上。“仁，人心也；义，人路也。”（《孟子·告子上》）仁是人的内在的道德根源，仁心触物而发动，为应然的义。义者，宜也，就是对某些具体的事物所应该采取的符合道德的方法。

（一）义利之辨

在处理具体事物的时候，有从主体无待的应然上出发的义，也有从主体个人收益的结果上出发的利。两者的出发点不同，造成处理问题的方式不同，分辨义利之间何者为重，这是儒家的义利之辨。孔子曾说过“君子喻于义，小人喻于利”（《论语·里仁》），又说“不义而富且贵，于我如浮云”（《论语·述而》），说明孔子最为重视仁义，由义而获得利则被允许，由不义而获得利则不被允许。

孟子继承了孔子的主张，并将之做了充分的发挥。当孟子去见梁惠王之时，梁惠王问孟子来此是否有利于魏国时，孟子答道：

> 王何必曰利？亦有仁义而已矣。王曰“何以利吾国？”大夫曰：“何以利吾家？”士庶人曰：“何以利吾身？”上下交征利而国危矣。万乘之国弑其君者，必千乘之家；千乘之国弑其君者，必百乘之家。万取千焉，千取百焉，不为不多矣。苟为后义而先利，不夺不餍。未有仁而遗其亲者也，未有义而后其君者也。王亦曰仁义而已矣，何必曰利？（《孟子·梁惠王上》）

孟子认为，如果梁惠王在处理事情的时候，只想着是否对自己有利，那么上行下效，其他人以此类推，也会考虑到处理事情的时候是否对自己有利。人与人交往时都想着对自己有利，那么人与人的伦常关系就会紧张，直至崩溃，于是社会也会解体。相反，如果梁惠王先义而后利，同样上行下效，其他人在做事情的时候，也会先考虑到别人，人与人的伦常关系就会和谐，社会也会获得巩固而发展。[①]

需要指出的是，孟子并非只要义不要利，而是认为每个人的利的合理分配都要建立在义的基础上，如果丧失了义的前提，那么每个人的获利就会呈现“不夺不餍”的状态；如果坚持了义的前提，那么每个人的获利就会各得其所。而这种仁义的表达，其实就是将他人视为与自我一样的目的，在自己获利的同时也让别人获利。比如齐宣王说自己不喜好先王之乐，而喜好世俗之乐，孟子并不劝君王要听先王之乐，而是劝君王独乐乐不若众乐乐，让举国百姓都有文化娱乐活动。齐宣王说文王之囿方七十里，民不以为大，而自己的囿方四十里，民犹以为大，孟子说，文王之囿是向全民开放的公园而齐宣王之囿是君王私人园地，并劝君王应该将其囿开放给国民。齐宣王说自己好色，孟子劝君王让国人好色之心都能满足，达到内无怨女、外无旷夫的结果。[②] 以上三个例子，说明了以仁义之心来关爱他人，则会充分考虑到别人与自己一样，都有生存与发展之权利。在自己生存与发展之权利得到保障的同时，也保障他人的生存与发展之权利。这表面上看是利益的分配，实质上是仁义在发挥作用。

（二）伦常经权

厘清义利之辨，那么在义的立场上就可以建立孟子的伦理观。如果义能够在君臣之间表现出来，那么在父子、兄弟、夫妇、朋友之间就更容易表现出来。如此，以义为原则，可以建立起儒家的五伦。孟

① 其实，孟子在这里遗漏了第三种可能，就是在追求个人利益的同时，不妨碍其他人追求其利益；在避开个人损害时，不影响其他人去避开损害。这样一种情况，虽然称不上仁义高尚，但也不至于如先利后义那样不堪。此种状态将他人与自我都看作以自我成长为目的者，故我们也可以将此种状态视为仁义的消极形态，而孟子的主张则是仁义的积极形态。

② 参看《孟子·梁惠王上》。

子说：

> 父子有亲，君臣有义，夫妇有别，长幼有序，朋友有信。（《孟子·滕文公上》）

亲、义、别、序、信是义在五伦中的具体表达。[①] 此五伦都或多或少具有相互的情感关系，故在情感的带动下，更容易将对方视为与自己一样的存在。

在伦常的运作过程中，有时候会碰到某种情况，即两种伦常之义产生冲突，这个时候需要进行某个方面的坚持与某个方面的舍弃。坚持一方是从经，舍弃一方是从权。例如：

> 万章问曰："《诗》云：'娶妻如之何？必告父母。'信斯言也，宜莫如舜。舜之不告而娶，何也？"
>
> 孟子曰："告则不得娶。男女居室，人之大伦也。如告，则废人之大伦，以怼父母，是以不告也。"
>
> 万章曰："舜之不告而娶，则吾既得闻命矣；帝之妻舜而不告，何也？"
>
> 曰："帝亦知告焉则不得妻也。"（《孟子·万章上》）

娶妻必告父母是一条伦理原则，娶妻是另外一条伦理原则。在正常情况下，两个原则不会冲突，反而互为促进、相得益彰。但是在舜这一特殊状态中，遵从第一条"娶妻必告父母"原则，就必然导致"娶妻"这一原则无法被遵从。要遵从"娶妻"这一原则，则必然导致"娶妻必告父母"这一原则无法被遵从。在这两条原则相互冲突的情况下，如何择取呢？孟子认为"娶妻"的原则比"娶妻必告父

① "仁义"之"义"可以被视为广义的"义"，而"君臣有义"之"义"可以被视为狭义的"义"。

母”的原则来得重要。因为“娶妻”原则若得不到满足，则无法生养后代。孟子认为：“不孝有三，无后为大。舜不告而娶，为无后也，君子以为犹告也。”（《孟子·离娄上》）所以，“娶妻”是孝之大者，而“娶妻必告父母”是孝之小者，为了满足孝之大者的原则，可以牺牲掉孝之小者的原则。同样道理，任何一件事物都要体现仁义，但有些举措是仁义的细枝末节，有些举措是仁义的关键核心，两者之间在通常情况下是相互促进的，但在特殊情况下产生冲突时，则需要经权取舍，舍去义之细枝末节而成就义之关键核心。

三、治理措施

治理措施是对治理秩序的维护和落实，故而具有充分的实践效用。在孟子思想中，运作此类实践需要厘清治理的根本目的和治理的措施手段。手段是为了目的服务的，不能为了手段却迷失了目的。孟子说：

> 民为贵，社稷次之，君为轻。是故得乎丘民而为天子，得乎天子为诸侯，得乎诸侯为大夫。诸侯危社稷，则变置。牺牲既成，粢盛既洁，祭祀以时，然而旱干水溢，则变置社稷。（《孟子·尽心上》）

治理的目的是天下太平。为了治理天下，而有了社稷之神的存在，从而促使农作物丰收，保证民众可以丰衣足食；为了治理天下，而有了君王的存在，从而保证敬德保民得以落实。故一切治理措施，是为了天下之人，不是为了社稷之神，也不是为了君王。如果君王没有尽到敬德保民的责任，则要置换君王；如果社稷之神没有尽到使民众丰衣足食的责任，则要置换社稷之神。但是，我们不能说民众没有尽到民众的责任，要置换民众。民众不是公共职务，故本身不具有公共职务所赋予的分位之道德要求。民众可以由当下的德性蒙蔽状态经过教化逐步进入德性自觉状态，但这里没有公共分位的问题。无论民众德性如何，君王和社稷之神都要保民。保民的目的，就是对民众在物质与精神上进行全面的提升。

（一）治理实施者的合法性

在孟子思想中，社会治理虽然是为了天下百姓，但真正的实施过程并不是百姓自我治理，而是要依靠君王。理想中的君王是代表百姓利益来为百姓服务的。然而，实际操作中的君王做到这一点似乎并不容易，于是又需要具有儒者精神的卿大夫来辅佐之、劝诫之。

在孟子与其弟子万章的对话中，讨论了最高治理实施者天子的合法性问题。孟子认为，天下不是天子的天下，是天与民的天下。天与民是一体的，因为“天听自我民听，天视自我民视”。天代表普遍的形上意志，民代表形成意志的信息源头与发布意志的实践表现。天的性命发动就在天下人的实践中显现出来。故而，真正赋予某人以天子之权的，是天与民。所以孟子说“天与之”“民与之”。孟子认为，一个平民要成为天子，除具有天子之德性外，还需要满足四个条件。其一，能够获得现任君王的推荐；其二，能够很好地完成祭祀；其三，能够很好地安定百姓；其四；在有其他候选人的同时，民众不选择其他候选人而选择他。第一项属于精英阶层的推荐。第二、第三项属于治理工作的历练。第四项属于百姓的选择。在孟子的理想中，君王本身应该是贤明的，故其推荐候选人时不会徇私。百姓的选择，主要是鉴于第二、第三项工作的好坏。但如果现任君王不给其锻炼的机会，则候选者再有德性也无法获得百姓的支持。先期推荐权在精英阶层手中，而最后决定权在百姓手中，可以看作最高管理者的合法性来自两个阶层的相互制衡或者相互合作，具有共和制的意味。

在夏时，禹推荐益，而百姓选择了启。在启之后，天子不荐贤而荐子，这在客观上造成了新的历史趋势。一方面，天子不必个个德性如尧、舜，只要不似桀、纣那样倒行逆施，就不会失天下；另一方面，匹夫即使德性如孔子，也不能得天下。这样一来，加大了个体竞选天子的难度，客观上固化了王族的统治。由百姓决定一人之治理，转变为百姓决定一姓之治理。①

然而，即使由一人变为一姓，具体的治理者仍旧需要有一定的德性。此德性的意义不在于事事都能作出准确的判断和决策，而在于能够吸收各方意见，对事情作出妥善处置。如果君王刚愎自用，屡屡犯错，又不听取进谏，那还是要被弹劾。我们可以在孟子与齐宣王的一段问答中看到这层意思。

> 齐宣王问卿。孟子曰："王何卿之问也？"
>
> 王曰："卿不同乎？"
>
> 曰："不同。有贵戚之卿，有异姓之卿。"
>
> 王曰："请问贵戚之卿。"
>
> 曰："君有大过则谏，反覆之而不听，则易位。"
>
> 王勃然变乎色。曰："王勿异也。王问臣，臣不敢不以正对。"
>
> 王色定，然后请问异姓之卿。曰："君有过则谏，反覆之而不听，则去。"（《孟子·万章下》）

① 参看《孟子·万章上》。

贵戚之卿是和君王一姓的，具有同样的祖先；异姓之卿和君王非同姓，不具有同样的祖先。当治理天下的权力由一人转为一姓时，虽然外姓不能觊觎王位，但王族内部可以相互竞争来获取此王位。故当在位之君德不配位时，异姓之卿只能与此昏君断除君臣关系，而同姓之卿则能将君王易位。

（二）社会治理的具体措施

社会治理措施的目的在于维持良好的社会秩序。而良好的社会秩序，则在于“民为贵”，亦即改善老百姓的物质与精神生活。在孟子思想中，社会治理的具体措施有以下几项。

1. 完善社会分工

社会分工，是人依照个体的特性、生活的区域、祖传的工艺等各类差异化因素而作出的分工，其目的是达成相互协作、差异互补，完成社会的整体性运作。孟子曾与农家许行之徒陈相进行了社会分工方面的讨论。陈相认为：“贤者与民并耕而食，饔飧而治。今也滕有仓廪府库，则是厉民而以自养也，恶得贤？”（《孟子·滕文公上》）真正的贤君，应该亲自耕作，而不是剥夺百姓的劳动果实。对于陈相的观点，孟子并不以为然，其曰：“有大人之事，有小人之事。且一人之身，而百工之所为备。如必自为而后用之，是率天下而路也。故曰：或劳心，或劳力；劳心者治人，劳力者治于人；治于人者食人，治人者食于人。天下之通义也。”（《孟子·滕文公上》）劳心的治理者与劳力的被治理者，两者分工不同。劳心者虽然分享了劳力者的劳动成果，但劳心者为劳力者进行合理的规划，也付出了劳动。劳力者其实也分享了劳心者的治理成效，故其为劳心者提供收益，也是合理的。孟子反驳陈相，许行虽然自己耕食，但他戴的帽子却不是自己织的，而是用粟与农民交换的；铁锅瓦甑、农耕器具也不是自己造的，而是用粟与农民交换的。既然是因为生产分工的不同而进行的交换，就不能说许行剥削农民了。既然如此，自然也不能说劳心者提供治理规划、进行治理活动就是剥削农民。由此，孟子提出了分工的依据："夫物之不齐，物之情也；或相倍蓰，或相什伯，或相千万。子比而同之，是乱天下也。"（《孟子·滕文公上》）社会中的人与事物都有差异，这些差异有的很小，有的很大，于是就要顺其差异，让每个个体都做自己所擅长的事情，相互提供服务，这样社会整体就会和谐。如果一定要大家从事一样的工作，那就降低了效率，搞乱了整个社会的秩序。

孟子的社会分工理论，承认了每个个体的差异，同时也蕴含了儒家主张的普遍的性善思想。在性善论的前提下，差异化的个体能够考虑到自己在某个方面的有余与其他个体的不足，由之而进行交换，并逐渐形成交换双方间的诚信关系。

2. 富足百姓产业

孟子贵民的主张，是既要让百姓得到物质发展，又要让百姓得到精神提升。但两者相较，在先后顺序上要先让百姓得到物质发展。孟子认为："无恒产而有恒心者，惟士为能。若民，则无恒产，因无恒心。苟无恒心，放辟，邪侈，无不为已。及陷于罪，然后从而刑之，是罔民也。焉有仁人在位，罔民而可为也？"（《孟子·梁惠王上》）对于大多数普通人而言，有了物质基础，才能保持恒定的道德心灵；只有少数君子才能做到没有物质基础还能保持恒定的道德心灵。社会治理的对象不是少数的君子，而是大多数的普通人，故而君王在治理社会时需要以富民产业为先。孟子言：

五亩之宅，树之以桑，五十者可以衣帛矣；鸡豚狗彘之畜，无失其时，七十者可以食肉矣；百亩之田，勿夺其时，八口之家可以无饥矣；谨庠序之教，申之以孝悌之义，颁白者不负戴于道路矣。七十者衣帛食肉，黎民不饥不寒。（《孟子·梁惠王上》）

不违农时，谷不可胜食也；数罟不入洿池，鱼鳖不可胜食也；斧斤以时入山林，材木不可胜用也。谷与鱼鳖不可胜食，材木不可胜用，是使民养生丧死无憾也。（《孟子·梁惠王上》）

以上两段，主要论述了通过两个方面来保障民生。其一，采取积极的劝农政策。政府给予老百姓田地，指导老百姓进行合理耕种。其二，废除消极的伤农弊政。比如，君王让老百姓服徭役，却违背了农时；君王等贵族们为了满足个人的口腹之欲，破坏了池塘山林的生态，使其无法自然再生。这些弊端都要去除，方能使社会恢复生机。孟子认为，通过以上措施，可以让百姓获得以下的治理效果。

是故明君制民之产，必使仰足以事父母，俯足以畜妻子，乐岁终身饱，凶年免于死亡。然后驱而之善，故民之从之也轻。今也制民之产，仰不足以事父母，俯不足以畜妻子，乐岁终身苦，凶年不免于死亡。（《孟子·梁惠王上》）

3. 合理获取税收

政府的税收应用来进行公共建设以及支付劳心者的薪水。但税收比率要合理，不能影响到老百姓自身的生存与发展。在孟子所处的时代，孟子主张使用井田制，其言：

夫仁政，必自经界始。经界不正，井地不钧，谷禄不平。是故暴君污吏必慢其经界。经界既正，分田制禄可坐而定也。（《孟子·滕文公上》）

夏后氏五十而贡，殷人七十而助，周人百亩而彻，其实皆什一也。彻者，彻也；助者，借也。龙子曰："治地莫善于助，莫不善于贡。贡者校数岁之中以为常。乐岁，粒米狼戾，多取之而不为虐，则寡取之；凶年，粪其田而不足，则必取盈焉。"（《孟子·滕文公上》）

孟子认为，征税的前提是田地的合理分配，对应田地面积的大小而有不同的税收数目。因此，测量实际的田地占有面积就非常重要。一方面看实际的经界面积与书册上记录的面积是否相符，另一方面看各人实际占有的田地面积是否合理。此外，孟子认为收税十成取一比较妥当，这个什一税没有确定总量，而是确定比率。这样一来，丰年农民收成好，那么税收也多；凶年歉收，那么税收也少。如果定了税收总量不变，老百姓在凶年就很难完税了。

4. 推广道德教育

在老百姓物质需求满足的前提下，孟子认为可以继续推广道德教育，其言：

设为庠序学校以教之：庠者，养也；校者，教也；序者，射也。夏曰校，殷曰序，周曰庠，学则三代共之，皆所以明人伦也。人伦明于上，小民亲于下。（《孟子·滕文公上》）

在百姓物质充足后，政府需要开办学校，进行广泛的教育。教育的目的是使人明人伦，知道人所处的伦常，自觉担负起自己的道德责任。不但君王和贵族需要这种教育，百姓也需要，所谓"谨庠序之教，申之以孝悌之义"。上行下效，整个社会上就会兴起良好的社会习俗。

需要指出的是，孟子的社会治理措施是让治理者先使百姓物质富足，继而再进行道德的教化。因为一般民众是“有恒产而后有恒心”，故不能颠倒次序，不能在大家普遍穷困的时候，就以道德要求来裹挟百姓。如果真的这么做，就不是孟子的精神，而是以理杀人了。

四、治理秩序

在孟子的思想中，治理秩序来自伦理原则，伦理原则的应然性给予秩序中的不同分位以制度要求，如此则由主体性的道德原则转变为客观性的制度原则。然而客观性的制度原则，其奠基之处仍旧是活生生的道德原则，故当其与更为基础性的道德原则产生冲突时，就需要作出一种变化来协调两者的矛盾。

（一）秩序的伦理基础

在孟子看来，秩序的建立本身依靠伦理基础。孟子以葬亲为例，其言：

> 盖上世尝有不葬其亲者。其亲死，则举而委之于壑。他日过之，狐狸食之，蝇蚋姑嘬之。其颡有泚，睨而不视。夫泚也，非为人泚，中心达于面目。盖归反虆梩而掩之。掩之诚是也，则孝子仁人之掩其亲，亦必有道矣。（《孟子·滕文公上》）

为了说明客观秩序来自主体道德感，孟子以葬亲为例，设想了不葬其亲的原初状态。在这种原初状态中，人看到“委之于壑”的亲人尸体被动物、虫子撕咬，心中就会生出不忍，头上就会冒冷汗，于是行动上就会将亲人葬于土中。故而葬于土中的葬礼就客观上形成了。其实，孟子讲葬礼的由来是出于人的不忍人之心，与孔子讲三年之丧来自人的心不安，都是同样的道理。客观化的秩序能够普遍实施，不仅仅靠外在的强制力，而是必然有其道德本体的支持。孟子言：

> 诐辞知其所蔽，淫辞知其所陷，邪辞知其所离，遁辞知其所穷。生于其心，害于其政；发于其政，害于其事。（《孟子·公孙丑上》）

结合上面的论述，由仁义到治理的演进可以有如下的程序：以不动心之道来贞定仁的主宰，以养气之道来发动心志，以知言之道来分辨信息，以立命之道来落实道义，由此而构建治理秩序，采取治理措施。[①]

（二）分位的德性要求

在社会的构成中，有血缘关系的构成，也有非血缘关系的构成。在血缘关系的构成中，比如父子、兄弟等，天然通过血缘具有关系，但儒家仍旧需要在血缘关系的基础上建立道德关系，由偶然性、个别的血缘关系的自然情感进行提升，进一步生成普遍、恒常的道义性的伦常关系。而对于非血缘关系，则其建立更是通过道义来进行。社会的公共秩序，更多地由非血缘关系构成。构成公共秩序的每个环节都有一个分位，具有对应的道德要求。人有此道德水准则可以担此分位之责，若无此道德水准则不能担此分位之责。孟子说：

> 有天爵者，有人爵者。仁义忠信，乐善不倦，此天爵也；公

① 关于孟子养气知言的分析，可以参看拙作：《〈孟子·公孙丑上·知言养气章〉中“不动心之道”义理发微》，《鹅湖》2016 年第 11 期。

> 卿大夫，此人爵也。古之人修其天爵，而人爵从之。今之人修其天爵，以要人爵；既得人爵，而弃其天爵，则惑之甚者也，终亦必亡而已矣。(《孟子·告子上》)

天爵是天赋的德性，人爵是社会秩序的分位。古之人的状态就是孟子理想中的状态。在理想状态中，修德本身是目的，有其德而配其位。孟子批评今之人（孟子所处时代的人）是将德性当作工具使用，获得人爵之分位后，就把德性之天爵抛弃了。孟子认为，如果一个人德性发挥得不是很充分，那么他要做官，就只能做一个和他微弱德性相配的小吏，其言：

> 仕非为贫也，而有时乎为贫；娶妻非为养也，而有时乎为养。为贫者，辞尊居卑，辞富居贫。辞尊居卑，辞富居贫，恶乎宜乎？抱关击柝。孔子尝为委吏矣，曰“会计当而已矣”。尝为乘田矣，曰“牛羊茁壮，长而已矣”。位卑而言高，罪也；立乎人之本朝，而道不行，耻也（《孟子·万章下》）

孟子认为，做官不应该是为了摆脱贫困，但有时候也可以通过做官的方式摆脱贫困；娶妻不是为了奉养父母，但有时候也可以通过娶妻的方式获得奉养。如果自身没有多少德性，只是为了摆脱贫困去做官，那么就应该辞去官职，去做抱关击柝的小吏。城门官、更夫的工作在一定程度上可以摆脱贫困，同时也不会因为自身的德性不够对他人造成很大的影响。如果一个人德性不够，整天想着牺牲别人的利益来成就自己的利益，那么让他做官就会荼毒百姓。一个人只有德性较好，才能以德配位，在位上考虑百姓的利益，做到行道救世。孟子认为，位卑而德性欠佳者，如果在公共事务上插手，必然会祸害社会；相反，位高权重者，如果在公共事务上不以道义来施行其政，也是耻辱的事情。在此意义上，社会秩序中责任最为重大的，就是君王。孟子解释“普天之下，莫非王土，率土之滨，莫非王臣”为：

劳于王事，而不得养父母也。曰：“此莫非王事，我独贤劳也。”（《孟子·万章上》）

对于君王这个分位而言，位子最大，责任最大。故所有土地上的生灵，都需要君王照顾到，所有人民，都需要君王关怀到。而诗歌作者所服务的君王，却没有很好地照顾到诗歌作者，使其劳于各种公务，没有时间去奉养父母。所以诗歌作者以此诗为辩护词，为何其他人都得到君王的恩惠，却留我一个人去做这些公务。这是在抱怨君王没有尽到君王这一分位的责任。

在公共职务上，人与人的关系可以有两种状态。一种是私人关系，一种是分位上的公共关系。在公共事务上，人的行为需要依照分位上的公共关系来运作；而私人关系，不应该影响公共关系，比如晋大夫祁奚“外举不避仇雠，内举不回亲戚”（《新序·杂事一》）。但在具体的实施过程中，私人关系的冲突会影响到公共关系，而且这种影响更多表现为公共关系上位者的假公济私。孟子说：

君之视臣如手足，则臣视君如腹心；君之视臣如犬马，则臣视君如国人；君之视臣如土芥，则臣视君如寇仇。

王曰：“礼，为旧君有服，何如斯可为服矣？”

曰：“谏行言听，膏泽下于民；有故而去，则君使人导之出疆，又先于其所往；去三年不反，然后收其田里。此之谓三有礼焉。如此，则为之服矣。今也为臣。谏则不行，言则不听；膏泽不下于民；有故而去，则君搏执之，又极之于其所往；去之日，遂收其田里。此之谓寇仇。寇仇何服之有？”（《孟子·离

娄下》）

君臣关系既有具体的君臣个体间的私人关系，也有君位与臣位之间的公共关系。孟子所言的君视臣、臣视君的相应变化，属于君臣个体间的私人关系的交恶，或者因为君臣个体的私人好恶而影响了公共关系。依照礼制，古代的君王遭大臣进谏则行，进言则听，关心百姓民生，符合君王分位的要求。即使大臣个体因故辞职，君王也要“三有礼”来对待他。也就是说，依照君臣分位之礼来处置此事。然而，孟子看到的其所处时代的君臣关系则不是如此。君王遭大臣进谏而不行，进言而不听，也不顾百姓民生，完全不符合君王分位的要求。大臣个体因故辞职，君王非但不按照“三有礼”来对待之，反而利用公权迫害大臣。孟子向往礼制中君臣分位的安排，反对以公共分位之权来泄私愤的做法。

如果君王彻底没有尽到君王的责任，那么这个顶着君王分位之人就不配做君王，比如：

> 齐宣王问曰：“汤放桀，武王伐纣，有诸？”
>
> 孟子对曰：“于传有之。”
>
> 曰：“臣弑其君可乎？”
>
> 曰：“贼仁者谓之贼，贼义者谓之残，残贼之人谓之一夫。闻诛一夫纣矣，未闻弑君也。”（《孟子·梁惠王下》）

齐宣王问孟子，臣弑君是可以的吗？如果从分位上看，臣不能弑君，因为君臣关系构成了社会秩序的科层关系，而臣弑君相当于原本的科层关系被颠覆，如果没有更好的社会秩序来取代，那么社会就会进入崩溃瓦解的状态。在上述问答中，桀、纣顶着君王的分位，却不能够尽到君王的责任，没有相应于君王的德性，他们是对天下百姓没有尽道德责任的一夫。儒家认为，人是道德伦常的存在。如桀、纣这般，不承担任何道德责任的人，就是失去了人之为人的伦常性，所以称之为“一夫”。因此，汤放桀、武王伐纣，是对君的分位负责，也是对自己的臣的分位负责，诛桀、纣不是弑君，而是诛一夫。孟子的这种思想，是将具体的人与普遍的分位以及分位所构成的社会秩序分离开来。人需要做的是让自己不断提升德性水准，从而更好地担当其社会分位所赋予的责任。

（三）秩序的王霸之别

秩序的建立本身是外在的状态，但这种外在状态的根基却可以有差异，由此而有王霸之别。

> 以力假仁者霸，霸必有大国，以德行仁者王，王不待大。汤以七十里，文王以百里。以力服人者，非心服也，力不赡也；以德服人者，中心悦而诚服也，如七十子之服孔子也。《诗》云：“自西自东，自南自北，无思不服。”此之谓也。（《孟子·公孙丑上》）

王道和霸道都有外在发用的状态。但是，王道的外在状态具有道德伦理的基础；霸道的外在状态不具有道德伦理的基础，而是依靠武力的支撑，同时又将道德作为招牌幌子来撑门面。“人之所以为人，在人有本心良知；本心良知的发用，就有义利之别；义利之别通向外王治道，就有王霸之分。出乎仁义之心的价值判断，是王道之始，出乎功利之心的时效衡量，则已属于霸道之行。”①

因此，霸道虽然能够暂时维持，但不能服人心，故其维持终不能

① 王邦雄、曾昭旭、杨祖汉：《孟子义理疏解》，第267页。

持久；王道则具有仁义的基础，故可以服人心，可以长久维持。社会秩序的建立，也需要走王道的途径，而不是走霸道的途径。社会秩序应具有道德伦理的基础，而不是依靠外在强制力来维持，故而秩序的建立与运行就能得到大众的支持，而处于秩序各个分位的承担者所被赋予的道德责任就合乎情理，可以被各个分位的承担者发自内心接受，由此而顺利地完成其分位需要完成的事务。

（四）冲突的秩序协调

在孟子看来，在常态情况下，伦理基础产生了治理秩序。但是在一些非常态情况下，伦理基础与治理秩序会产生冲突，这个时候也应该效仿解决伦理原则冲突的方法，通过适当取舍进行协调统合，以下举“封象有庳”与“瞽叟杀人”两例以明之。

> 万章问曰：“象日以杀舜为事，立为天子，则放之，何也？”
>
> 孟子曰：“封之也，或曰放焉。”
>
> 万章曰：“舜流共工于幽州，放驩兜于崇山，杀三苗于三危，殛鲧于羽山，四罪而天下咸服，诛不仁也。象至不仁，封之有庳。有庳之人奚罪焉？仁人固如是乎？在他人则诛之，在弟则封之。”
>
> 曰：“仁人之于弟也，不藏怒焉，不宿怨焉，亲爱之而已矣。亲之欲其贵也，爱之欲其富也。封之有庳，富贵之也。身为天子，弟为匹夫，可谓亲爱之乎？”
>
> “敢问或曰放者，何谓也？”
>
> 曰：“象不得有为于其国，天子使吏治其国，而纳其贡税焉，故谓之放，岂得暴彼民哉？虽然，欲常常而见之，故源源而来。‘不及贡，以政接于有庳’，此之谓也。”（《孟子·万章上》）

一方面，象作为舜的弟弟，对舜十分恶毒，但舜对象则有兄弟之情。舜身为天子，依照具所处时代的礼俗，应该分封自己的弟弟。所以，于情于礼，舜都应该分封象。另一方面，象人品不端，封其为一方之主，则必然祸害一方，荼毒百姓。这又与舜的君王之责相矛盾。为了友爱自己的弟弟，就要封象；为了关怀封地的百姓，就不能封象。在此两难中，舜要采取一个两全其美的办法，既封象，又不能让象祸害百姓。于是舜封象于有庳，却不让象主持国事，另外派官吏来治国，而将收到的贡税给予象。这样一来，舜对象的兄弟之情也尽到了，对有庳百姓的关怀也做到了。

> 桃应问曰："舜为天子，皋陶为士，瞽瞍杀人，则如之何？"
>
> 孟子曰："执之而已矣。"
>
> "然则舜不禁与？"
>
> 曰："夫舜恶得而禁之？夫有所受之也。"
>
> "然则舜如之何？"
>
> 曰："舜视弃天下，犹弃敝屣也。窃负而逃，遵海滨而处，终身欣然，乐而忘天下。"（《孟子·尽心上》）

如果说"象封有庳"的矛盾还比较好协调，那么"瞽叟杀人"的例子就很难两方都予以顾及了。舜贵为天子，则需要依法办事。舜的父亲瞽叟杀人，那么舜只能支持皋陶去逮捕其父亲。但是，舜作为儿子又不忍心自己的父亲被处决。国家法律与家人情感产生对抗，两者无法兼顾。国家情感是普遍而强制的，却是后发的；家人情感是个体而自愿的，却更具有基础性。对于这个矛盾，孟子的意见是，舜可以抛弃其天子之职位，以一个普通百姓的身份，带着父亲逃离具有秩序的人类社会，跑到没有任何礼乐建构的大海之滨。在那里，原生态的父子之情是最为基础的，且没有任何后发的礼乐秩序与之发生冲突，故能乐而忘天下。天下是人文化成的世界，是由家庭亲情发其端，随后逐渐发展的、由道德情感支撑的伦常的意义的世界。而大海之滨，则象征着一个缺乏人文化成的场所。舜与父亲到了那里，才刚刚有家庭亲情之发端。这里的一个关键是，舜需要弃天下。舜若没有弃天下，其有天子之责，不能窃负而逃；唯有其弃天下，才能用孔子所说的“亲亲相隐”的方法，表达其对基础性的道德情感的坚守。由此可见，当社会秩序产生冲突时，人就需要进行权变甚至取舍，来维持基础德性的存在。①

① 关于亲亲互隐、瞽叟杀人的探讨，可以参看郭齐勇主编：《儒家伦理争鸣集：以“亲亲互隐”为中心》，湖北教育出版社2004年版。

第四章
荀子的社会治理思想

荀子，名况，字卿，战国末期赵国人，曾在齐国稷下学宫三为祭酒，后又为楚兰陵令，为先秦时期最后一位儒家知识分子。荀子虽然尊崇历代圣王与孔子，却强烈反对孟子的性善论，故可以视为儒家传统中自孔子之后与思孟流派不同的另一流派。孟子以性善之仁义内在而建立儒家之学说大厦，而荀子主张性恶说——人之本性不具仁义，仁义为知虑习得而有，由此而建立起学说系统。故荀子之学说，更偏重外在客观性礼乐之架构规范。然而，虽则荀子以性恶论立其宗旨，却主张化性起伪、天生人成，以为人力可以在天性的基础上作出新的道德的努力，故其后续方向又与孔孟之宗旨近乎合一。

从春秋至战国的整个变化趋势上来看，战国之风气较之春秋更为注重实用，“存亡继绝”的王道之风荡然无存，列国之间唯有赤裸裸的吞并之争。故先秦儒家思想由思孟之心性超越形态转入荀子之客观礼乐形态，亦为时代趋势之所激。荀子之学说，为儒家抛弃先天超越的道德而建立外在规范的努力，惟其对所抛弃之先天道德在礼乐中以后天道德的方式予以补回，故仍旧列之儒门。然其学生有李斯、韩非，则顺其性恶说而彻底放弃先天与后天之道德，只求一外在客观之治理规范，遂将隆礼重法之儒学一转而为阴森冷酷的法家之学。是故荀子之社会治理思想，则界于儒、法之间，自有其独特的理论价值。

《荀子》一书，现存三十二篇，为荀子及其后学所撰述。该书既有荀子自身之著述，由《劝学》至《赋》共二十六篇；又有荀学后人对于荀子言行之记录，为《大略》一篇；以及儒门圣贤师生旧事之拾遗，由《宥坐》至《尧问》共五篇①。就研究荀子思想之重要性而言，自当以荀子自身著述为要；然而荀子言行之记录，则如《论语》对于孔子之记录，亦有其必要之参考价值；甚至儒门圣贤师生旧事之拾遗，必在荀学师门中广为传颂而后录之，由之亦可见荀子思想之一斑。因此，研究荀子之社会治理思想，此三十二篇虽有轻重之异，但皆为必要之研究资料。

一、治理本体

治理本体是治理思想的形上基础。荀子的社会治理本体论，可以包含天道论、人性论以及心性论三大部分。天道论是荀子对于天人关系的理解，在此基础上而谈论人性的善恶与天然人为，继而再从人之心灵上讨论对于人性善恶的思虑抉择。此部分内容，虽然与礼乐法度没有直接关系，却间接构成了礼乐法度得以证成的基础，此路径与孟子性善论证成之礼乐法度相比，具有不同的形上基础，却具有共同的价值方向。

（一）“不为而成，不求而得”的天道论

天道论是中国思想家对于世界的普遍性认识。思想家对于天的认识与其自身学说系统的塑造具有密切而内在的联系。荀子论天，

① 《尧问》篇最末一段，以荀子殿儒门圣贤之后，为其辩说，以为有大才而不遇时，当出自荀学后人之手。

其曰：

> 天行有常，不为尧存，不为桀亡。应之以治则吉，应之以乱则凶。强本而节用，则天不能贫；养备而动时，则天不能病；修道而不贰，则天不能祸。故水旱不能使之饥，寒暑不能使之疾，祆怪不能使之凶。本荒而用侈，则天不能使之富；养略而动罕，则天不能使之全；倍道而妄行，则天不能使之吉。故水旱未至而饥，寒暑未薄而疾，祆怪未至而凶。受时与治世同，而殃祸与治世异，不可以怨天，其道然也。故明于天人之分，则可谓至人矣。（《荀子·天论》）

荀子将天与人进行了明确的划分。天是天然自生自成之物，具有自身运行之常道；人则是人为的改造。天的运行，并不因为人为的道德善恶而改变；在天然事物基础上的人为的实践活动，可以造成人世间自生的兴亡盛衰。由此可见，天然具有自生的独立性，人为也具有自生的较大独立性。

我们可以看到，荀子所说之天与人，类似于道家。然而其义理旨向则与道家迥异。荀子曾评论庄子，认为“庄子蔽于天而不知人”（《荀子·解蔽》），以此可以推论，庄子之天为荀子所承认，但庄子之去除人为，则为荀子所否定。也就是说，荀子要在庄子之天的基础上，加上人力之实践。故荀子之天，可以理解为将一切人为去除之后所剩下的纯粹天然之物。[①] 但与道家不同的是，荀子并不认为纯粹守此天然就是最好的，而是要在此基础上，施以人力的实践，则社会生

---

① 人的生理欲望等自然本性，在荀子视域之中也属于天，是人为改造的基础。借用宋儒之论，则荀子之天为气质之性，与道家以气质之性论自然类同。故在此意义上，与其如一般教科书那样将荀子之天视为具有唯物主义特征，不如视之为具有道家自然的特征。

活才能向理想的方向奋进。道家与荀子都能明于天人之分，但道家是存天而去人，荀子则是天生人成。

在对于天的定位与理解上，荀子认为：

> 不为而成，不求而得，夫是之谓天职。如是者，虽深，其人不加虑焉；虽大，不加能焉；虽精，不加察焉。夫是之谓不与天争职。天有其时，地有其财，人有其治，夫是之谓能参。舍其所以参，而愿其所参，则惑矣。列星随旋，日月递照，四时代御，阴阳大化，风雨博施，万物各得其和以生，各得其养以成，不见其事，而见其功，夫是之谓神。皆知其所以成，莫知其无形，夫是之谓天功。唯圣人为不求知天。(《荀子·天论》)

天是自然而然，不以人的主观意识和人为努力为转移的自为的存在。因此，万物天然的存在是神妙不测的，不见其形而见其功。对于人而言，人不应该去探求万物自然生成的原理，而是应该就着天然的功用来做人为的提升。故而荀子所谓“不求知天”如同老子所谓“吾不知谁之子”一样，彻底放弃了人为去理解天然的可能性。

(二)“生而好利，生而耳目之欲”的人性论

从荀子天道论的天然生成的理解上，其所视一切所谓天之自然物，皆在其实然之层面体现天功，而在其生成之所以然处有不可知之神妙莫测之能。由于生成之所以然乃为不可知，故余可知者，仅仅是实然之经验存在层面。

于是，就人本身之实然可知而言，人需要持续维持其存在，则必然要获得其存在的物质保证。其所获之物为利，对于利的需求则为欲。此种利与欲则为人天然生成而实际表现的东西。此利与欲的满足，很容易影响到他人利与欲的满足，从而导致利益的对抗与欲望的

冲突，继而产生人与人的争斗。就此争斗、对抗、冲突而溯其本源，则为天然利与欲，故荀子将之称为性恶，其言：

> 今人之性，生而有好利焉，顺是，故争夺生而辞让亡焉；生而有疾恶焉，顺是，故残贼生而忠信亡焉；生而有耳目之欲，有好声色焉，顺是，故淫乱生而礼义文理亡焉。然则从人之性，顺人之情，必出于争夺，合于犯分乱理，而归于暴。故必将有师法之化，礼义之道，然后出于辞让，合于文理，而归于治。（《荀子·性恶》）

荀子之性恶与孟子之性善，其所立言之基础有异。孟子之性善，乃就人之心灵在去除利益欲望干扰下，而必然能自然生成成就对象之道德意识之经验现象上而溯其根源以证成；荀子之性恶，则在人之心灵天然具有维持其存在之利益欲望之诉求，而导致人间之纷争之经验现象上而溯其根源以证成。因此，就其溯源之现象基础而言，两者所考察的是人存在的不同层面，不具有本质性的冲突。

倘若就孟子意义来谈性恶，则是人之心灵在去除利益欲望干扰下而必然能自然生成毁灭对象之意识。简单地讲，就是为恶而恶，没有犯罪动机的犯罪。出于其他目的而行恶，即具有犯罪动机的犯罪[①]，还是可以理解的。但是，完全是为恶而恶，没有犯罪动机的犯罪，这样的人几乎是没有的，如果有，则必然是精神变态者，已与人类迥异，故孟子称之为禽兽。而荀子所谈之性恶论，则不是上述意义上的性恶，而仅仅是为了自身生存与发展而影响了他人的生成与发展的恶，这是具有犯罪动机的行恶。由此可见，荀子所言之利益欲望，亦为孟子思想系统所容纳，而孟子独能跳出利益欲望之束缚而挺立无所

---

① 甚至此犯罪动机可以是享受犯罪的快感。

待之天然的道德意识，而荀子则完全在平铺式地承认人之天然的利益欲望。故荀子之所见，为孟子系统所容纳；而孟子之所见，则未必为荀子系统所容纳。

（三）兼具“天情、天官、天君”的人心论

依于荀子之自然论的天道观与人性论，人之心灵亦为自然生成的状态。荀子论人之心灵，其曰：

> 天职既立，天功既成，形具而神生，好恶喜怒哀乐臧焉，夫是之谓天情。耳目鼻口形能各有接而不相能也，夫是之谓天官。心居中虚，以治五官，夫是之谓天君。（《荀子·天论》）

“形具而神生”，是指心灵具有可经验的存在并生起感知的功效。从上段文辞上看，荀子认为，心灵天然具有情感发动的能力，此为天情；天然具有感知对象的能力，此为天官；天然具有自由虑择的能力，此为天君。以下，就天情、天官、天君三种心灵天生的功能，进行逐项分述。

其一，天情——情感发动的能力。荀子论天情曰：

> 今人之性，饥而欲饱，寒而欲暖，劳而欲休，此人之情性也。（《荀子·性恶》）
>
> 若夫目好色，耳好听，口好味，心好利，骨体肤理好愉佚，是皆生于人之情性者也；感而自然，不待事而后生之者也。（《荀子·性恶》）

依照荀子的思想体系，人的情感可以分为天然的情感与人为的情感。天然的情感主要来自天然的性恶论，而人为的情感则来自隆礼重法、化性起伪后的社会生活。就天然的心灵而言，则其天然的情感主

要为基于人自身存在与发展而生起的喜怒哀乐等欲望。

其二，天官——感知对象的能力。荀子论天官曰：

> 然则何缘而以同异？曰：缘天官。凡同类同情者，其天官之意物也同。故比方之疑似而通，是所以共其约名以相期也。形体、色、理以目异；声、音、清、浊、调、竽、奇声以耳异；甘、苦、咸、淡、辛、酸、奇味以口异；香、臭、芬、郁、腥、臊、洒、酸、奇臭以鼻异；疾、痒、凔、热、滑、铍、轻、重以形体异；说、故、喜、怒、哀、乐、爱、恶、欲以心异。心有征知。征知，则缘耳而知声可也，缘目而知形可也。然而征知必将待天官之当簿其类，然后可也。五官簿之而不知，心征知而无说，则人莫不然谓之不知。此所缘而以同异也。（《荀子·正名》）

此处主要讲了天官薄类与心有征知两个主题。从天官薄类上说，天官为人心具有的视觉、听觉、嗅觉、味觉、触觉等感知功能，不同的感觉器官可以感知相应的对象。在同一类的感知对象上，又可以分出其间的差异。从心有征知上说，心要感知不同的对象，知道通过何种感觉器官可以获得对象的信息，并对此五类感官获得的感觉对象赋予情感的表达。

其三，自由虑择的能力。荀子认为，心具有自由功能，其曰：

> 心者，形之君也，而神明之主也，出令而无所受令。自禁也，自使也，自夺也，自取也，自行也，自止也。故口可劫而使墨云，形可劫而使诎申，心不可劫而使易意，是之则受，非之则辞。故曰：心容，其择也无禁，必自现，其物也杂博，其情之至也不贰。（《荀子·解蔽》）

心具有自我主宰的功能，其可以做出决定而不被任何事物所决定。即使人的肉体被外物所劫持而无法自主，但其心灵仍旧具有自主性，可以做出自我决定。在此意义上，心对于各类信息，具有虑择功能，其曰：

性之好、恶、喜、怒、哀、乐谓之情。情然而心为之择谓之虑，心虑而能为之动谓之伪；虑积焉，能习焉，而后成谓之伪。（《荀子·正名》）

心灵在感官所给予的各类信息面前，可以思考衡量这些信息并给出基于心灵自身的抉择。此心灵之虑择所给出的结果，不由自然本性决定，唯有心灵自身对其负责，故此虑择之结果可以视作人为。

（四）“虚壹而静，明分使群”的解蔽法

人之心灵，天然具有感知、情感、思虑与自由主宰能力。人类在感知万物时，会生出获得万物、谋取自身利益的情感欲望。如果心灵的主宰能力沉溺在谋取利益、满足欲望上，则心灵就会向此方向愈加沉沦，导致侵犯他人利益的后果。如此的心灵状态，就是对心灵的蒙蔽。荀子言：

凡以知，人之性也；可以知，物之理也。以可以知人之性，求可以知物之理，而无所疑止之，则没世穷年不能徧也。其所以贯理焉虽亿万，已不足以浃万物之变，与愚者若一。学，老身长子，而与愚者若一，犹不知错，夫是之谓妄人。故学也者，固学止之也。恶乎止之？曰：止诸至足。曷谓至足？曰：圣王。圣也者，尽伦者也；王也者，尽制者也；两尽者，足以为天下极矣。（《荀子·解蔽》）

人先天具有认知能力，万物先天可以被人所感知，这种能所结构

是天然的。而且，万物形形色色的存在是无穷的，用人的认知能力去追索此无穷的万物，即使穷尽一生也无法认识完全。所以，人的学习不应该仅仅局限在对于一事一物的知识性了解上，而是要学会调和伦理关系与协调制度关系。也就是说，人的心灵的关键不在于客观反映外在事物，而在于通过主观实践去学会如何处理好物与物、人与人之间的关系。

从这一段中，我们可以看到，人的心灵是很容易去逐物的，而不容易获得真正应有的方向。心灵一旦逐物，就会引发相关的欲望，这样一来，连客观地认知物也很难办到了。荀子曰：

> 凡观物有疑，中心不定，则外物不清。吾虑不清，未可定然否也。（《荀子·解蔽》）

对于物的客观性认识，来自心灵自身的明澈。当主体心灵充满欲望、思虑浑浊之时，那么对物的客观性认识也会出现偏差。于是，荀子主张心灵需要时刻保持自身的明澈，不应被各种欲望念头带错了方向，其曰：

> 为之无益于成也，求之无益于得也，忧戚之无益于几也，则广焉能弃之矣，不以自妨也，不少顷干之胸中。不慕往，不闵来，无邑怜之心，当时则动，物至而应，事起而辨，治乱可否，昭然明矣。（《荀子·解蔽》）

人的心灵中充满着各类无用的念头，这种念头对于认识事物、协调事物的关系没有任何帮助。故而，心灵不应该被这些念头所侵占，甚至在认识事物的当下也不要生成这些无用的念头。荀子认为，心灵在具体的时势环境中，应该顺应时态而发动意识，客观感应对象事物，并对认知的事物产生相应的思虑辨析，看其对于社会生活能否产生治乱的影响，从而做出一种较为妥善的安排。

综上可知，荀子的解蔽法是要让心灵从具体事物的认知与追逐利益的欲望中解放出来，通过认知事物来获得协调事物、促进社会生活的方法。因此，真正的解蔽之法应该具有两大步骤。其一，心灵客观地认知事物；其二，心灵思虑协调事物。

就心灵客观地认知事物而言，荀子提出了虚壹而静之法，其曰：

> 治之要在于知道。人何以知道？曰：心。心何以知？曰：虚壹而静。心未尝不臧也，然而有所谓虚；心未尝不两也，然而有所谓壹；心未尝不动也，然而有所谓静。人生而有知，知而有志；志也者，臧也；然而有所谓虚；不以所已臧害所将受谓之虚。心生而有知，知而有异；异也者，同时兼知之；同时兼知之，两也；然而有所谓一；不以夫一害此一谓之壹。心卧则梦，偷则自行，使之则谋；故心未尝不动也；然而有所谓静；不以梦剧乱知谓之静。未得道而求道者，谓之虚壹而静。（《荀子·解蔽》）

心灵由蒙蔽转向解蔽，其转变之要在于虚壹而静。虚壹而静是指心灵主观上可以自由达到的状态。虚是指心灵去除自身藏有的各类前见；壹是指心灵秉持一致的意志方向；静是指心灵摒除一切非理性的情感干扰。也就是说，虚壹而静是让心灵达到彻底客观的状态，从而获取对于事物最为客观而全面的认知。

> 人心譬如盘水，正错而勿动，则湛浊在下，而清明在上，则足以见须眉而察理矣。微风过之，湛浊动乎下，清明乱于上，则不可以得大形之正也。心亦如是矣。故导之以理，养之以清，物莫之倾，则足以定是非决嫌疑矣。小物引之，则其正外易，其心内倾，则不足以决粗理矣。（《荀子·解蔽》）

荀子把人的心灵比喻成盘水。盘水有清有浊，类似于人的心灵。清是指人客观的认知能力、思虑能力、自由主宰能力，而浊则是各类先见、交错念头、情感欲望等。心灵通过虚壹而静的功夫，可以让浊物沉淀下来，这样，表层的水面就变得非常清澈，而能够客观地察照事物。如果心灵被外物所牵引，生起各类欲望情感，于是没有达到虚壹而静，就如同盘水中浊物上浮，盘水变为浑浊，就无法清晰地察照事物了。

荀子的虚壹而静以及盘水之喻，很好地阐释了心灵由不客观的认知转向客观认知的方法途径。心灵在自由主宰的功效下，可以自觉地将自身的不客观状态转化为客观状态。然而，虚壹而静仅仅给出客观认知事物的办法，但并没有给出协调事物的方法，故而心灵还需要做出进一步思虑协调的努力。

就心灵思虑协调事物而言，荀子提出了明分使群的措施，其曰：

> 人之生不能无群，群而无分则争，争则乱，乱则穷矣。故无分者，人之大害也；有分者，天下之本利也。而人君者，所以管分之枢要也。故美之者，是美天下之本也；安之者，是安天下之本也；贵之者，是贵天下之本也。古者先王分割而等异之也，故使或美或恶，或厚或薄，或佚或乐，或劬或劳，非特以为淫泰夸丽之声，将以明仁之文、通仁之顺也。故为之雕琢、刻镂、黼黻文章，使足以辨贵贱而已，不求其观；为之钟鼓、管磬、琴瑟、竽笙，使足以辨吉凶、合欢、定和而已，不求其余；为之宫室、台榭，使足以避燥湿、养德、辨轻重而已，不求其外。（《荀子·富国》）

从荀子虚壹而静的观察来客观看待人，人性皆恶，人人都有生存发展的情感欲望的诉求。这种诉求一旦越出边界，就很容易导致混乱的局面，反而威胁了每个人的生存发展。故而，要想保证人人都能得到生存发展，需要对人划分相应定分。人的情感欲望的诉求不能逾越规范好的定分。于是每个人都被安排在不同的定分中，每个定分都由其相应的群体行使着不同的社会职责。这样，社会生活就产生了秩序，每个个体的利益以及社会整体的利益就都获得了保障。

这种明分使群的思想，完全是从客观观察与思虑推论而来。从客观观察而言，人人都要满足自身生存发展的情感欲望；从思虑推论而言，每个人无限的欲望追求会导致每个人无法实现其欲望追求。故由此反证法可以得出：人之情感欲望必然从无限转变为有限，从而给出定分，促成人人在定分满足有限欲望，由此构成不同的群体。

> 农精于田，而不可以为田师；贾精于市，而不可以为市师；工精于器，而不可以为器师。有人也，不能此三技，而可使治三官。曰：精于道者也，精于物者也。精于物者以物物，精于道者兼物物。（《荀子·解蔽》）

荀子认为，一般的心灵去客观认知事物规律，仅仅能使人成为农、贾、工等依循于客观规律运作的专门之才；而心灵唯有通过逻辑推论，获得协调治理的能力，才能促使人成为精于道的管理者。

综上所述，虚壹而静给出了心灵的客观认知方式，主要从属于天官感知的功能；而明分使群给出心灵的主体协调方案，主要从属于天君思虑的功能。虚壹而静是为了获得观念的储备，而明分使群则是在观念储备的基础上，以整体人类社会为中心给出了核心的方向性原则。[①]

---

① 此处以整体人类社会为中心，是荀子具有儒家特征的价值指向，从而促使其建立儒家式的礼乐制度。如果同样以虚壹而静、明分使群来论心灵认知，但以君国之利为中心，则会产生法家式的治理制度。

（五）“化性起伪，天生人成”的实践论

在荀子思想之中，性是天生，伪是人成。荀子明于天人之分，就是分辨出性与伪，或者说天生与人成各自的界限。天生与人成之分的关键之处，即在此心灵的自由虑择功能上。从心灵天然具有虑择功能的意义上看，此为天然之性；但此天然之性仅仅给予了心灵主体自我决定的权力，但并没有给予心灵主体必须如何选择的命令。故从心灵择虑之后所选择的方向与行动来看，则此方向与行动完全出自主体的心灵，与天然之性无关，故此择虑之后果即为人造之伪。

对此，荀子很好地区分了人之天然情性与人为实践的差别，其曰：

> 凡礼义者，是生于圣人之伪，非故生于人之性也。故陶人埏埴而为器，然则器生于陶人之伪，非故生于人之性也。故工人斫木而成器，然则器生于工人之伪，非故生于人之性也。圣人积思虑，习伪故，以生礼义而起法度，然则礼义法度者，是生于圣人之伪，非故生于人之性也。若夫目好色，耳好听，口好味，心好利，骨体肤理好愉佚，是皆生于人之情性者也；感而自然，不待事而后生之者也。夫感而不能然，必且待事而后然者，谓之生于伪。是性伪之所生，其不同之征也。（《荀子·性恶》）

荀子认为，陶人治陶器，工人斫木，圣人生礼乐，并非出于人之天然情性，而是陶人、工人自我心灵主宰所决定的实践。所谓天然情性，是人感官感知后不需要心灵做抉择而天然如此的状态；而所谓人为实践，则是人感官感知后不能天然如此，必须经过心灵抉择后的状态。尽管感知的能力、计量的能力是天然的，但心灵自由运作仅仅是将上述天性作为辅助工具来操作，最后决定的关键并不来自感知、计

量，而是来自自身自由的天君。故天生之末，即在人顺其天生之感官情欲而滑落；而人成之始，即在天君之自由虑择上。天君之自由虑择，并不是说完全杜绝感官认知、肉身情欲，而是在不被感官认知、肉身情欲影响的前提下来展开其自由自主的决断。故决断作出之后，具体的生活实践仍旧要依靠万物天生之才性来进行。荀子曰：

> 性者，本始材朴也；伪者，文理隆盛也。无性则伪之无所加，无伪则性不能自美。性伪合，然后成圣人之名一，天下之功于是就也。故曰：天地合而万物生，阴阳接而变化起，性伪合而天下治。天能生物，不能辨物也，地能载人，不能治人也；宇中万物生人之属，待圣人然后分也。（《荀子·礼论》）

天生之才性，就是原材料。而人为之成就，就是对原材料的加工。如果没有原材料，人为就缺乏提升的前提，如果没有后续的人为，天生的原材料就仍旧是原材料。所以，唯有天生之性与后天之伪结合起来，才能真正创造出伟大的成就。其实，天生之性除给予原材料之外，并没有赋予实践任何方向；唯有在自由心灵虑择下的人为实践，才具有真正改造的方向。此方向就是心灵在虚壹而静下得出的明分使群、隆礼重法的实践主张。

当然，我们也可以进一步追问，为什么心灵的逻辑推理，必然得出明分使群、隆礼重法的结论。其实，荀子的思想隐含着人文关怀的底色，此种人文关怀包含承认人人平等、人人具有生存发展的权利，以及人人都能自觉到人人平等、人人都具有生存发展的权利的能力。[①] 这一个设定，本身就具有十足的儒家情怀，是内嵌在虚壹而静的心灵之中的，故而其得出发展儒家礼乐制度的结论也就顺理成章

① 此处具体的论证，详见后文关于“涂之人皆可成禹”的阐述。

了。如果去掉这一底色，换成人人不平等或者固然人人平等但多数人必然不自知这种平等，完全可能得出另外一种价值指向的人为实践方向。故而，荀子所指出的“化性起伪”，已经预定自由的心灵必然起伪的儒家式的人文方向。人只有在起伪的方向上不断努力，才能取得人成的成就。荀子曰：

君子以德，小人以力；力者，德之役也。百姓之力，待之而后功；百姓之群，待之而后和；百姓之财，待之而后聚；百姓之执，待之而后安；百姓之寿，待之而后长；父子不得不亲，兄弟不得不顺，男女不得不欢。少者以长，老者以养。故曰：“天地生之，圣人成之。”此之谓也。(《荀子·富国》)

所谓“天生”，是指世界上一切天然生成的东西，包含人的情感欲望。如果纯粹依照“天生”之性而行，则人类社会将退回到丛林状态。所谓“人成”，则是人在此天然生成的东西的基础上，进一步施展人力的实践。荀子指出，作为君子的圣王需要制礼作乐、隆礼重法，起到先导作用，而一般百姓则在礼乐的规范下进行生活实践。由此两方面的努力，社会生活遂能达到理想状态。天生与人成，初看起来，两者属于异质关系。天生不包含人成，人成不包含天生。实质上，天生是人成的基础，人成是天生的提升。真正人类理想世界的完成，必然是化性起伪、天生人成的结果。

荀子在天人之分、化性起伪的视域中，阐述了人与物的关系，其曰：

心平愉，则色不及佣而可以养目，声不及佣而可以养耳，蔬食菜羹而可以养口，粗布之衣，粗紃之履，而可以养体。局室、芦帘、槁蓐、敝机筵，而可以养形。故虽无万物之美而可以养乐，无埶列之位而可以养名。如是而加天下焉，其为天下多，其私乐少矣。夫是之谓重己役物。……欲养其欲而纵其情，欲养其性而危其形，欲养其乐而攻其心，欲养其名而乱其行，如此者，虽封侯称君，其与夫盗无以异；乘轩戴絻，其与无足无以异。夫是之谓以己为物役矣。（《荀子·正名》）

重己役物，就是人为的德性主宰了私欲的天性；而已为物役，则是私欲的天性主宰了人为的德性。性伪之争一直发生在我们生存的过程中，内心的任何一刹那都具有善恶的选择，也可以呈现出人自身的担当。

（六）孟、荀心性论的辨析

孟子、荀子两人同宗孔子，同样标举儒家的礼乐之制，但是孟子道性善，荀子道性恶，而且荀子在其文章中还屡屡非议孟子，学术宗旨似乎如同水火。孟、荀之争，似乎比后世朱、陆之争更为猛烈。对于这样一种现象，确乎十分有必要对二人之宗旨作一大致的辨析。

前文已然说过，孟子之性善论，乃就超越之德性而言；而荀子之性恶论，乃就肉身之情欲而言。实际上性善与性恶是在不同层面上立论的，两者并没有交集上的矛盾。那么下一步就是，荀子之性恶论是否为孟子所承认，而孟子之性善论又是否为荀子所承认。也就是说，孟子之思想系统是否包含肉身之情欲，而荀子之思想系统是否包含超越之德性。对于这两个问题的考察，我们不能仅仅被近似的概念名相所左右，而是要深入孟、荀二人的思想体系中，真正深切地理解双方的系统构造，从而才能得出平实的结论。

其一，孟子之心性系统包含肉身之情欲的考察。

在孟子和告子的辩论中，告子提出的“食色，性也”其实没有被孟子所否认，孟子否认的是只认食色为性，而反对人具有超越德性的主张。[1] 只是孟子更愿意揭示人的超越德性之一面，故其言“人之所以异于禽兽者几希”。(《孟子·离娄下》) 其实在几希之外，就全部是人与禽兽相同的地方，也就是“食色，性也”的部分。

因此，孟子所谈之性，其实既包含了超越之性善，也包含了情欲之性恶。只是孟子喜欢从超越之性善处立言，只有谈到超越之性善一旦贞定不住而滑落，才会有情欲之性恶的显现。比如，孟子言：

> 虽存乎人者，岂无仁义之心哉？其所以放其良心者，亦犹斧斤之于木也，旦旦而伐之，可以为美乎？其日夜之所息，平旦之气，其好恶与人相近也者几希，则其旦昼之所为，有梏亡之矣。梏之反覆，则其夜气不足以存；夜气不足以存，则其违禽兽不远矣。人见其禽兽也，而以为未尝有才焉者，是岂人之情也哉？(《孟子·告子上》)

在这段文献中，仁义之心的超越性在梏亡之后，人就会违禽兽不远，显现出类同于禽兽的情欲之恶。故孟子之心性系统，是两性皆存，只是孟子喜从高处讲，从高处滑落之后才去讲低。

其二，荀子之心性系统包含超越之德性的考察。

荀子之心性系统，在性恶之情欲处屡有涉及，而且承认此情欲之性乃天然所就，故不能彻底消灭之，而只能因势利导。荀子曰：

> 凡语治而待去欲者，无以道欲而困于有欲者也。凡语治而待寡欲者，无以节欲而困于多欲者也。有欲无欲，异类也，生死也，非治乱也。欲之多寡，异类也，情之数也，非治乱也。欲不待可得，而求者从所可。欲不待可得，所受乎天也；求者从所

① 参看《孟子·告子上》以及本书论及孟子性善论之部分。

可，所受乎心也。所受乎天之一欲，制于所受乎心之多，固难类所受乎天也。人之所欲生甚矣，人之恶死甚矣；然而人有从生成死者，非不欲生而欲死也，不可以生而可以死也。故欲过之而动不及，心止之也。心之所可中理，则欲虽多，奚伤于治？欲不及而动过之，心使之也。心之所可失理，则欲虽寡，奚止于乱？故治乱在于心之所可，亡于情之所欲。不求之其所在，而求之其所亡，虽曰我得之，失之矣。故虽为守门，欲不可去，性之具也。虽为天子，欲不可尽。欲虽不可尽，可以近尽也。欲虽不可去，求可节也。所欲虽不可尽，求者犹近尽；欲虽不可去，所求不得，虑者欲节求也。（《荀子·正名》）

这一段文字，讲情欲是天生之性，不能去欲寡欲，而只能导欲。然而道欲之法，受之于心。如果导欲符合心中之理，则即使有很多欲望，也能治理得很好，如果导欲不符合心中之理，则即使去除很多欲望，也会导致动乱。于是，这个心中之理就非常重要。但荀子讲心中之理，如同其讲道一样，皆是虚讲，其实际的宗旨是明分使群、隆礼重法的人为之法。通过定分、礼乐，将人的欲望进行合理分配协调，从而使欲望都得到各自的满足，于是人人各安其所在，达到理想的社会生活秩序。这种将人由性恶的本性上超拔起来，通过礼乐建立道德性的路径被荀子称之为化性起伪。然而，化性起伪的实践方向为何必然由性恶向建立维护仁义的礼乐制度上发展，则是一个形上学的问题。事实上，如果荀子与告子一样，则所化之性可以如水，决之东而往东，决之西而往西，纯粹依附外在的情势而动，不存在一个必然方向。但荀子其实与告子不同，其所作之伪并不如同告子那样只具偶然性，而是具有必然性。荀子言："在天者莫明于日月，在地者莫明于水火，在物者莫明于珠玉，在人者莫明于礼义。"（《荀子·天论》）

在荀子看来，日月、水火、珠玉之明是天生之性，具有必然性；而人类社会的礼义之明，虽然是人为，但亦具有和天生之性一样的必然性。也就是说，心灵在自由状态下，必然会导出礼义之明。那么这种礼义之明，其实隐含了人人平等、人人具有生存发展的权利，以及人人具有自觉到人人平等、人人具有生存发展权利的能力。唯有这种隐藏的底色，才能在虚壹而静的心灵推断中得出儒家式的礼乐制度。故而，荀子虽然貌似依靠纯粹形式化的思虑之心来推论此结果，实质上其心灵隐含了形上学的预设，此预设成就了心中之理、礼义之道。可以说，荀子的心性论系统也是两性并存，但显在的是性恶论，隐藏的是超越德性论。荀子喜好从低往高处讲，讲到高处，仍旧依照不具超越性的思虑心来立论，然而实质上若无隐藏的超越德性的底色，其纯粹依靠思虑之逻辑推论实难得出礼乐之教的结论。

那么这样看来，孟、荀关于性善与性恶之差异似乎并没有那么遥远。两者的系统皆为二性并存，它们既不是对抗的关系，也不是互补的关系，而是重叠的关系。只是在重叠处，孟子在超越德性论上进行了浓墨重彩地描画，荀子却将此超越德性隐藏在思虑心的底色基础中而不外显。

但是，孟、荀心性论之间仍旧有一个根本性的差异，此差异不在性善、性恶的关系上，而在心与超越德性的关系上。

在孟子的系统中，心是自由的，心在彻底自由状态中，必然显现出其本有的超越的德性，而产生四端的道德情感。故其心与性是内在一体的关系，成善成德的动力来自心与性的合一状态。在荀子的系统中，心是自由的，心在彻底自由状态中，通过思虑衡量，最终必然抉择以德性为旨归的礼乐之制。故其心是天然的、气质的心；超越的德性也是先天的（隐藏的先天），却是知识性的、客观化的。故其心与性是外在两隔的关系，成善成德的动力仅仅来自心的单方面努力。

孟、荀心性论的这种区别，非常类似后世儒学中陆王心学与程朱理学的关系。孟子近似陆、王，荀子近似程、朱。孟子、陆、王一脉之儒，在于心即理；而荀子、程、朱一脉之儒，在于心不即理。心即理这一脉，心自身可做返回自由功夫，同时显现出超越德性，故在心灵自身为与不为（非能与不能）的择取下，性与心一体呈现，而有四端之心。此四端之心，既包含恻隐之心、羞恶之心、辞让之心的道德情感，还包含是非之心的思虑判断。心不即理这一脉，心自身亦可做返回自由功夫，同时心灵认知到关于真理的客观性知识。（理不与心灵一体，故与心灵的关系呈现主客对待模式，对于心灵而言，此理表现为一关于真理的客观性知识。）在心一无依傍而彻底自主的状态中，真理知识的引导作用，可以使得心灵通过思虑而有是非判断，并在是非判断的应然期许下产生相应的道德情感。儒学中的这两脉，虽然在成德成善之动力源头上稍有差异，但其实践的旨向则是一致而共通的。

二、治理伦理

荀子的治理伦理，建立在一种基础伦理以及由此基础伦理衍生的两种不同伦理关系的对举与转变上。基础伦理是对人类伦理的一种基本设定。天然的伦理关系与人为的伦理关系都是基础伦理在不同境遇下的实施。但是，天然的伦理关系会导致基础伦理的瓦解，故天然的伦理关系无法保证基础伦理的持续，而人为的伦理关系可以长久维持，可以充分展现基础伦理的内涵。荀子的治理伦理思想就表现在通过建立礼乐秩序，帮助人们由先天伦理关系转向人为伦理关系。

（一）荀子的基础伦理观

基础伦理观的考察，需要将人从具体的环境中超拔出来，去除其在具体环境影响下的行为模式，而考察其与具体环境无关的行为模式。荀子的基础伦理观来自其对天人之分下的先天人性的理解，其曰：

> 材性知能，君子小人一也；好荣恶辱，好利恶害，是君子小人之所同也。（《荀子·荣辱》）
>
> 凡人有所一同：饥而欲食，寒而欲暖，劳而欲息，好利而恶害，是人之所生而有也，是无待而然者也，是禹、桀之所同也。目辨白黑美恶，而耳辨音声清浊，口辨酸咸甘苦，鼻辨芬芳腥臊，骨体肤理辨寒暑疾养，是又人之所常生而有也，是无待而然者也，是禹、桀之所同也。可以为尧、禹，可以为桀、跖，可以为工匠，可以为农贾，在执注错习俗之所积耳。是又人之所生而有也，是无待而然者也，是禹、桀之所同也。（《荀子·荣辱》）

人的基础伦理来自人的先天本性。这些伦理观表现为“好荣恶辱，好利恶害”，表现为“饥而欲食，寒而欲暖，劳而欲息，好利而恶害”。如果去除其所处的具体境遇，我们似乎不能简单地将这些特性等同于贪婪、懒惰等负面德性，而仅仅是一种中性的特征。由此，我们在这段文献中，可以看出基础伦理的三项内容。

其一，平等观。基础伦理特征面前人人平等。在荀子看来，无论是尧、禹，还是桀、跖，甚至工匠、农贾等不同职业者，他们都共同具有此特性。故此伦理特性是不同境遇、不同定位的人所共同具有的。故而在基础伦理上，人人皆具共同的伦理特征，相互之间是平等关系。

其二，民生观。人人具有生存发展的权利。上述伦理特征都是与人的先天感官紧密联系的，故这些伦理特征的作用就是对于天然存在的维持与提升。也就是说，捍卫人自身的生存与发展是天赋的权利。从社会治理上看，每个人的生存与发展就是民生需要处理的问题。

其三，自知观。人人自知人人平等、人人具有生存发展的权利。荀子讲："凡以知，人之性也；可以知，物之理也。"（《荀子·解蔽》）又讲："好恶喜怒哀乐臧焉，夫是之谓天情。耳目鼻口形能各有接而不相能也，夫是之谓天官。心居中虚，以治五官，夫是之谓天君。"（《荀子·天论》）这些感知的能力是人的天性，是人人具有的，故而在理论上必然是人人能够知道上述平等观与民生观的。

综上所述，荀子社会治理的基础伦理观可以包含平等观、民生观、自知观。也就是说，人人平等、人人具有生存发展的权利以及人人应该自觉到人人平等、人人具有生存发展的权利是天赋的伦理特征。无论在何种条件、何种境遇下，此三条特征都不能被抹除。

（二）天然的伦理关系

如果说基础伦理观是形式化的伦理观，那么这种形式化的伦理观落实在具体的境遇中就会产生具体的伦理关系。在荀子思想中，具体的伦理关系包含天然的伦理关系和人为的伦理关系。

天然的伦理关系是指形式化的基础伦理观落实在野蛮的、缺乏人文环境的状态中。荀子曰：

> 人无师无法而知，则必为盗，勇则必为贼，云能则必为乱，察则必为怪，辩则必为诞……无师法者，人之大殃也。人无师法，则隆性矣。（《荀子·儒效》）
>
> 人之生固小人，无师无法则唯利之见耳。人之生固小人，又以

遇乱世，得乱俗，是以小重小也，以乱得乱也。（《荀子·荣辱》）

荀子认为，如果人在一个没有师法礼乐的环境中，就容易放纵自己的天性欲望；如果这个环境还是一个混乱的时代，那么这种欲望的放纵会变得更无法收拾。放纵欲望的结果并不是基础伦理观的实现，反而是基础伦理观的毁灭。荀子曰：

万物同宇而异体，无宜而有用为人，数也。人伦并处，同求而异道，同欲而异知，生也。皆有可也，知愚同；所可异也，知愚分。势同而知异，行私而无祸，纵欲而不穷，则民心奋而不可说也。如是，则知者未得治也；知者未得治，则功名未成也；功名未成，则群众未县也；群众未县，则君臣未立也。无君以制臣，无上以制下，天下害生纵欲。欲恶同物，欲多而物寡，寡则必争矣。故百技所成，所以养一人也。而能不能兼技，人不能兼官。离居不相待则穷，群居而无分则争；穷者患也，争者祸也，救患除祸，则莫若明分使群矣。强胁弱也，知惧愚也，民下违上，少陵长，不以德为政。如是，则老弱有失养之忧，而壮者有分争之祸矣。事业所恶也，功利所好也，职业无分。如是，则人有树事之患，而有争功之祸矣。男女之合，夫妇之分，婚姻娉内，送逆无礼。如是，则人有失合之忧，而有争色之祸矣。故知者为之分也。（《荀子·富国》）

荀子认为，万物本性各不相同，但都可以满足人的生存欲望。人的本性是一样的，都要生存发展，但具体如何满足这种本性则会有智、愚的不同途径。如果大家一味地去放纵自己生存发展的欲望需求，而缺乏应有的管治，那么社会秩序就会崩溃，治理系统就会瓦解，每个人相应的定分就会失去效用。故实际上的定分就基于个体与个体之外所有人的争斗状态来维持。于是，老弱者会被消灭，年壮者则永远在斗争之中，男女的结合没有文明的礼节和稳定的关系，完全是武力的附属品。这样，人与人的斗争状态将永远没有宁日了。弱者的基础伦理观得不到保障，而强者的基础伦理观也只是在其暂时强大的时候得到维持，一旦年老体弱，则仍旧得不到保障。弱肉强食的斗争，导致平等观无法落实；财富、食物的掠夺，导致民生观无法落实；人人放纵情欲，导致自知观无法落实。因此，在天然的伦理关系中，每个人的基础伦理观都无法得到保证。故人不应该处于先天伦理关系中，而是要积极营造人为的伦理关系，从而保障基础伦理观的实现。

（三）人为的伦理关系

天然的伦理关系本身不够完美，故天性不足，需要人力继之。人为的伦理关系，就是人为改造天然的伦理关系的结果。荀子曰：

> 人之性恶。故古者圣人以人之性恶，以为偏险而不正，悖乱而不治，故为之立君上之执以临之，明礼义以化之，起法正以治之，重刑罚以禁之，使天下皆出于治，合于善也。是圣王之治而礼义之化也。今当试去君上之执，无礼义之化，去法正之治，无刑罚之禁，倚而观天下民人之相与也。若是，则夫强者害弱而夺之，众者暴寡而哗之，天下悖乱而相亡，不待顷矣。（《荀子·性恶》）

荀子指出，依循人的天然本性并不能获得良好的结果，故人的本性需要被圣王所制之礼乐所教化。

> 人无师法，则隆性矣；有师法，则隆积矣。而师法者，所得

乎积，非所受乎性。性不足以独立而治。性也者，吾所不能为也，然而可化也。积也者，非吾所有也，然而可为也。注错习俗，所以化性也；并一而不二，所以成积也。习俗移志，安久移质。并一而不二，则通于神明，参于天地矣。（《荀子·儒效》）

如果没有礼乐教化，人的先天本性就会占据行为的主导；如果有了礼乐教化，则人的本性之情欲就会被引导规范，而且长时期的引导规范就会成为自我遵守的习惯。这样，人为的实践就可以成就万物，其神妙之作用可以参与天地之功。于是，荀子提出了化性起伪的观点。荀子曰：

大天而思之，孰与物畜而制之！从天而颂之，孰与制天命而用之！望时而待之，孰与应时而使之！因物而多之，孰与骋能而化之！思物而物之，孰与理物而勿失之也！愿于物之所以生，孰与有物之所以成！（《荀子·天论》）

人之所以为人者，非特以二足而无毛也，以其有辨也。今夫猩猩形状亦二足而无毛也，然而君子啜其羹，食其胾。故人之所以为人者，非特以其二足而无毛也，以其有辨也。夫禽兽有父子，而无父子之亲，有牝牡而无男女之别。故人道莫不有辨。（《荀子·非相》）

欲谈化性起伪，先明天人之分。天人之分，就是性心之分。天为性，人为心。化性起伪之基础在于天生之性，始点在虑择之心。故对于天生之性，不需要膜拜经纬，希冀坐享其成，而是要将之作为需要改善之原材料来对待。对于虑择之性，要分辨出人与顺其自然的禽兽的差异，从而发挥人为的主动性。如此，才能用起伪之人力来变化先天之本性。

荀子所主张的人为的伦理关系，其根本之实质在于人为划分每个群体的定分。这样大家依照定分而行，相互配合协作，互通有无，就不会自相攻击，同归于尽。这种的定分划定必然不是某个人说了算的，而是应该以最高政权为保障的，故荀子提出圣王的制礼作乐，其曰：

故圣人化性而起伪，伪起而生礼义，礼义生而制法度；然则礼义法度者，是圣人之所生也。故圣人之所以同于众，其不异于众者，性也；所以异而过众者，伪也。夫好利而欲得者，此人之情性也。假之有弟兄资财而分者，且顺情性，好利而欲得，若是，则兄弟相拂夺矣；且化礼义之文理，若是，则让乎国人矣。故顺情性则弟兄争矣，化礼义则让乎国人矣。（《荀子·性恶》）

在荀子看来，圣人自己可以主动化性起伪，并且还能制礼作乐；而一般人则需要依照圣人的礼乐来帮助自己化性起伪。一般人若没有礼乐之协助，则很容易滑落到原始人性的自私自利的情欲之中，故而导致各类纷争；而一旦有了礼乐之协助，则很容易走向道德的常规。如此，基础伦理观的需求都可以在人为的伦理关系中得到保障。故人为的伦理关系是对基础伦理观的真正落实。

我们需要看到，基础伦理观在天然的伦理关系中没有得到实现，而只有在人为的伦理关系中才能获得实现。

首先，从平等观上看，荀子曰：

可以而不可使也。故小人可以为君子，而不肯为君子；君子可以为小人，而不肯为小人。小人君子者，未尝不可以相为也，然而不相为者，可以而不可使也。故涂之人可以为禹，则然；涂之人能为禹，则未必然也。虽不能为禹，无害可以为禹。足可以

> 遍行天下，然而未尝有遍行天下者也。夫工匠农贾，未尝不可以相为事也，然而未尝能相为事也。用此观之，然则可以为，未必能也；虽不能，无害可以为。然则能不能之与可不可，其不同远矣，其不可以相为明矣。（《荀子·性恶》）

在人为的伦理关系中，像禹一样的圣人具有最高人格，也是制礼作乐的圣王。虽然唯有圣王可以制礼作乐，其他人都被礼乐所教化，但是此圣王并非固定，而是人人皆可以成为禹一样的圣王。荀子认为，有的人虽然没有成为禹一样的圣王，但他材质上与圣王一样，只要自己努力也可以成为禹一样的圣王；就如同有某人从事工匠农贾中的此一行，就无法从事彼一行，但这并不是说他必然从事彼一行，而绝对无法从事此一行。如果某人将心力用在彼一行，那么仍旧可以从事彼一行。只是，人必须有分工，故有具体的区别，但是这种区别不是高低贵贱的不同。在可以成就最高圣人人格上，人人都是先天平等的。所以，荀子的思想中，无论是先天本性，还是后天人为的可能结果，在客观性上、形式化上都是人人平等的。而现实中的差异，则归咎于个体的主观差异。故而荀子之人为伦理关系，可以说是彻底落实了形式化的人人平等。

其次，从民生观上看，荀子曰：

> 千人万人之情，一人之情也。天地始者，今日是也。百王之道，后王是也。君子审后王之道，而论百王之前，若端拜而议。推礼义之统，分是非之分，总天下之要，治海内之众，若使一人。（《荀子·不苟》）
>
> 礼以顺人心为本，故亡于礼经而顺于人心者，皆礼也。（《荀子·大略》）

人为的伦理关系并没有改变人的本性，只是通过规范引导而普遍地成就了每个人的本性。人在人为的伦理关系中并不需要禁欲，也不需要寡欲，而只是在礼乐引导中对欲望进行调节，通过划定人之定分，从而保障在后天的伦理关系中民生问题得以解决。

再次，从自知观上看，荀子曰：

> 凡禹之所以为禹者，以其为仁义法正也。然则仁义法正有可知可能之理。然而涂之人也，皆有可以知仁义法正之质，皆有可以能仁义法正之具，然则其可以为禹明矣。今以仁义法正为固无可知可能之理邪？然则唯禹不知仁义法正，不能仁义法正也。将使涂之人固无可以知仁义法正之质，而固无可以能仁义法正之具邪？然则涂之人也，且内不可以知父子之义，外不可以知君臣之正。今不然。涂之人者，皆内可以知父子之义，外可以知君臣之正，然则其可以知之质，可以能之具，其在涂之人明矣。今使涂之人者，以其可以知之质，可以能之具，本夫仁义法正之可知可能之理，可能之具，然则其可以为禹明矣。今使涂之人伏术为学，专心一志，思索孰察，加日县久，积善而不息，则通于神明，参于天地矣。故圣人者，人之所积而致矣。（《荀子·性恶》）

荀子认为，人人都可以成为禹一样的圣人。虽然人人都因先天的本性而具有情感欲望，但同时人人也都有先天的思虑之心，凭借此思虑之心，人人只要自己努力，就可以摒除情感欲望的影响，从而可以获知父子之义、君臣之正的道理，并积善成习，养成禹一样的伟大人格。现实中之所以没有人人都成为圣人，并不是大家没有圣人的材具，不能自知父子之义、君臣之正，而是大家在主观努力上没有真正用心。故而在后天的伦理关系上，自知观是可以落实的。

由此看来，人为的伦理关系相较之于天然的伦理关系，可以更好地表现出基础伦理观的内容，故人的存在应该由天然的伦理关系向人为的伦理关系演进。实质上，荀子的基础伦理观是一种无法证实也无法证伪的价值预设①。平等观与民生观，近乎恕道；而自知观，近乎忠道。忠恕之道即仁道。荀子虽然没有标明超越的德性，但其基础伦理观中所隐含的预设，则已经暗藏了仁心的底色。故由天然的伦理关系发展至人为的伦理关系，其背后必然有仁爱精神的作用。

（四）礼乐制度下的道德

在荀子的系统中，道德不会存在于天然的伦理关系中，而是必然会存在于人为的伦理关系中。荀子从天人之分出发，讲化性起伪、明名分使群、隆礼重法，最后才能在礼乐制度下谈人的道德。荀子曰：

> 君子处仁以义，然后仁也；行义以礼，然后义也；制礼反本成末，然后礼也。三者皆通，然后道也。（《荀子·大略》）

荀子这里讲的仁义，都是既定的礼乐制度下的仁义。荀子认为，仁必须在义中表现才是真正的仁，义必须在礼中表现才是真正的义，礼则是要返本成末才能真正建立起来。所谓返本成末，不是如思孟学派那样返到超越的德性上，而是由人为的伦理关系返到天人之分、化性起伪上。由此理论阐述路径可知，有天人之分、化性起伪之后，才能有礼乐之制，有礼乐之制，才能有仁义道德。故荀子所谓的道德，不似思孟学派那样具有形上德性的基础。

---

① 如果有种学说，认为人与人先天不平等，有的人能够体悟真理，有的人绝对无法体悟真理。这样一种无法证实也无法证伪的价值预设也可以成为一种基础伦理观。在这样的基础伦理观下，社会治理就要保障能够体悟真理的人的利益，并且对于不能体悟真理的人群要实施“愚民”政策。

这些道德是建立在礼乐之制的前提下，故尊崇礼乐制度也成了任何美德之后最底层的美德。在尊崇礼乐的前提下，礼乐影响下的道德起码在形下表现上与孔、孟学说讲的道德没有什么差别。荀子曰：

> 不法礼，不足礼，谓之无方之民；法礼，足礼，谓之有方之士。（《荀子·礼论》）

法礼、足礼，是一般的老百姓以及官宦士人必须做到的行为。如果人连礼乐都不遵守，那就枉谈其他道德了。

> 亲亲、故故、庸庸、劳劳，仁之杀也；贵贵、尊尊、贤贤、老老、长长、义之伦也。行之得其节，礼之序也。（《荀子·大略》）

在礼乐制度下的人的德行，则完全与孔、孟学说中的德行一样，也有仁之杀、义之伦，秉持了一贯的儒家精神。只是这样儒家精神，更来自礼之序的作用，而非仁之扩充的作用。

三、治理措施

在先秦的其他思想家的治理思想中，伦理与治理的关系必然表现为伦理是治理的基础，治理是伦理的应用。而唯独在荀子思想中，治理是伦理的前提，伦理是治理的结果。其他思想家认为，伦理思想是治理原则与措施的思想根源，而在荀子那里，则有一定的差异。礼乐制度并不直接建立在性恶论的基础上，而是建立在思虑之心对性恶论加以衡量之后所作出独立的人为的决断上。比如梁涛认为："孟子以'仁'直接推求政治秩序之实现与荀子以'礼'为架构重建政治秩序，这两种看法实即一者由道德而说政治，一者由政治而说道德，前者表现为道德化的政治，后者表现为政治化的道德。”[①] 因此，对于荀子而言，唯有在礼乐制度的前提下，人才能继善成德而逐渐养成新的品德。荀子思想真正有效的社会治理措施乃是礼乐之治。

（一）礼乐之生成

关于礼乐之生成原则，荀子讲了三个条件，其曰：

> 礼有三本：天地者，生之本也；先祖者，类之本也；君师者，治之本也。无天地，恶生？无先祖，恶出？无君师，恶治？三者偏亡，焉无安人。故礼，上事天，下事地，尊先祖，而隆君师。是礼之三本也。（《荀子·礼论》）

生成礼乐的三个条件，一个是天地，一个是先祖，一个是君师。天地，是天生的部分，先祖、君师则是人成的部分。

天地是指天生的万物，荀子论天地曰：

> 今是土之生五谷也，人善治之则亩数盆，一岁而再获之。然后瓜桃枣李一本数以盆鼓，然后荤菜百蔬以泽量，然后六畜禽兽一而剸车；鼋鼍、鱼、鳖鳅、鳣以时别，一而成群，然后飞鸟凫雁若烟海，然后昆虫万物生其间，可以相食养者，不可胜数也。夫天地之生万物也，固有余，足以食人矣；麻葛、茧丝、鸟兽之羽毛齿革也，固有余，足以衣人矣。（《荀子·富国》）

在荀子看来，天地化生万物，虽然不知其何以如此，但就其已然如此来看，则天地生成的资源完全够人们去使用，这就是“天地者，生之本”的道理。

---

① 梁涛主编：《中国政治哲学史（第一卷）》，中国人民大学出版社 2017 年版，第 220 页。

先祖是族群的祖先，荀子论先祖曰：

> 王者天太祖，诸侯不敢坏，大夫士有常宗，所以别贵始；贵始得之本也。（《荀子·礼论》）

先祖基本上是指族群祖先。荀子的时代，人们祭祀上天的时候，以先祖配天，来纪念自身族群的起始源头。这种纪念，一层意义可以理解为纪念生物血缘意义上的源头，更有一层深义在于纪念族群文明的开端。殷人祭契，周人祭后稷，都不仅仅是纪念血缘意义，更有人文意义。也就是说，先祖本身就是圣人，已经开始礼乐之制，故族群才能不断发展，生生不息。但是，由于时代太远，具体的礼乐制度多不可考，即使可考也与当下的时代有所脱节了，故后世不能直接照搬先祖的礼乐制度。纪念先祖，就代表了对于自身族群文明开端的纪念，这就是“先祖者，类之本”的道理。

君师，是指可以成为师长的君王，也就是圣王，荀子论君师曰：

> 人生而有欲，欲而不得，则不能无求。求而无度量分界，则不能不争；争则乱，乱则穷。先王恶其乱也，故制礼义以分之，以养人之欲，给人之求。使欲必不穷乎物，物必不屈于欲。两者相持而长，是礼之所起也。（《荀子·礼论》）
>
> 圣人也者，道之管也：天下之道管是矣，百王之道一是矣。（《荀子·儒效》）

在荀子看来，在历史长河中，先王、后王等百王都具有共同的特征，他们都能用道来治理天下。而此治天下之道，就是在人的自然本性基础上，制礼作乐，明分使群。

荀子在其文章中，有先王、后王之说，其言先王有数处。在这些文献中，荀子对于先王未有明指，但标明了先王具有化性起伪、隆礼重法的先导作用。从荀子文章中多处对于尧、舜、禹、文、武、周公的赞赏上看，则先王大抵指尧、舜、禹、文、武、周公。

荀子所言之后王亦未有明指，其言：

> 辨莫大于分，分莫大于礼，礼莫大于圣王。圣王有百，吾孰法焉？故曰：文久而灭，节族久而绝，守法数之有司，极礼而褫。故曰：欲观圣王之迹，则于其粲然者矣，后王是也。彼后王者，天下之君也；舍后王而道上古，譬之是犹舍己之君，而事人之君也。故曰：欲观千岁，则数今日；欲知亿万，则审一二；欲知上世，则审周道；欲审周道，则审其人所贵君子。故曰：以近知远，以一知万，以微知明，此之谓也。（《荀子·非相》）

荀子认为，礼起于历代圣王。但古代的圣王与今世离得太远，其礼乐教化的具体方法已经难以保留。故而，与其师法遗迹难寻的先王，不如师法礼乐具存的后王。所以，想要探求三代之礼，更应该去考察周礼；想要考察周礼，更应该学习周礼熏陶下的圣人君子。此周礼熏陶下的圣人君子，就是后王。

那么，先王之礼乐与后王之礼乐有无差别呢？在荀子看来，礼乐具有客观性，虽然在各个世代有所损益，但基本精神是一致的。对于不同的圣人而言，基本精神都是一样的。因为圣人不能出于一己之私意来制礼作乐，荀子言：“公输不能加于绳墨，圣人不能加于礼。礼者，众人法而不知，圣人法而知之。”（《荀子·法行》）因此，无论先王、后王，其所传的礼乐精神，都属于“百王之无变，足以为道贯”（《荀子·天论》）的客观精神。

于是，荀子所谓“后王”，其实要达到与尧、舜、禹、文、武、周公等人一样的精神高度。梁启雄认为：“后王，未详；似是指总汇

‘百王’‘圣王政教’之迹的‘君师’，是一位理想的、‘德才兼备’的、有位或无位的圣人——王或素王。”[①] 这样的王或素王在周公之后而在荀子之前的，只有孔子了。蒋庆认为：“梁说虽未明言后王是孔子，然其言后王是君师、是圣人、是素王，孔子已呼之欲出矣……孔子为王不只是公羊家的看法，也是春秋至秦汉七百年间中国人的共识。孔子不仅有为王的意思表示——易彼天下滔滔代周而王之意，更作《春秋》当新王以《春秋》王天下。正是因为这一原因，孔门后学及后人才推举孔子为王。就连反对公羊家的古文学，也不能否认孔子为王，由此可见孔子为王在当时已深入人心，孔子在人们心目中是一位代表人类文化为后世制法的圣王、文质兼通之王。”[②] 由此，荀子可以说：“道过三代谓之荡，法二后王谓之不雅。”（《荀子·儒效》）君主所行之道，要么效法三代之先王，要么效法作为后王之孔子。尤其是在效法后王上，除孔子之外，没有其他后世的君王可以作为效法的模范。然而究其实质，先王与后王，“百王之道一是矣”，其本质是一样的。

（二）治理之措施

在礼乐制度下，社会治理主要在于政府主导，荀子曰：

> 故君人者，欲安，则莫若平政爱民矣；欲荣，则莫若隆礼敬士矣；欲立功名，则莫若尚贤使能矣。——是人君之大节也。三节者当，则其余莫不当矣。三节者不当，则其余虽曲当，犹将无益也。（《荀子·王制》）

荀子指出了治理的三条途径：平政爱民、隆礼敬士、尚贤使能。

---

① 梁启雄：《荀子简释》，中华书局1983年版，第52—53页。
② 蒋庆：《公羊学引论》，福建教育出版社2014年版，第113页。

如果直接从治理措施分类，则隆礼可以归为平政爱民，敬士可以归为尚贤使能。而平政爱民，具体的措施又可以细分为三类，即物质的保障、文化的影响、制度的奖惩。尚贤使能则主要表现人才的选拔，其具体对应如表 4－1 所示。

表 4－1　治理措施对应表

平政爱民（包含隆礼）	物质的保障
	文化的影响
尚贤使能（包含敬士）	制度的奖惩
	人才的选拔

1. 物质的保障

物质的保障主要体现在民生问题上。荀子认为，自然资源如果运用得当，可以满足整个社会的生产生活需要。荀子曰：

北海则有走马吠犬焉，然而中国得而畜使之。南海则有羽翮、齿革、曾青、丹干焉，然而中国得而财之。东海则有紫紶、鱼盐焉，然而中国得而衣食之。西海则有皮革、文旄焉，然而中国得而用之。故泽人足乎木，山人足乎鱼，农夫不斫削、不陶冶而足械用，工贾不耕田而足菽粟。故虎豹为猛矣，然君子剥而用之。故天之所覆，地之所载，莫不尽其美，致其用，上以饰贤良，下以养百姓而安乐之。（《荀子·王制》）

仁人在上，则农以力尽田，贾以察尽财，百工以巧尽械器，士大夫以上至于公侯，莫不以仁厚知能尽官职。夫是之谓至平。故或禄天下，而不自以为多，或监门御旅，抱关击柝，而不自以为寡。（《荀子·荣辱》）

作为治理者，其所做的事情就是依礼而行，治理者本身不能敛财，而要一心为公，荀子曰：

> 义胜利者为治世，利克义者为乱世。上重义则义克利，上重利则利克义。故天子不言多少，诸侯不言利害，大夫不言得丧，士不通货财。有国之君不息牛羊，错质之臣不息鸡豚，冢卿不修币，大夫不为场园，从士以上皆羞利而不与民争业，乐分施而耻积藏。然故民不困财，贫窭者有所窜其手。（《荀子·大略》）

在上位者本身就掌握着治理权的优势，一旦贪财好利，那么社会的资源必然会被上位者所榨取，社会生活会变得萧条不堪。因此，在上位者不能与民争利，而是要保证社会的富庶。保证富庶的措施主要表现为两个方面。其一，减轻赋税，勿夺农时。荀子曰：

> 轻田野之赋，平关市之征，省商贾之数，罕兴力役，无夺农时，如是则国富矣。夫是之谓以政裕民。（《荀子·富国》）

其二，富庶其民，导之礼义。荀子曰：

> 不富无以养民情，不教无以理民性。故家五亩宅，百亩田，务其业，而勿夺其时，所以富之也。立大学，设庠序，修六礼，明七教，所以道之也。（《荀子·大略》）

减轻赋税、勿夺农时是减少民众的经济负担，富庶其民、导之礼义是增加民众的财富，从而可以进一步引导民众进行道德的生活。

2. 文化的影响

文化的影响是用礼乐来修饰自然之事物，由质而变文，通过润物细无声的作用以人文的意义来感化人们的心灵。文化的影响主要依靠礼乐来实施，此处的礼主要是指柔性的礼俗，荀子曰：

> 礼者，谨于治生死者也。生，人之始也；死，人之终也；终

始俱善，人道毕矣。(《荀子・礼论》)

凡礼，事生，饰欢也；送死，饰哀也；祭祀，饰敬也；师旅，饰威也。(《荀子・礼论》)

人的一生，从出生到死亡，本来可以与动物的一生无异，这是天生之性。但是，人之所以为人，在于人成之提升。故虽然人之材质上仍旧是由生到死，然而人生之意义，则在于人为之修饰。人在生命的流变之中，通过礼仪来提升自己的生命感悟，故此情感就不仅仅限于天然之情性，而是具有永恒的人文内涵。比如，对于祭祀之礼，荀子曰：

祭者，志意思慕之情也。忠信爱敬之至矣，礼节文貌之盛矣，苟非圣人，莫之能知也。圣人明知之，士君子安行之，官人以为守，百姓以成俗；其在君子以为人道也，其在百姓以为鬼事也。(《荀子・礼论》)

祭祀的目的在于思慕逝者，其重点并不在事鬼祈福。故为政者需要以道德的思慕义来举办祭礼，逐渐转变百姓事鬼祈福的功利心，而将之转化为追思感恩的道德心。

礼乐之制还包含乐。乐在狭义上是指音乐，而在广义上则是指和谐的文化影响，荀子曰：

夫乐者，乐也，人情之所必不免也。故人不能无乐，乐则必发于声音，形于动静；而人之道，声音动静，性术之变尽是矣。故人不能不乐，乐则不能无形，形而不为道，则不能无乱。先王恶其乱也，故制雅、颂之声以道之，使其声足以乐而不流，使其文足以辨而不諰，使其曲直、繁省、廉肉、节奏足以感动人之善心，使夫邪污之气无由得接焉……乐在宗庙之中，君臣上下同听之，则莫不和敬；闺门之内，父子兄弟同听之，则莫不和亲；乡里族长之中，长少同听之，则莫不和顺。故乐者审一以定和者也，比物以饰节者也，合奏以成文者也；足以率一道，足以治万变。（《荀子·乐论》）

乐者，天下之大齐也，中和之纪也，人情之所必不免也。（《荀子·乐论》）

荀子认为，乐教可以在宗庙、闺门、乡里等区域进行。也就是说，无论公私领域都可以进行音乐的教化。音乐可以用来协调人们的情感，使人们在各自的差异中保持群体间的和谐关系。

乐也者，和之不可变者也；礼也者，理之不可易者也。乐合同，礼别异，礼乐之统，管乎人心矣。穷本极变，乐之情也；著诚去伪，礼之经也。（《荀子·乐论》）

礼是分出差别，乐是和谐融合。如果光有礼而没有乐，则社会只有森严的等级差别，而没有相互感通的合作；如果光有乐而没有礼，则社会只有和光同尘的混同，而没有差异化的分工。故礼乐的实施，可以产生君子和而不同的状态，社会在共通的价值观下，有分工有合作，向着一致的目标奋进。

3. 制度的奖惩

制度的奖惩是一种硬性的治理措施，其目的在于维护礼法赋予的定分之位的权威性。

定分之位是化性起伪的结果，是每个个体必须遵守的行为界限，如果定分之位一旦失守，社会就有倒退回丛林状态的可能。故而，为政者需要用强制手段维护定分的实施。荀子曰：

勉之以庆赏，惩之以刑罚。安职则畜，不安职则弃。（《荀

子·王制》)

以善至者待之以礼，以不善至者待之以刑。两者分别，则贤不肖不杂，是非不乱。贤不肖不杂，则英杰至，是非不乱，则国家治。(《荀子·王制》)

对于定分之位中的个体而言，其在定分之位上恪尽职守，就要给予奖赏；如果玩忽职守，则要给予惩处。如果此人德能超过了其原本的职位，则要赋予其更高的职位；如果此人德能败坏，无法承担其原本的职位之责，则要罢免他的官职。

荀子认为，定分之位的维护不但要有奖惩，还要做到赏罚得当，荀子曰：

凡爵列、官职、赏庆、刑罚，皆报也，以类相从者也。一物失称，乱之端也。夫德不称位，能不称官，赏不当功，罚不当罪，不祥莫大焉。……刑称罪，则治；不称罪，则乱。故治则刑重，乱则刑轻，犯治之罪固重，犯乱之罪固轻也。(《荀子·正论》)

刑当罪则威，不当罪则侮；爵当贤则贵，不当贤则贱。古者刑不过罪，爵不逾德。(《荀子·君子》)

刑罚要和罪过相符，既不能重于罪过，也不能轻于罪过。同样道理，奖赏也要和功劳相符，既不能重于功劳，也不能轻于功劳。如果做不到赏当功，罚当罪，社会治理就容易混乱。

赏不欲僭，刑不欲滥。赏僭则利及小人，刑滥则害及君子。若不幸而过，宁僭勿滥。与其害善，不若利淫。(《荀子·致士》)

荀子还指出，万一有赏罚不当的过失，那么情愿赏得多，也不要罚得多。因为，赏得多只是奖赏了不该奖赏的人，属于无功受禄；而罚得多则会惩罚不该惩罚的人，属于无过受罚。前者是提升事项上的缺失，而后者则是底线事项上的缺失。提升事项上的缺失对于社会道德的危害较小，易于弥补，而底线事项上的缺失对于社会道德的危害较大，遗患无穷，故执政者之判决需要慎之又慎。

4. 人才的选拔

上述物质的保障、文化的影响、制度的奖惩，都需要人去实施。故而君主挑选有德有能之人来辅助治理，就显得十分重要。荀子曰：

> 有乱君，无乱国；有治人，无治法，羿之法非亡也，而羿不世中；禹之法犹存，而夏不世王。故法不能独立，类不能自行；得其人则存，失其人则亡。法者，治之端也；君子者，法之原也。故有君子，则法虽省，足以遍矣；无君子，则法虽具，失先后之施，不能应事之变，足以乱矣。不知法之义，而正法之数者，虽博临事必乱。故明主急得其人，而暗主急得其执。急得其人，则身佚而国治，功大而名美，上可以王，下可以霸；不急得其人，而急得其执，则身劳而国乱，功废而名辱，社稷必危。故君人者，劳于索之，而休于使之。（《荀子·君道》）

在荀子看来，治理天下需要君臣做好不同的分工。良法再好，也需要人去实施。倘若没有贤能之士，则君主事必躬亲也管不过来天下的事情，良法实际上也没有真正地落实下去。只有招纳了充足的贤能之士，那么君主才能从具体而繁琐的治理工作中脱身出来。君主所需要做的，不是从事具体的治理工作，而是做好人才的选拔，荀子曰：

> 愿悫拘录，计数纤啬，而无敢遗丧，是官人使吏之材也。修饬端正，尊法敬分，而无倾侧之心，守职修业，不敢损益，可传世也，而不可使侵夺，是士大夫官师之材也。知隆礼义之为尊君也，知好士之为美名也，知爱民之为安国也，知有常法之为一俗

也，知尚贤使能之为长功也，知务本禁末之为多材也，知无与下争小利之为便于事也，知明制度，权物称用之为不泥也，是卿相辅佐之材也，未及君道也。能论官此三材者而无失其次，是谓人主之道也。（《荀子·君道》）

君主需要学会识人，顺应人们不同的德行才干而赋予其不同的官职。依循着礼法，选定了人才，君主把握大方向，大臣去做具体工作，如此就可以达到君逸臣劳、纲举目张的效果。

在上述四项治理措施的应用下，社会治理就会呈现出井然有序的景象。荀子曰：

隆礼至法则国有常，尚贤使能则民知方，纂论公察则民不疑，赏克罚偷则民不怠，兼听齐明则天下归之；然后明分职，序事业，材技官能，莫不治理，则公道达而私门塞矣，公义明而私事息矣。如是，则德厚者进而佞说者止，贪利者退而廉节者起。（《荀子·君道》）

蔡仁厚先生言："重群、重分、重义，隆礼义而杀诗书，知统类而一制度，皆是客观精神之显示。"[①] 荀子的社会治理措施皆是从一客观普遍之精神而来，由之而处理人与人的主体间关系，充分显示了其外显的王道政治的客观精神。

---

① 蔡仁厚：《孔孟荀哲学》，第472页。

四、治理秩序

荀子之治理秩序，主要表现在两方面。其一，侧重隆礼重法中“法”的成分，在公共领域中进行定分，成就政治秩序；其二，侧重制礼作乐中“乐”的成分，在私人领域中进行德化，成就道德秩序。

（一）公共领域中的政治秩序

定分是制礼作乐最为重要的部分，其要义在于控制天生之情性，将之导入合理的范围内。合理的范围如何获得？荀子认为，真正的大儒可以“知通统类”（《荀子·儒效》）。曾春海指出：“类具有条理义。类与类之间有互相连属之纵的层面与横的层面，依其相互关联的秩序可结合为一整体的系统，称之为‘统类’。”[①] 统类是划分社会群体的标准。如果继续追问这种标准是如何定的，那么依照荀子的理论系统，只能说这种标准来自圣王之知，也就是心灵在虚壹而静状态下的思虑。

圣王在此知的作用下获得统类的理解，并进而付诸实施，对社会进行划分。荀子曰：

> 先王案为之制礼义以分之，使有贵贱之等、长幼之差，知愚能不能之分，皆使人载其事，而各得其宜。然后使谷禄多少厚薄之称，是夫群居和一之道也。故仁人在上，则农以力尽田，贾以察尽财，百工以巧尽械器，士大夫以上至于公侯，莫不以仁厚知能尽官职。夫是之谓至平。故或禄天下，而不自以为多，或监门御旅，抱关击柝，而不自以为寡。（《荀子·荣辱》）

---

① 曾春海：《中国哲学史纲》，五南图书出版股份有限公司 2012 年版，第 72 页。

定分，就是要确定每个群体的权利与义务，从而使群体与群体之间可以相互合作，互通有无。这种定分所表现的场域，既有公共领域，又有私人领域。但其主要的治理作用，则在公共领域。在荀子所处的时代，公共领域的治理，最为重要的决定因素是君王与大臣。故荀子对于君臣之定分着墨较多。一方面，君臣分职；另一方面，从道不从君。

就君臣分职而言，荀子作出了君、相、大臣、百工的区别。这里的君，不是理想中的圣王，而是现实中的君主。依照荀子所说的圣王所定之礼制，处于君位的王，不需要亲自做太多事情，荀子曰：

> 道者，非天之道，非地之道，人之所以道也，君子之所道也。君子之所谓贤者，非能遍能人之所能之谓也；君子之所谓知者，非能遍知人之所知之谓也；君子之所谓辩者，非能遍辩人之所辩之谓也；君子之所谓察者，非能遍察人之所察之谓也：有所止矣。……若夫谪德而定次，量能而授官，使贤不肖皆得其位，能不能皆得其官，万物得其宜，事变得其应，慎墨不得进其谈，惠施、邓析不敢窜其察，言必当理，事必当务，是然后君子之所长也。（《荀子·儒效》）

上述文献中的君子，实则指通常情况中的君主。因为理想中的圣王，百世而难遇，而通常现实中的君王，都是中等平庸之才。这些平庸之才，不需要自己达到虚壹而静，只要依照圣王所定之礼乐实施即可。在实施礼乐时，君王不负责具体礼乐的运行，只要不以自己的私意来干涉礼乐的运行即可。因此，具体礼乐的运行，其责就在于卿相，荀子曰：

> 人主不可以独也。卿相辅佐，人主之基杖也，不可不早具

也。故人主必将有卿相辅佐足任者，然后可。（《荀子·君道》）

卿相是总揽事务大局的，而卿相以下的大臣则是负责各类具体分工的，荀子曰：

序官：宰爵知宾客、祭祀、响食牺牲之牢数。司徒知百宗、城郭、立器之数。司马知师旅、甲兵、乘白之数。修宪命，审诗商，禁淫声，以时顺修，使夷俗邪音不敢乱雅，大师之事也。修堤梁，通沟浍，行水潦，安水臧，以时决塞，岁虽凶败水旱，使民有所耘艾，司空之事也。相高下，视肥墝，序五种，省农功，谨蓄藏，以时顺修，使农夫朴力而寡能，治田之事也。修火宪，养山林薮泽草木、鱼鳖、百素，以时禁发，使国家足用，而财物不屈，虞师之事也。顺州里，定廛宅，养六畜，闲树艺，劝教化，趋孝弟，以时顺修，使百姓顺命，安乐处乡，乡师之事也。论百工，审时事，辨功苦，尚完利，便备用，使雕琢文采不敢专造于家，工师之事也。相阴阳，占祲兆，钻龟陈卦，主攘择五卜，知其吉凶妖祥，伛巫跛击之事也。修采清，易道路，谨盗贼，平室律，以时顺修，使宾旅安而货财通，治市之事也。抃急禁悍，防淫除邪，戮之以五刑，使暴悍以变，奸邪不作，司寇之事也。本政教，正法则，兼听而时稽之，度其功劳，论其庆赏，以时慎修，使百吏免尽，而众庶不偷，冢宰之事也。论礼乐，正身行，广教化，美风俗，兼覆而调一之，辟公之事也。全道德，致隆高，綦文理，一天下，振毫末，使天下莫不顺比从服，天王之事也。故政事乱，则冢宰之罪也；国家失俗，则辟公之过也；天下不一，诸侯俗反，则天王非其人也。（《荀子·王制》）

分工的实际操作，则是由百工、农贾等人来实施。荀子曰：

> 农分田而耕，贾分货而贩，百工分事而劝，士大夫分职而听，建国诸侯之君分土而守，三公揔方而议，则天子共己而已矣。出若入若，天下莫不平均，莫不治辨，是百王之所同也，而礼乐之大分也。（《荀子·王霸》）

这样一来，就由君、相、臣、百工建立起了一个秩序井然、相互合作的有序社会。

就从道不从君而言，君臣之分位，其目的是实现基础伦理观，而不是成就某个人的私欲。如果处于君位的个体放纵其私欲，影响到别人的生存与发展，那就相当于破坏了道的约定，这个时候，大臣就要从道不从君，从维护道的立场来督促君主不要逾越君主定分的界限。荀子曰：

> 君有过谋过事，将危国家陨社稷之惧也。大臣父兄，有能进言于君，用则可，不用则去，谓之谏；有能进言于君，用则可，不用则死，谓之争；有能比知同力，率群臣百吏而相与强君挢君，君虽不安，不能不听，遂以解国之大患，除国之大害，成于尊君安国，谓之辅；有能抗君之命，窃君之重，反君之事，以安国之危，除君之辱，功伐足以成国之大利，谓之拂。……传曰："从道不从君。"（《荀子·臣道》）
>
> 入孝出弟，人之小行也。上顺下笃，人之中行也；从道不从君，从义不从父，人之大行也。若夫志以礼安，言以类使，则儒道毕矣。（《荀子·子道》）

荀子从道不从君的思想，指明了君主之定分只是整体社会秩序中的一个组成部分，君主个体不能跨越定分的限制。无论君主还是臣民，任何个体都要在道的意义上尊崇礼乐制度下定分的限定。一旦某个个体逾越了限定，任何人都有权力站出来维护礼乐秩序，这就是“从道”的精神。

（二）私人领域中的道德秩序

教化是为了促进人的道德。但道德说到底是个体自己的事情，容不得外在的强制。在荀子的思想中，道德的成立，必然是虚壹而静的心灵摆脱天生之性的情欲的诱惑，而选择一种善。这种善可以有两种来源，一种来自礼乐之教，一种来自心灵隐藏的仁心的底色。

从来自礼乐之教来看，礼乐制度规定了哪些是善，哪些是恶，并对善行进行奖赏，对恶行就进行惩处。如果人是贪图奖赏，或者说是厌恶惩处，而选择了善，那么这种善就是被动的伪善，不是纯粹的善。因为一旦去掉外在的奖惩措施，这种善也就随之而消失了。如果人选择善，并不是贪图奖赏、厌恶惩处，而是自己虚壹而静的心灵自我主宰的自由选择，那么这种状态可以称为真正的善。

从来自心灵隐藏的仁心的底色来看，这种底色的凸显，必然是在心灵达到虚壹而静大清明状态后的结果，此时的心灵必然呈现自由的主宰状态，故此状态下的善也是真正的善。

其实，我们结合前面仁心底色与礼乐之制的关系来看，仁心底色正是礼乐之制走向儒家色彩的关键因素，如果没有仁心底色的作用，制度化的建构完全可能走向现实中法家式的实践模式。故而，隐藏的仁心底色与显现的礼乐之制，其实是体用的关系。故直接从仁心底色出发固然是善，而从礼乐之制出发的善，其实仍是仁心底色在虚壹而静中对于礼乐之制的认可，故其本源仍旧是仁心底色。

然而，在荀子的道德秩序中，我们可以看到有两种不同的进路，一种是自由自主的进路，另一种则是外在他律的进路。自由自主的进路，如下：

> 见善，修然必以自存也；见不善，愀然必以自省也。善在身，介然必以自好也；不善在身，灾然必以自恶也。(《荀子·修身》)
>
> 学之经莫速乎好其人，隆礼次之。(《荀子·劝学》)

“好之”的主观志向是最重要的，而礼义之客观要求反而次要。这样的表述十分类似孟子。荀子理论中的好善之心，必然出自仁心底色才能成立。故这样自觉的进路所成就的状态，可以视为纯粹的道德秩序。

但是，荀子还有一条外在他律的进路，其表现如下：

> 朝廷必将隆礼义而审贵贱，若是，则士大夫莫不敬节死制者矣。百官则将齐其制度，重其官秩，若是，则百吏莫不畏法而遵绳矣。关市几而不征，质律禁止而不偏，如是，则商贾莫不敦悫而无诈矣。百工将时斩伐，佻其期日而利其巧任，如是，则百工莫不忠信而不楛矣。县鄙则将轻田野之税，省刀布之敛，罕举力役，无夺农时，如是，农夫莫不朴力而寡能矣。士大夫务节死制，然而兵劲。百吏畏法循绳，然后国常不乱。商贾敦悫无诈，则商旅安，货通财，而国求给矣。百工忠信而不楛，则器用巧便而财不匮矣。农夫朴力而寡能，则上不失天时，下不失地利，中得人和，而百事不废。是之谓政令行，风俗美。以守则固，以征则强，居则有名，动则有功。(《荀子·王霸》)

在朝廷礼乐的强行制约下，任何个体都被迫去做道德应然的事情。这种德性是不自由的，表面上看虽然井然有序，实质上属于他律道德。他律道德仅仅是一种手段，长此以往，甚至会将道德问题政治化，将道德变成不得不如此的强制性命令。梁涛认为：“由于荀子之心目紧紧绞固于政治秩序的实现，道德因此不免沦为维护政治的手段，乃至常常以政治的方式来处理道德问题，其结果则导致对专制政治的强化、对自由和批判精神的扼杀。”① 荀子曰：

> 人无法，则伥伥然；有法而无志其义，则渠渠然；依乎法，而又深其类，然后温温然。（《荀子·修身》）
>
> 怒不过夺，喜不过予，是法胜私也。（《荀子·修身》）

我们需要清醒地认识到，法胜私的私，必然是突破法律底线的私，而不能是在定分范围内自由意志产生的多种可能的私。对于后者而言，意志的自由行使，才是证成人的道德意志的真正保障。

因此，我们可以说，定分是政治秩序，它是强制的，故只能限定一个底线。除底线是强制的之外，底线以上的范围则是宽松的。教化是道德秩序，道德需要自由选择，故道德秩序必然在政治秩序的底线范围之内，大家可以选择这么做，也可以选择那么做。在这种情况下，道德秩序不能进行强制，而只能进行柔性地引导。在荀子的思想中，两种秩序都有，虽然道德秩序仍旧具有其独立性，但是政治秩序已经或多或少地在侵犯道德秩序。如果这种侵犯达到极致，就会迎来法家思想的诞生——道德秩序独立性的彻底消失，道德秩序完全等同于政治秩序。

（三）政治秩序与道德秩序的互动关系

虽然政治秩序偏向于公共领域，而道德秩序偏向于私人领域，但是这两者并非完全无关。如果我们摒弃荀子思想中道德秩序类同化为政治秩序的危险倾向，那么我们还可以在荀子思想中找到两种较为健

---

① 梁涛主编：《中国政治哲学史（第一卷）》，第239页。

康的互动关系。

其一，普遍的仁心底色的道德基础奠定政治秩序。

前面说过，荀子的基础伦理观符合忠恕之道，具有仁心之底色。如果没有仁心底色这一隐藏的条件，化性起伪、隆礼重法没有走向儒家礼乐之制的必然性，而是完全可能会走上法家的道路。

> 上莫不致爱其下，而制之以礼。（《荀子·王霸》）
>
> 人主仁心设焉，知其役也，礼其尽也，故王者先仁而后礼，天施然也。（《荀子·大略》）

在这几段不多的文献中，荀子将仁爱置于礼乐之先，故此仁爱不是礼乐节制中的仁爱，而是促成礼乐建立的仁爱。此仁爱给予政治秩序建立的方向，促使其在平等观、民生观以及自知观上构建儒家式的政治秩序。也就是说，基础伦理观而非天然的伦理关系构建了礼乐制度。

其二，个体私人道德水平决定其所处的定分之位。

在已经构建的礼乐制度下，各个群体已经具有了相应的定分之位。那么作为个体，其必然在某个定分之位中。依照荀子的思想，这种定分之位本身虽然固定，但个体之人在其定分之位中却不是固定的。荀子曰：

> 天之生民，非为君也；天之立君，以为民也。故古者，列地建国，非以贵诸侯而已；列官职，差爵禄，非以尊大夫而已。（《荀子·大略》）
>
> 德必称位，位必称禄，禄必称用，由士以上则必以礼乐节之，众庶百姓则必以法数制之。（《荀子·富国》）

各种定分之位的设定是为了天下，不是为了君位，也不是为了臣位。而具体的个体，则必须有相应的德行才能被安置在相应的定分之位上，此为德位相配。如果在位者德不配位，就应该换上其他德位相配者。荀子曰：

> 虽王公士大夫之子孙也，不能属于礼义，则归之庶人。虽庶人之子孙也，积文学，正身行，能属于礼义，则归之卿相士大夫。（《荀子·王制》）

贵族的后代，如果没有相应的德行，就不能继续担任官职；庶人的后代，如果具有相应的德性，就可以担任官职。

> 汤武之诛桀纣也，拱挹指麾，而强暴之国莫不趋使，诛桀纣若诛独夫。故泰誓曰："独夫纣。"此之谓也。（《荀子·议兵》）

如桀纣一样的君主没有君主的德行，故虽在君位而无君主之实，仅仅为个体的存在，此为独夫。独夫而处君位，应该换置其君。这样的思想指导原则无疑是正确的，只是换置其君似乎缺乏一种和平而有序的方式，只能以汤武革命的暴力方式来进行，由此而消耗掉大量的社会资源，此为荀子以及其他先秦儒者共同存在的历史局限。

荀子的社会治理思想，是先秦儒学中颇具客观精神的治理体系。它不同于思孟学派建基于主体内在德性的治理系统，而是以一外在普遍而客观的标准来规范人与人的差异性关系，从而希冀获得整体性的和谐。荀子这一系统，较之思孟系统更具有现实的适用性。而且，由于其礼乐之教的建立，背后仍旧隐藏着儒家忠恕之道的情怀，故其礼乐之制的特征仍旧是儒家式的。然而，当其后继者彻底放弃儒家仁道之情怀时，则参照荀子之思路所建立起来的治理系统，必然会走上"以吏为师"的法家路径。

第五章
老子的社会治理思想

老子是中国思想史上地位仅次于孔子的伟大思想家。但由于年代久远，其事迹多不可考，即使是在司马迁的《史记》里也语焉不详。冯友兰认为："司马迁作《史记》，误以李耳及传说中之老聃为一人。其实《老》学（即现在《老子》书中所讲之学）之首领，战国时之李耳也。传说中之'古之博大真人'，乃老聃也。老聃之果为历史的人物与否不可知，但李耳之籍贯家世，则司马迁知之甚确。"① 在冯友兰看来，《老子》一书并不是孔子之前的老聃所作，而应该是战国时期以李耳为代表的道家学派所作："一则孔子以前，无私人著述之事，故《老子》不能早于《论语》。二则《老子》之文体，非问答体，故应在《论语》、《孟子》后。三则《老子》之文，为简明之'经'体，可见其为战国时之作品。"②

此外，就《老子》的文本而论，亦有多个版本。除了古代较为通行的王弼本《老子》外，近代以来通过考古发掘也发现了其他多个版本，有郭店楚简本、马王堆帛书甲乙本、北大汉简本等。这些版本与通行的王弼本相比，在上下篇的次序以及个别用字上具有差异。比如：马王堆汉墓出土的帛书《老子》甲乙本，上篇为"德"，下篇

① 冯友兰：《中国哲学史》，华东师范大学出版社2015年版，第100页。
② 同上。

为"道"，与今本正好相反，虽有部分用词不同，但内容大致一样。北大西汉竹简《老子上下经》，也是上篇为"德"，下篇为"道"，内容上更接近今本。

由于《老子》之作者较为模糊，故本文之老子主要指《老子》一书的作者，若依照冯友兰之说法，则大致为战国时之李耳。而《老子》之文本，则以通行的王弼本为基础。

一、治理本体

老子的治理思想以其自然为宗的本体思想为基础。故而，厘清老子的治理本体，是理解其治理思想之关键。

（一）自然之意

在老子思想中，最为核心的关键词是"自然"。老子思想的一切建构皆从"自然"思想中引申而出，故关于"自然"的厘定就显得十分重要。"自"，《说文》曰"鼻也，象鼻形"，段玉裁注曰"此以鼻训自"①，以指鼻而自称。"然"，《说文》曰"烧也"，段玉裁注曰"通假为语词，训为如此"②，是表示"像这样"的语词。因而，"自然"的字面意思就是"自身那个样子"。

在《老子》一书中，"自然"在文献中出现了五次。

> 太上，下知有之；其次，亲而誉之；其次，畏之；其次，侮之。信不足，焉有不信焉。悠兮，其贵言。功成事遂，百姓皆谓

---

① 段玉裁：《说文解字注》，第136页。
② 同上书，第480页。

我自然。（《道德经·第十七章》）

这一章所讲的自然是指无为而治下百姓的功成事遂，都是百姓各自顺着其自我本身而成就的。

希言自然，故飘风不终朝，骤雨不终日。（《道德经·第二十三章》）

希言自然者，大音希声也，即真正的自然不会在自我本身的开展之外，再特意去额外地表现自己。如果特意表现而过分了，就如狂风暴雨那样，虽然一时猛烈，但很快就会物极必反。

道大，天大，地大，王亦大。域中有四大，而王居其一焉。人法地，地法天，天法道，道法自然。（《道德经·第二十五章》）

所谓"大"，是道的功效。道是先秦各家通用的表达，通过借用道路之道来表述最高真理。如孔、孟谈道，以仁义作为道的内容。而老子谈道，则以自然作为道的内容。道法自然，指道没有自己的方向，道的方向就是万物自身的方向。王弼曰："法自然者，在方而法方，在圆而法圆，于自然无所违也。"[①] 如此，天、地、人也是这样，天顺着万物自身的方向来覆盖万物，地顺着万物自身的方向来承载万物[②]，人顺着万物自身的方向来对待万物。这样顺万物自身之人，就是王。

---

① 王弼著，楼宇烈校释：《老子道德经注》，载《王弼集校释》，中华书局1980年版，第65页。

② 天地也是顺着万物之自性而无自身之作为，比如："天长地久。天地所以能长且久者，以其不自生，故能长生。是以圣人后其身而身先；外其身而身存。非以其无私耶？故能成其私。"（《道德经·第七章》）

> 道之尊，德之贵，夫莫之命常自然。（《道德经·第五十一章》）

道是普遍而广泛地说，德是落实在主体上说。道本身没有特定的方向，顺着万物而来；那么德亦没有特定的方向，顺着万物而来。故尊道而贵德，实在没有一个外在的命定的东西来强制万物变化，万物是永远顺着自我本身去变动的。

> 圣人欲不欲，不贵难得之货；学不学，复众人之所过，以辅万物之自然，而不敢为。（《道德经·第六十四章》）

圣人为了悟道家精神的治理者，他在治理上没有任何来自自己的强制性主张，而顺着人自身的方向成就他们。

由上述五条关于“自然”的陈述来看，自然的直接意思与文字学上“自身那个样子”基本一致。在老子的语境中，自然并非高于道的形上实体，反而是道的功效。王邦雄认为：“凡此各说，皆未以自然为一实体。且道既为独立不改，此独立就是不依他而自在之意，故道法自然，道之上并未有一‘自然’之更高的形上实体在。”① 自然是指即万物自身而成就之。可以就万物自身谈自然，也可以就治理者顺着自身来治理而谈自然，甚至可以就此事件过程本身来谈自然。

（二）何为自身

既然道家之自然要回到万物自身，那何谓万物自身呢？从上述对于自然的表述中，可以看出，外在的治理者不能将自己的意志强加到万物身上，要“为而不恃，长而不宰”（《道德经·第十章》）。那么，如果没有其他主体将己意加之于其上，是否就达到自然了呢？其

① 王邦雄：《老子的哲学》，东大图书股份有限公司2004年版，第87页。

实未必，除了外在的强制，主体自身造作的意念，也能使自己偏离自身的自然状态，比如：

> 五色令人目盲；五音令人耳聋；五味令人口爽；驰骋田猎，令人心发狂；难得之货，令人行妨。（《道德经·第十二章》）

各种颜色、声音、味道、娱乐活动、珍稀之物都会刺激人的感官欲望，激发人的非分之想，从而让人偏离自身的轨道，落入不自然的境地。其实，我们可以将五色、五音等与他人的强制干涉（无论善意恶意）一概视为处于主体之外的影响，而这种影响最终会导致主体内在意念的混乱，从而使主体自身作出不符合其自身的行为。

由此，所谓自身，既不可以是主体被他人命令的言行，亦不可以简单地视作主体自身在表面上所呈现出来的言行。因为，主体表面上所呈现的言行，亦完全有可能来自其不自然的意念。故此自身，不能仅仅是经验自身，而是本性的自身，故亦可以称之为自性。主体要达到自性，需要去除一切外在强制的命令与内在纷乱的欲望，通过“涤除玄览”（《道德经·第十章》）、“致虚极、守静笃”（《道德经·第十六章》）的功夫来达到真正的自我本性。老子所谓的自然，是依照自我本性的自然，而不是依照自我欲望、杂乱意念的自然。

（三）自身本性的根源

既然本性是万物真正的自然的存在，也是治理者实施治理行为所依仗的根本依据，那么获得关于本性的理解就显得愈发重要。

本性存在于万物自身，而万物以道为根源，故本性亦以道为根源。我们以《道德经》第四十章与第四十二章为例来看这种本性的理解。老子在第四十章中言：

天下万物生于有，有生于无。(《道德经·第四十章》)

对于此句的理解，王弼与河上公作了不同的解读。王弼的解读可以称为本体境界论的模式，而河上公的解读可以称为本体宇宙论的模式。王弼解曰：

天下之物皆以有为生，有之所始，以无为本，将欲全有，必反于无也。[①]

天下万物是存在之有，但其存在的根本，却是无。无是指没有本体，没有统一的主宰。在这样的无的基础上，万物之有就各自变动，所谓“全有”，就是天下万物充分地发展自己，成就自己。

河上公解曰：

天下万物皆从天地生，天地有形位，故言“生于有”也。……天地神明，蜎飞蠕动，皆从道生。道无形，故言“生于无”也。[②]

天下万物是存在之有，但其存在的根本，却是无。无是指无形无相的根本实体，故万物在根本上皆有一个以“无”为名的实体性的主宰。

老子在第四十二章中言：

道生一，一生二，二生三，三生万物。(《道德经·第四十二章》)

“道生一，一生二，二生三”，历来称为难解，但大致上也可以有上述两类解读。如王弼本体境界论的解读，其曰：

① 王弼著，楼宇烈校释：《老子道德经注》，载《王弼集校释》，第110页。
② 王卡点校：《老子道德经河上公章句》，中华书局1993年版，第162页。

> 万物万形，其归一也，何由致一，由于无也。由无乃一，一可谓无，已谓之一，岂得无言乎。有言有一，非二如何，有一有二，遂生乎三，从无之有，数尽乎斯，过此以往，非道之流。[①]

王弼解这段话，认为道是万物的存在依据。但这个道，又不是一般的实体，而是无，这个无就是“一”，故谓“道生一”。以“无”之言来表述无，于是就有作为能指的“无”之言，与作为所指的对象之无，故谓“一生二”。而无论是能指之“无”还是所指的对象之无，必须存在于以“一”的无为终极依据，故谓“二生三”。其实，一旦有言说，必然有言说的主体与对象，而当言说的内容又是指整体的依据的时候，则整体的依据自身，与言说的整体的依据的能所两方就同时成立。换句话说，“一”要么保持孤悬而无人知的状态，一旦被人知而言说，必然生成言说对象与言说名相。

如果由此二者，而忘了无的终极根本的“一”，将实体化之“无”当作根本，则世界就会成为一个基体主义的世界，成为一个实体形上学所宰治的世界。一方面，言说对象导致把道体之“无”实体化；另一方面，言说名相虽然最初仅仅是对于实体化道体的概念性理解，但由于这个概念是整体性的实体性理解，故此概念必然衍生出与世界上所有概念的统摄性关系，从而导致一整套以此实体性理解为基础的存在规范的建立。实体化的本体与规范化的世界构建了万物的存在域，万物在此存在域中，既受到实体的指引，又受到规范的束缚。应该说，对象化的本体与名相化的规范建立了世界的秩序。这个世界正是老子所极力反对的，却是法家所有意引导出的方向。

如果由此二者，继续看到二者中有作为无的“一”的存在依据，

① 王弼著，楼宇烈校释：《老子道德经注》，载《王弼集校释》，第117页。

由二返一而复为三，则可以有“天得一以清，地得一以宁，神得一以灵，谷得一以盈，万物得一以生，侯王得一以为天下贞”（《道德经·第三十九章》）的功效。对象只是主体暂时强字之的产物，不可执求，于是才能真正理解“道可道，非常道”（《道德经·第一章》）的意思；名相只是主体暂时称谓的思维产物，不可当真，于是才能真正理解“名可名，非常名”（《道德经·第一章》）的意思。由此，主体所产生的对象与名相不具有普遍性，不能成为大家都需要遵守的原则。实体与秩序纵横笼罩的世界就会崩溃，万物从实体与秩序的笼罩中解脱出来，而自然的世界就此产生。所以，作为无的“一”并没给世界规范什么，而是彻底地放开。那么这种彻底放开的“一”与彻底没有有什么区别呢？它们在正面的主张是相同的，即没有任何正面的主张。但彻底放开的“一”与彻底没有在负面的主张上则有差异。彻底放开的“一”在万物由于欲望杂念等不自然情况下，会导致物极必反，而彻底没有则在此负面的情况下也没有任何主张。于是，道似乎就有了一种杜绝不自然的保底的特征，它对不应该做的东西提出了物极必反的法则，但对于每个事物究竟应该如何做，则不置一词。

再如河上公本体宇宙论的解读，其言：

> “道生一”，道使所生者一也。“一生二”，一生阴与阳也。“二生三”，阴阳生和、清、浊三气，分为天地人也。“三生万物”，天地人共生万物也，天施地化，人长养之。[①]

依照河上公的解法，道是无，此可对应其所注“无名天地之始”，其曰：“无名者谓道，道无形，故不可名也。始者道本也，吐气

---

① 王卡点校：《老子道德经河上公章句》，第168—169页。

布化，出于虚无，为天地本始也。”[①] 一是有，为未分化的元气，二是元气分化之阴阳二气，三是阴阳二气所生的清气、浊气以及和气，由此三气再塑形为天、地、人。“三生万物”是指万物的成长依靠天施地化以及人的养育作用。由一到万物，皆是有，此可对应其所注“有名万物之母”，其曰：“有名谓天地。天地有形位、有阴阳、有柔刚。是其有名也。万物母者，天地含气生万物，长大成熟，如母之养子也。”[②]

鉴于“道生一”不同面向的解读，本性的来源可以有自生说与他生说二种。依照王弼的解读，无是指万物没有普遍的本性，所谓生，是指不生之生。万物各自的本性并不是天道所赋予的，相反，正是天道以无的姿态敞开自身，万物才能够达到自身的本性。万物的本性可以说是独化而自成。因为，王弼解读的自然，是每一个事物都以自身本性为原则，此为自生说。在自生说的理论中，万物之生是在体道者的无执无为的心灵境界中展现出来的。故道体不能单独说，定然是合着心灵的活动同时进行的。依照河上公的解读，则无是指宇宙根本的本体，无并不是真正的没有，只是因为其无形无相，无以名之，故曰“无”。而天地万物都由此无所生成，故万物之本性就来自此道体之无。因为，河上公解读的自然，是每一个事物都以名曰“无”的天道实体为原则，此为他生说。在他生说的理论中，万物之生是道体自生独立而客观的开展。在道体生成万物的既成事件后，体道者才将自己的心灵去认知万物中的道体。故道体可以单独说，而且成为体道者心灵的最终归宿。

王弼与河上公对于本性根源的不同理解，产生了老子解读的两条

① 王卡点校：《老子道德经河上公章句》，第2页。
② 同上。

路径。前者本性的生成与主体无欲无执的本心直接关联，可以说正是由于本心的无欲无执，才能获取真正不被气禀所左右的自性，才能达到真正的自然。后者本性的生成与主体无关，完全是实体化的道体的内在客观地衍生，心只有去追求本性才能说是自然。其实，这种自然已经不是自然，而是作为被本体之他所宰治的他然。在具体的历史诠释中，这两条路径都有其传承与发展，也都能持之有故、言之成理。前者与庄子的传统以及部分魏晋玄学的传统基本一致，与其相应的是无政府主义的治理模式；后者与法家以及黄老道家的传统基本一致，与其相应的是权威政府的治理模式。在笔者看来，老子的本义应该更符合庄子、魏晋玄学这一脉的解读路向，故下文以此思路解读老子。

（四）道体的理解

道体的确立，并不是孤立客观的，而是需要自由心灵完全参与的。故本体不是客观的外在于人的心灵的实体，而是人的心灵参与下的境界中的终极产物。老子言：

> 道可道，非常道。名可名，非常名。无名天地之始；有名万物之母。故常无欲，以观其妙；常有欲，以观其徼。此两者，同出而异名，同谓之玄。玄之又玄，众妙之门。（《道德经·第一章》）

老子认为，人们对于道的理解很容易走上主客二分的方向。我是认识主体，发明名相概念来指称道；道是被认识客体，被我的名相概念所把握，由人的理性思维塑造成一个形上学的实体。这样一来，道就丧失了自己，再也不是无待的道，而是转变为人的理性思维的产物了。老子非常警惕这样的做法，故以为道不可被指称，名不可用来指称道，如果道被指称了，使用名而指称道了，那么被指称的道不能真正通向无待的道，被使用的名不能真正达到自然的名。在老子的理解中，道是无待的，本身对万物没有任何正面性的指导价值；而名是对于具体万物的确定，但这种确定由于在无主宰性的道的指引下，故此名的确定是万物自己确定自己。如果我们借用西方哲学中对于第一因的不动的推动者的理解，那么道家的本体之所以称为无，就是没有一个第一因，没有一个不动的推动者，故而万物都是自动，而不是被第一因推动的被动。在万物的本始意义上，没有确定的、客观的、主宰的名来确定万物的本性；在万物的生成的意义上，则万物各自有其自我确定的名。这种本始上的无名和生成上的有名，必然是不离于人的心灵境界之开显而展开的。主体心灵在无有意念的状态下，来感知本始之无的神妙，主体心灵在顺着万物本性而有意念的状态下，来感知生成之有的发动。虽然语言的叙述上分出无与有，但是在实际上，必然是在无的本体观照下，才能产生如此的有的自然生成；而有的自然生成，必然是在无的本体观照下。无与有是一个东西，可以称之为玄。这种玄的状态的无穷延续，具有构成万物由无而有、自然生成的神妙功效。

《道德经》第一章的言说，很好地对道作出了全面性的解读。其一，“道可道，非常道。名可名，非常名”指出“可道”“可名”的世界不是自然的世界，而是为老子所反对的世界。其二，“无名天地之始，有名万物之母”是从客观维度上讲存有之物的本体之无。其三，“故常无欲，以观其妙；常有欲，以观其徼”是从主体维度上讲存有之物的本体之无。其四，“此两者，同出而异名，同谓之玄”是将上述主客两种维度的分说合二为一。其五，“玄之又玄，众妙之门”是讲道的功效。

在老子描述道体的文辞中，有倾向于客观维度的描述，也有倾向于主体维度的描述，但需要认识到，倾向于客观维度的描述，也是在主体境界中显现的，而倾向于主体维度的描述，其所呈现的境界之物，就是客观维度的描述。

1. 道体的客观维度描述

道体的客观维度，既彰显了道体的无与有相交错的玄境，又反映了道体的无穷功用，比如：

> 有物混成，先天地生。寂兮寥兮，独立不改，周行而不殆，可以为天下母。吾不知其名，字之曰道，强为之名曰大。大曰逝，逝曰远，远曰反。(《道德经·第二十五章》)

天地是存有本身的代指，在天地之中才能生育诸多具体的有，而道在天地之先，故道比天地更为本始。“寂兮寥兮，独立不改”是讲道体的超越性，与物无对；“周行而不殆，可以为天下母”是讲道体的效用性，使物自生。这种超越性与效用性，其实仍旧在主体境界中，这里无法用思维去把捉它，但又必然要表述它，就勉强称之为道，用大的名相来指称它。大是功能广大，逝是持续扩充，远是影响深远，但“大”“逝”“远”之所以能够如此，即在于其能够“反”，返回本根，返回先天地生的无上。只有在领悟到本体之无的真谛的基础上，万物的生成变化才能自然而然、广大深远。

> 道冲而用之或不盈。渊兮似万物之宗。挫其锐，解其纷，和其光，同其尘。湛兮似或存。吾不知谁之子，象帝之先。(《道德经·第四章》)

道本身是冲虚之无，具有绵绵不断的效用，却永远不充满铺张，而成为万物的本始。道德功效，一方面是违背自然的事物本身会物极必反，故能“挫其锐，解其纷”；一方面是顺着万物之本性来成就万物而没有任何自己的主张，故能“和其光，同其尘”。在这样的道的作用下，说道体有，似乎很难把握；说他没有，万物又以它为本始。上述理解都是在主体的境界中，道不是“谁之子”，即道自身是本源性的，而不是被生成的；道在造物主之先就存在了。

2. 道体的主体维度描述

道体的主体维度彰显了心灵境界对于道体领悟的基础性作用，比如：

> 视之不见，名曰夷；听之不闻，名曰希；搏之不得，名曰微。此三者不可致诘，故混而为一。其上不皦，其下不昧。绳绳不可名，复归于无物。是谓无状之状，无物之象，是谓惚恍。迎之不见其首，随之不见其后。执古之道，以御今之有。能知古始，是谓道纪。（《道德经·第十四章》）

悟道者在视觉、听觉、触觉等感官上都无法直接观察到道体。通过感官去认知道，是分解的，故不能通过上述三种途径去探索道的究竟。真正的道混而为一。道体没有上下之分，上面不会更光明，下面不会更昏暗，也就是说，道不能分解地去理解、把捉。道发生作用，而不能用名相去分析，本身只是一个无的作用，而没有可把捉的实体。所以，这样的道，其状态是没有状态，其形象是没有物象，这样就显得非常恍惚了。道体没有前后之分，故无论是迎是随，都无法看到其首尾的象状。然而，道却自古以来就存在着，一直在当下都发挥着作用。悟道者如果能够参透这样的道，那就能知道道的纲纪。求道者不能通过空间感官求道，而是要超越经验的世界与心灵的意念，在象状恍惚中去体悟古道的有无之玄。

（五）了悟本性的心灵功夫

如果我们认为，本体境界论的解读符合老子的本义，那么对于自身本性以及万物本性的把握，就与自我的心灵境界分不开了。老子云：

> 致虚极，守静笃。万物并作，吾以观复。夫物芸芸，各复归其根。归根曰静，是谓复命。复命曰常，知常曰明。（《道德经·第十六章》）

致、守是心灵上的功夫，需要使心灵达到无为无执的状态。王弼言："言致虚，物之极笃；守静，物之真正也。"[①] 致虚，是去除心灵中的杂念，达到虚无的穷极。此穷极，既是心灵的穷极，也是心灵所呈现的万物的穷极。守静，是守住此心灵与境界中事物的穷极。穷极为静，即虚无，以本体之静之无来立根于事物之动之有。

"万物并作"是在动有上说，"吾能观复"则是悟道者之我能够体悟到万物根本上的静无之体。也就是说，静无之体，为我与万物共通的本始。而我在静无之体的作用下，根据我的自然心灵去发展变化而成就我的本性；万物各自根据其自然心灵去发展变化而成就万物各自的本性。即使万物表面上纷纷扰扰，我在致虚极、守静笃的境界中，也能体察到万物根本上的静无之体。在根本的静无上，开出其自然之有，此自然之有即万物各自的本性，也就是万物的命。在老子的思想中，性与命似乎是一致的。性是自然本性，命是依据自然本性所展开的生命过程，于是我们也可以说是性命之常。

万物在纷纷扰扰中，其所发生的变动不一定是性命之常，而有可能是被各种因素干扰的人为变动。只有复归其根，才能确定真正自我

① 王弼著，楼宇烈校释：《老子道德经注》，载《王弼集校释》，第35页。

的自然之性，并由此发动而成就命，此命就具有恒常的方向。悟道者需要真正了悟这个性命之常的道理才能称为明。

这样一来，老子的性命之常的确立，就需要心的实践功夫。心的状态，在根本上是与天地万物一样的静无之体，同时又有自身的性命之常与人为造作。功夫的加入，就在于回复到静无之体，由此而摆脱人为造作的影响，复归于性命之常。

二、治理伦理

无为是老子治理伦理的一个基本原则。在此原则下，我们可以以柔弱的处世态度来应对一切世事的变化。

（一）性命之常下的有为与无为

在自然的性命之常的前提下，我们就可以谈论有为与无为的问题。所谓无为，并不是什么都不为，而是顺着性命之常，包括顺着自己的性命之常与顺着他物的性命之常。而有为，则是违背性命之常，包括违背自己的性命之常与违背他物的性命之常。

在顺着性命之常的情况下，无为就是“无为而无不为”，自身与万物都能够很好地顺着性命之常进行变化发展。事物的发展，都汲取着本始上的静无之体的力量，而此静无之体的作用就是不干涉不强制，顺成万物自生，此谓“反者道之动”。相反，在违背性命之常的情况下，就是有为造作。有为造作，会导致事物变化的结果与最初违背性命之常的人为初衷背道而驰，此谓“物极必反”。老子言：

> 不知常，妄作凶。知常容，容乃公，公乃王，王乃天，天乃道，道乃久，没身不殆。（《道德经·第十六章》）

如果不知道自己的性命之常，而进行不自然的人为变动，就是妄作，妄作就会物极必反，产生不好的后果。

如果知道自己的性命之常，也就能包容其他事物的性命之常。因为万物后面都没有普遍的主宰，故万物的性命之常都是自生自长，仅限于自我有效，而不能干涉他物。在容纳万物各自的性命之常后，就能进行公共而无待的交往，如此就可以进行符合王道的无为之治。王道的无为之治，又符合道家的天的精神。天没有自己的私意，而是顺着万物来成就万物各自的生长。这种天的精神就是道家天道的自然无为的体现。有了此自然无为的道的精神，万物的变动才能长久，即使最终消亡也是符合性命之分的自然消亡，而不是违背自然所导致的暴毙或夭折。

> 为者败之，执者失之。是以圣人无为故无败，无执故无失。民之从事，常于几成而败之。慎终如始，则无败事，是以圣人欲不欲，不贵难得之货；学不学，复众人之所过，以辅万物之自然，而不敢为。（《道德经·第六十四章》）

为者，执者，都违背了自然的性命之常，事物才发展了几成就开始贪恋执着，故物极必反，产生不好的后果。而圣人无为，顺着万物本性而为，自己没有欲望，没有想要的货物，没有追求的知识，没有来自自我的对他物的强制，仅仅是回到静无之体，顺着他物而为，所以不会失败。有为导致物极必反；无为导致反者道之动，达到无为而无不为的效果。

（二）老子的处世之道

正是由于性命之常具有各自的差异性，所以没有一个主体可以将自己顺着性命之常得到的规则强加到别人身上，更不可以将自己违反性命之常而自以为获得的规则强加到别人身上。如果一定要对他人产生正面的关系，那就是甲可以劝诫乙不要违背自身的性命之常，至于乙的性命之常是何等样的，甲可以告诫乙需要由自己采取致虚极、守静笃的功夫来获取，但甲无法直接告诉乙他的性命之常是何等样的。（如果由甲告诉乙，而不是乙自身自然的生成，那么甲所告诉乙的性命之常就不是自然，而是他然。他然不是性命之常，反而会物极必反。）

于是，每个道家式的修道者，需要时时让自己不离初始的静无之本，在贞定静无之本的基础上来发展自身的性命之常。同时在与他人的相处中，一方面不能过分地将自我的看法强加到对方身上，另一方面可以适当引导对方回复到静无之本。因而，如果我们将伦理思想理解为处理人与人之间关系的话，那么老子的伦理思想无非分为两个部分：其一，如何处理自我与他人的正面关系；其二，如何处理自我与他人的负面关系。

1. 柔弱者生之徒：处理自我与他人正面关系的伦理法则

老子告诫世人，为人处世要如同水一样，“水善利万物而不争，处众人之所恶，故几于道”（《道德经·第八章》）。水没有来自自我并对他物的强制性，相反水顺着万物而成就万物，也不被别人的是非好恶的判断所影响。水的特性，被归纳为柔弱，柔弱貌似没有主见，其实在与他人的交往中具有大智慧。老子云：

> 人之生也柔弱，其死也坚强。万物草木之生也柔脆，其死也枯槁。故坚强者死之徒，柔弱者生之徒。是以兵强则不胜，木强则共。强大处下，柔弱处上。（《道德经·第七十六章》）

坚强意味着要将自我的特性规范他物，而柔弱意味着不强制自己的特性，顺着万物而成就万物。选择前者，自我会被万物视为敌人，双方互相变为坚强，攻伐不断，必然导致共同的毁灭；选择后者，万物不会将自我视为敌人，双方能够和谐相处，都能获得自然的成长。

2. 报怨以德：处理自我与他人负面关系的伦理法则

如果对方以坚强的态势来对待我，我应该如何待之呢？老子云：

> 大小多少，报怨以德。（《道德经·第六十三章》）

老子所主张的报怨以德，充分体现了当别人不符合自然之道时，自我的自然回应。老子所谓的“德”，并不是白话文中道德的意思，而是得于道的“德”。由于老子的道是自然无为之道，故其德也是自然无为之德。此自然无为之德，是人顺着性命之常而具有的德性特征。当别人以“怨”的态度来对待自我，那么别人是不符合性命之常的，是违背自然的；如果自我被别人的怨愤影响，也产生了违背性命之常的怨愤，所谓“以怨报怨”，那么双方都违背了自己的本性，都会产生不良的后果。而老子所主张的以德报怨，主张自我回到静无之本上，将对方渲染的怨愤之气断除掉，从自由的心灵的自身展开中来回应对方的不自然，而不是被对方不自然的习气影响后也以不自然来回应对方。所谓“大小多少”可以理解为，大的怨气，来源于小的萌芽；多的愤恨，来源于少的开端。我们不要在大与多的地方被对方的怨愤所牵引，而是要回到萌芽处，寻找最初戾气生成的地方，并以静无之体与性命之常来防止冲突的激发，化解矛盾于无形。

> 盖闻善摄生者，陆行不遇兕虎，入军不被甲兵；兕无所投其角，虎无所措其爪，兵无所容其刃。夫何故？以其无死地。（《道德经·第五十章》）

在老子看来，如果自我本身是一个悟道者，那么自我就不会与不自然的对手处在对峙中。因为当对方稍微出现一点不自然的苗头时，悟道者的自我在其正式变为强势前，就会避开或者去除这种不自然的势头，避免对方在与悟道者相处中生起戾气。

三、治理措施

老子的治理措施是无为而治。无为而治可以有多种形态，有儒家的，有法家的，有道家的。其实，三家虽然都谈无为而治，但所基于的治理基础是不一样的。

儒家式的无为而治，即“无为而治者，其舜也与？夫何为哉，恭己正南面而已矣”（《论语·卫灵公》）。儒家圣王的道德模范形象，能够吸引许多有德有才的人来为天下服务。天下人也被圣王所感召，进而自觉达到社会和谐。“为政以德，譬如北辰，居其所而众星共之。”（《论语·为政》）圣王做好自己的德性修养，而具体的政务则交给德才兼备之人去操作，百姓也在圣德沐化下而民风淳朴。这是德化论下的无为而治。

法家式的无为而治，则是君主利用其无上的权势，制定了一整套严密的需要臣民严格执行的名法制度，制度中规定了每个臣民能干什么，不能干什么，并出台了相应的赏罚措施。于是，“明君无为于上，群臣竦惧乎下”（《韩非子·主道》），臣民由于贪赏避罚，故自动依照名法制度去行动。这是法制论下的无为而治。

无论是儒家德化论下的无为而治，还是法家法制论下的无为而治，在道家看来都是有为。圣王的德性感召，就是用自我的本性去影响其他人向他靠拢，这是不自然的，故为道家所反对。法家通过制定严密的名法与赏罚措施来规范社会运行，更是不自然的极致，也为道家所反对。道家的无为而治，正是要去除这些人为的干涉。

道家的无为而治，从正面讲，就是什么都不做，真正达到“无为”；从反面讲，则是做去除人为的工作，积极地去除有为，达到“为无为”。“无为”与“为无为”结合起来，就是老子无为而治的具体措施。

（一）“无为”的治理措施

无为，不是什么都不作为，而是顺着关系方的本性去做，除此之外，则不应有过多干涉。

> 治大国若烹小鲜。以道莅天下，其鬼不神；非其鬼不神，其神不伤人；非其神不伤人，圣人亦不伤人。夫两不相伤，故德交归焉。（《道德经·第六十章》）

老子认为，治理大的城邦如同烹饪小鱼一样容易，不用多折腾。究其实质，老子主张用无为自然之道来治理天下。各种力量都不会过分地显现出来，无论是鬼的神通，还是圣人的治理，都不会伤人。“不伤人”就是顺着人而不去干涉人。由于无论出世间力量还是在世间力量，都是顺着人而不去干涉人，所以百姓都能进行自然的生活。

> 以正治国，以奇用兵，以无事取天下。吾何以知其然哉？以此：天下多忌讳，而民弥贫；民多利器，国家滋昏；人多伎巧，奇物滋起；法令滋彰，盗贼多有。故圣人云：我无为，而民自化；我好静，而民自正；我无事，而民自富；我无欲，而民自朴。（《道德经·第五十七章》）

在这段话中，“以正治国，以奇用兵”是违反道的表现。王弼曰:“以正治国则不足以取天下，而以奇用兵也夫。以道治国，崇本以息末，以正治国，立辟以攻末，本不立而末浅，民无所及，故必至于奇用兵也。”[①] 正是由于用普遍标准的“正”来治国，违背了自然之道，才会适得其反，造成被“正”压迫的另一方以“奇”来反抗。正与奇，是一个相互依赖的对子。有了正，就有奇，这如同《道德经》第二章所说:“天下皆知美之为美，斯恶已。皆知善之为善，斯不善已。”(《道德经·第二章》) 正奇相生，就是不自然的“有事”而造成的双方的人为。故而，老子所主张的治理之道，应该是“以无事取天下”。对处于君位者而言，就要无为、好静、无事、无欲，无所谓正，无所谓奇。如此天下百姓就能自得其所，安居乐业。

(二)“为无为”的治理措施

从无为出发的治理是理想当中的治理，而在现实之中，社会上已经遍布了各种欲望、观念、准则。那么对于这些问题，就需要通过“为无为”来进行治理。

> 民之饥，以其上食税之多，是以饥。民之难治，以其上之有为，是以难治。民之轻死，以其求生之厚，是以轻死。夫唯无以生为者，是贤于贵生。(《道德经·第七十五章》)

老子指出社会上很多负面乱象，都是由于上位者的人为欲望而引发出来的。上位者横征暴敛，百姓也会贪婪，相互侵夺，进而导致普遍饥荒。上位者发出各种指令，下面各级官员也发出层层指令，百姓手忙脚乱、莫衷一是。上位者热衷养生，下面的人也去养生，互相抢占资源，百姓生活困苦，颠沛流离。老子认为，真正的贵生就是自然

① 王弼著，楼宇烈点校:《老子道德经注》，载《王弼集校释》，第149页。

无为，不要把贵生当作人为追求的对象。如果可以强调，反而导致上位有贵生之正，下位有轻生之奇，最后必然适得其反。所以真正的贵生，就是去除有为的贵生。同理，老子还说：

> 不尚贤，使民不争；不贵难得之货，使民不为盗；不见可欲，使心不乱。是以圣人之治，虚其心，实其腹，弱其志，强其骨。常使民无知无欲。使夫知者不敢为也。为无为，则无不治。（《道德经·第三章》）

老子理想中的圣人的治理，是不推崇贤德之才，这样就没有贤德之正与反贤德之奇；不看重珍稀的货物，这样就没有护卫之正与盗贼之奇；不让大家生起贪婪的欲望，这样就没有满足欲望的正与压抑欲望的奇。正奇双方都不能推崇，一旦有了正奇，就要“损有余而补不足”（《道德经·第七十七章》）。将正回归无为，可以视为损有余，将奇回归无为，可以视为补不足。这种将正反两个方面的人为执着都消除的方法，可以称之为“为无为”。

> 古之善为道者，非以明民，将以愚之。民之难治，以其智多。故以智治国，国之贼；不以智治国，国之福。（《道德经·第六十五章》）
>
> 圣人无常心，以百姓心为心。善者，吾善之；不善者，吾亦善之；德善。信者，吾信之；不信者，吾亦信之；德信。圣人在天下，歙歙为天下浑其心，百姓皆注其耳目，圣人皆孩之。（《道德经·第四十九章》）

在“为无为”的意义上，老子主张“愚民”。老子之“愚民”，一直为世人所诟病。如钱穆所言：“盖彼所意想之圣人，实欲玩弄天下人皆如小孩，使天下人心皆浑沌，而彼圣者自己则微妙玄通，深不可识，一些也不浑沌。此实一愚民之圣也。”① 然而，老子之“愚民”，并非让百姓无欲无求、让圣人贪婪无度，而是圣人与百姓同样无欲无求，共同“愚”掉自己的造作人为的欲望。在愚的“绝圣去智”的意义上，圣人与百姓是等同的。只是由于愚的“为无为”需要从领悟到道家自然无为的圣人开始，故而有此先觉后觉的区别，遂有圣人与百姓的区别。圣人并不是独占道的无为自然，天下人与圣人都一样可以去获取自然无为之道。所以，老子之愚民，也是愚圣。此愚是从老子自身自然无为的主张出发的，与阴谋论无关。

（三）无为而无不为

从治理措施的历程来看，“无为”与“为无为”的结合，最终就会达到“无为而无不为”的治理成效。老子言：

> 为学日益，为道日损。损之又损，以至于无为。无为而无不为。取天下常以无事，及其有事，不足以取天下。（《道德经·第四十八章》）
>
> 道常无为而无不为。侯王若能守之，万物将自化。化而欲作，吾将镇之以无名之朴。无名之朴，夫亦将无欲。不欲以静，天下将自定。（《道德经·第三十七章》）

“无为”是顺着本性，不去人为造作，我们可以视为不去颁布各类不必要的规范条例、杜绝文山会海。“为不为”是去除不符合本性的人为造作，我们可以视为颁布条令来废除既有的不符合社会发展的规范条例。在去除的意义上，可谓“为道日损”“镇之以无名之朴”。在这样双向的治理措施的实施下，社会上的各类事物就减少了很多的

① 钱穆：《庄老通辨》，生活·读书·新知三联书店2005年版，第132页。

束缚，能够更好地顺着自身的特征去发展成长。

可以说，在老子思想中，真正的社会治理不是去加强管控，而是去减弱管控，营造一个宽松的社会环境，让社会中的各类事物顺着各自特征去自我成长。

四、治理秩序

老子理想中的治理秩序，是天下万物的自然和谐。无为之道体现在天下万物身上，天下万物都能够达到真正的自然。或许在老子看来，如果每个事物都达到自然，世界就会天然和谐。

（一）以天下观天下：治理秩序的基本原则

老子有一段关于身、家、乡、国、天下的论述，从中颇可窥见老子的治理秩序思想，其言：

> 修之于身，其德乃真；修之于家，其德乃余；修之于乡，其德乃长；修之于国，其德乃丰；修之于天下，其德乃普。故以身观身，以家观家，以乡观乡，以国观国，以天下观天下。吾何以知天下然哉？以此。（《道德经·第五十四章》）

德是道在个体身上的体现。老子之道的体现，也有由个体向群体扩充的意味，但是与儒家不同的是，儒家仁心四端的扩充具有普遍的、基础性的方向，而道家无为之道的扩充则是去除一切普遍的、基础性的方向。故而，无为自然之德可以体现于个体、家族、乡里、邦国、天下，从而让个体、家族、乡里、邦国、天下都达到无为自然的天然和谐状态。老子认为，真正对于身、家、乡、国、天下的正确态度，应该是符合自然的态度，亦即以符合个体自身本性的态度来看待个体，以符合家族自身本性的态度来看待家族，以符合乡里自身本性的态度来看待乡里，以符合邦国自身本性的态度来看待邦国，以符合天下自身本性的态度来看待天下。真正的天下秩序，就是去除一切人为因素，以天下观天下，让天下敞开自身，恢复万物皆自然的和谐状态。

（二）小国寡民：治理秩序的具体表现

事实上，如果仅仅说以天下观天下，则只是一个基本原则。我们或许可以获得一个形式化的理解，但无法真正想象以天下观天下的具体形态。故而，老子又为我们展现了小国寡民的治理图景。从这个图景中，我们或许可以更为直观地看到老子社会治理秩序的具体样态。

> 小国寡民。使有什伯之器而不用；使民重死而不远徙。虽有舟舆，无所乘之，虽有甲兵，无所陈之。使民复结绳而用之，甘其食，美其服，安其居，乐其俗。邻国相望，鸡犬之声相闻，民至老死，不相往来。（《道德经·第八十章》）

“国”在老子的时代主要指城池。所谓“小国寡民”，就是城池不大，人口不多。放到当下来看，就是不要工业化的大城市，最好是自然形成的居住群落。对于“什伯之器”，王邦雄解为：“‘什伯之器’乃‘朴散则为器’的产物，散开的什伯之器，各有器用，加上‘始制有名’，名号抽象而制度割裂，故云：‘圣人用之，则为官长，故大制不割。’圣人作为百官之长，要以‘朴’治天下，回归‘道常无名’的‘朴实’，如是生命不会僵化落空，人间体制架构也不会出现割裂的负作用，‘小国寡民’就是‘大制不割’的真实写照。”[①]不用什伯之器，就是不用各种统一的概念名相标准来划分是非对错等次高低。百姓留恋故土，关注自身的生命，不愿意为了名利与其他邦国之人进行交际。所以，每个城邦都自给自足，与邻近的城邦也没有太多不必要的联系。可以看到，老子的自然本性，对于人的欲望是持反对态度的，故而建立在满足欲望基础上的科技发展与满足欲望的各类繁华设施，老子都认为是人为不自然的东西并反对之。故而，在老子的治理秩序中，人不应该有太多的欲望，基本上只要做到正常的生理欲望得到满足即可。自然状态的城邦治理，只要在食物、衣服、住房、民俗上做好，就可以较好地进行维持了。老子似乎也不赞同在城邦之间进行商业贸易甚至文教交流。商业贸易会导致人们欲望的增加，而文教交流则会产生文化差异导致是非争执。

在老子看来，城邦与城邦之间如果能够达到“邻国相望，不相往来”的状态是最好的。然而，如果两个城池之间实力并不均衡，而是具有大小之别，那么两者之间的合理秩序又如何形成呢？老子言：

> 大国者下流，天下之交，天下之牝。牝常以静胜牡，以静为下。故大国以下小国，则取小国；小国以下大国，则取大国。故或下以取，或下而取。大国不过欲兼畜人，小国不过欲入事人。夫两者各得其所欲，大者宜为下。（《道德经·第六十一章》）

如果大国忘其大，小国忘其小，而完全“邻国相望，不相往来”的话，可能是最佳状态。若达不到上述状态，而是在大小的客观层面

---

① 王邦雄：《老子〈道德经〉的现代解读》，吉林出版集团股份有限公司2011年版，第297页。

上仍旧有互动之必要，那么就有大小的区别。这个时候，虽然客观上有大小，但主观上仍可以忘其大小，大国忘其大而顺小国之小的需求而为之，小国忘其小而顺大国之大的需求而为之。对于大国而言，大国应该放下大国的气势，以低姿态来对待小国，从而获得小国的依附；对于小国而言，小国也应该放下小国的自卑，以低姿态来对待大国，从而获得大国的庇护。所谓大小，都是相比较而言，而所谓“下”的低姿态，则是从静无之道体而言。大国不自以为大，顺着众小国的需求而为，则在效果上反而得到小国的依附；小国不自以为小，顺着大国的需求而为，则在效果上反而得到大国的庇护。

虽然我们从文献中仅仅找到城邦之国的例子来说明治理秩序，但是这个思想可以进行类推。人与人、家族与家族、社会组织与社会组织，也应该如小国寡民一样，不应该有太多的与本性无关的联系。如果它们之间必然要有所联系，那么就如同“大国下小国”“小国下大国”一样，要从它们相互之间的个体性质或者组织性质出发，依从其本性在其本应有的联系上进行联系。除此之外，则尽量去除一切不必要的联系。

如果说儒家在社会秩序层面，尚且需要区别私人领域与公共领域，那么在老子的社会治理秩序中，却要极力去除公共领域的建构。因为，公共领域有一种普遍化的规则，这个规则必然导致个体在某种程度上减弱自己的特性去屈从公共规范。在老子看来，如果一定要有政府组织或者公共规则，那么这些组织与规则的作用仅限于去除个体的人为造作，而不是去定立普遍的准则来让人遵守。

万物遵守自然则必然和谐。这是老子思想的一个潜在的推定。如果万物本身的自然都是个体的，而不天然具备公共性，那么要保持万物自然的和谐，则必须诉诸公共规范的调节。然而，公共规范又是出于人为，故调节之后反而适得其反，所以只要保持个体性就足够了。这种自然的个体性，在精神方面互不干涉，在物质方面自给自足。对于甲乙双方的悟道者而言，甲以无为的态度对待乙，故会顺着乙的自然本性来与乙打交道（不是顺着乙的欲望）；同样，乙以无为的态度对待甲，故会顺着甲的自然本性来与甲打交道（不是顺着甲的欲望）。那么，甲乙之间似乎就永远不会产生矛盾了。

此外，可能还存在着一种极端的情况，即甲的自然本性与乙的自然本性是天然矛盾对抗的。这样甲要达到自然，乙必然毁灭；而乙要达到自然，甲必然毁灭。固然，这种类型的对抗在人与动植物的食物链的物质领域中是存在的。然而，在老子的思想中，这种对抗的自然本性在人的精神领域并不存在。老子更为关注人的精神领域的自然以及非极端情况下的物质领域的自然。[①] 故而上述对抗的假定虽然存在，但是在老子那里并不构成多么严重的问题。

---

① 如果说牛的自然本性是要生长，而草的自然本性也是要生长，那么牛吃草这个事件可能就成为本性的相互对抗。但是，老子似乎并不关心这个层面。或者说，上述的理解完全可以转化为：牛的自然本性是要吃草，而草的自然本性就是要被牛吃。故而，草被牛吃掉属于“死而不亡者寿”之例。

第六章
庄子的社会治理思想

庄子名周，战国时宋国蒙县人，曾为漆园吏，是先秦道家的代表人物。现存《庄子》一书，共三十三篇，内篇七篇，外篇十五篇，杂篇十一篇。一般认为，内七篇为庄子本人的作品，而外、杂篇则为庄子后学所撰集。因此，倘若研究庄子思想，就应该以内七篇为主，而研究庄子学派的思想，则三十三篇皆可用。我们现在研究庄子的思想，故以内七篇的文献作为基本依据。

一、治理本体

庄子在很大程度上继承了老子的思想，司马迁谓："其学无所不窥，然其要本归于老子之言。"（《史记·老子韩非列传》）庄子喜欢用各种寓言故事来揭示人的生存之境，把道家思想往个体化、境界化的道路上作出了拓展。庄子的社会治理思想可以视为庄子思想在社会层面上的运用，而此运用的理论核心，则在于作为治理实践源头的治理本体，亦即庄子思想中的道论。

（一）庄子的道论

老子在理论上纲举目张，同时又超越于社会背景，故其理论表述具有超越时代的特性。而庄子却偏向在人的生存域中体会玄妙之境，倾向于把自然之道的要义融汇在具体事件中来表现。故而，我们研究庄子需要从其具体场景的表达中抽离出庄子对于道的理解。庄子在其《内篇》中除了《大宗师》中有一段是对于道体的直接描述外，其余都是融汇于人的生命境界中而言，故本文即以上述内容为对象分析庄子的道论思想。

> 夫道，有情有信，无为无形；可传而不可受，可得而不可见；自本自根，未有天地，自古以固存；神鬼神帝，生天生地；在太极之先而不为高，在六极之下而不为深；先天地生而不为久，长于上古而不为老。（《庄子·大宗师》）

这段话是庄子为数不多的直接对于道体的描述。“有情有信”是讲道是真实存在的，并且会产生效用；“无为无形”是讲道不会去干涉万物，并且也不存在经验形状。道是敞开于天下的，所以道可以传而不能是私人间的授受；道没有具体的经验形状，所以道不能被经验感知。道是存在本身的性质，是一切具体存在物的基础。正是由于道的存在，鬼、帝才能发挥其符合自性的神妙功效，天、地才能发挥其符合自性的生成作用。道不被时间、空间所束缚，反而时间、空间也由道的作用而成为时间、空间。

在上述描述中，虽然对于道有所著笔，但并没有对道进行定义。事实上，庄子的道延续了老子的道的特征，也具有自然无为的意味，在正面的意义上不做任何主张，故根本无法进行定义。道的作用也不具有普遍价值的降衷，而是顺着万物来成就万物。钱穆说：“在庄周思想体系中，实惟天独为无标准，而即以宇宙一切物之种种标准而混通为一，即视之为天之标准也。换言之，在庄周思想体系中，乃平等地肯定了宇宙一切物，却独独没有于此宇宙一切物之外之上，另还肯定了一个天。庄周书中之所谓天，其实乃通指此宇宙一切物而言。于是此宇宙，在庄周思想中，乃有群龙无首之象。"[①] 道似乎无法单独言说，任何关于道的实际表现，必然要落实在万物各自的标准中来看。所以庄子对于道的描述，更多是不离着物而进行阐释的。这些物所依附的物质形态，可以称之为气。

（二）庄子的气论

气是构成世界的物质基础。在《庄子·内篇》中，有一些文献谈到了气，并显示出气对于表现道的重要性。

> 野马也，尘埃也，生物之以息相吹也。(《庄子·逍遥游》)

"野马""尘埃"皆是游气。"天地之间，生物气息更相吹动，以举于鹏者也。"[②] 鹏达到了无待逍遥之境，而天地之气正是其表现逍遥之境的物质载体。

> 若夫乘天地之正，而御六气之辩，以游无穷者，彼且恶乎待哉！(《庄子·逍遥游》)

天地没有一个统一的"正"，故而"乘天地之正"就是顺着万物各自本性来与之交往。而"御六气"者，也是指真正的无待者在气化宇宙中对于万物存有的无执无为、自然洒脱。

> 彼方且与造物者为人，而游乎天地之一气。(《庄子·大宗师》)

---

① 钱穆：《庄老通辨》，第 122 页。

② 郭象注，成玄英疏，曹础基、黄兰发点校：《南华真经注疏》，中华书局 1998 年版，第 2 页。

“造物者”指道。正是由于道，万物才能自然生长。所谓“彼”，是指每一个个体。每一个个体都有道的基础，并在“天地之一气”的气化宇宙中落实了道的自然精神，从而在实践境界上达到“游”的状态。

（三）成心与心斋

无形的道与构成万物形状的气的结合，就是整全的生活世界。庄子所描述的道，是就着气的世界来谈的道，或者顺着万物的标准而言道对于万物的无差别对待，或者是讲万物违反各自的自然标准而产生了生命的困扰。顺着万物而体道，还是自以为是地违道，关键在于人的心灵。

人的心灵若是被各类外在的影响而固化，则为成心。成心所展开的生命状态是悲惨而繁杂的。

> 一受其成形，不亡以待尽。与物相刃相靡，其行尽如驰，而莫之能止，不亦悲乎！终身役役而不见其成功，苶然疲役而不知其所归，可不哀邪！人谓之不死，奚益？其形化，其心与之然，可不谓大哀乎？（《庄子·齐物论》）

人一旦在形躯之中，就落于气化的世界上。气化世界的各种变化非常快速，容易扰乱人的心智。人的心智若不能超脱于这些变化，而是被这些变化所影响以至于固化，则一辈子都会被成心与成心所展现的纷扰之境所驱驰。

> 夫随其成心而师之，谁独且无师乎？奚必知代而心自取者有之？愚者与有焉。未成乎心而有是非，是今日适越而昔至也。（《庄子·齐物论》）

每个人当下的状态中，必然存在着各类信息构成的成见。每个人当下都可以被这些成见所束缚。不必然在经历事物变化后再去分析总结经验来构成成见，愚笨的人在当下也会被经验事物影响而产生成见。也就是说，无论是理性的分析还是情感的臆想，都会产生成见，并固化为成心。一旦有了成心，便有了对错判断，浑沌一体的世界由此而有了是非。如果要泯除是非，不是要赞成或者反对是非，而是要去除是非产生的根源，也就是去除成心。

庄子借助寓言里孔子之口，来谈论去除成心的心斋之法，其曰：

> 若一志，无听之以耳而听之以心，无听之以心而听之以气。听止于耳，心止于符。气也者，虚而待物者也。唯道集虚。虚者，心斋也。（《庄子·人间世》）

“一志”是心意纯正，而无杂念。如何做到纯正无杂念呢？不要被外在的感官所牵引，断除外在感官的隐性，而回到自己内心深处。但是，内心深处也会有各种臆想与杂念，故而需要从含有具体思维的心再回到构建具体存在物的气上。气是心的物质本质，同时也是道的精神最易体现的所在。而心，已经是气之塑造物，心除了气之外，还有认知、存储、思虑的功能，心容易让自己的思虑去符合所思虑事物的象状，故心比气含有更多人为的杂质；感官，又是心之塑造物，感官在认知对象、塑造对象上具有极大的功能，感官容易让自己的受取去迎合受取物的感官特征，故感官比单纯的存储、思虑的心又有更多的人为的杂质。庄子的心斋正是要去除这些杂质，故而心意最后要归之于气。气本身在未构形意义上是最为自由而不被干涉的，故其没有任何独断的主张，是为虚。心灵达到这样的状态，就是心斋。

需要指出的是，心斋的终极状态不是仅仅杜绝掉感官之耳、符合之心而回到集虚之气，而是在集虚之气的基础上，顺成感官之耳与符合之心。也就是说，万物仍旧有其各种各样的发展变化，但悟道者之心不被万物的变动所影响而为成心，而是以集虚之心为基础来看待万物之变动，故万物都能道通为一。

子綦曰："偃，不亦善乎而问之也！今者吾丧我，汝知之乎？女闻人籁而未闻地籁，女闻地籁而未闻天籁夫！"子游曰："敢问其方。"子綦曰："夫大块噫气，其名为风。是唯无作，作则万窍怒呺。而独不闻之翏翏乎？山林之畏佳，大木百围之窍穴，似鼻，似口，似耳，似枅，似圈，似臼，似洼者，似污者；激者，謞者，叱者，吸者，叫者，譹者，宎者，咬者，前者唱于而随者唱喁。泠风则小和，飘风则大和，厉风济则众窍为虚。而独不见之调调、之刁刁乎？"子游曰："地籁则众窍是已，人籁则比竹是已。敢问天籁。"子綦曰："夫吹万不同，而使其自已也，咸其自取，怒者其谁邪！"（《庄子·齐物论》）

南郭子綦的"吾丧我"，也是心斋之意。"吾"是心斋状态中呈现的无待自然之我；而"我"是成心所塑造的我。"吾丧我"就是去除成心状态下的感官与思辨的影响，彻底达到自由集虚的状态。然而，这种自由集虚的状态，并没有废除感官存在物。在南郭子綦天籁、地籁、人籁的例子中，天籁是道的隐喻，道通过"大块噫气"的物质形态来展现自己。而地籁、人籁则在物质的差别上具有了差异性。但是由于天籁的作用，地籁、人籁中的各种差异性并没有互相倾轧，自是彼非，而是各自成就自己，达到保留各自特性的整体和谐。

狙公赋芧，曰："朝三而莫四。"众狙皆怒。曰："然则朝四而莫三。"众狙皆悦。名实未亏，而喜怒为用，亦因是也。是以圣人

和之以是非，而休乎天钧，是之谓两行。(《庄子·齐物论》)

庄子举狙公赋芧的例子，朝三暮四与朝四暮三其实没有什么差异，但是由于情感偏执的成心作梗，就会以朝三暮四为怒，以朝四暮三为喜。如果去除成心而达到心斋，以天道自然无为的方法来去除情感的偏执，那么朝四暮三就成其朝四暮三，不要以朝三暮四来反对之；朝三暮四就成其朝三暮四，不要以朝四暮三来反对之。这样原来对抗的是非都在心斋的境界中丧失了对抗性而得以保存。集虚之道通过心斋的作用保持住了经验层面上事物各自的差异性，即可谓之两行。

彼亦一是非，此亦一是非。果且有彼是乎哉？果且无彼是乎哉？彼是莫得其偶，谓之道枢。枢始得其环中，以应无穷。是亦一无穷，非亦一无穷也。故曰"莫若以明"。(《庄子·齐物论》)

在成心的状态下，彼在彼的成心中认为彼是而此非，此在此的成心中认为此是而彼非。任何一方都认为我方正确而对方错误，故是非都是相对而立的。然而，庄子认为在"明"的心斋状态下，道的关键作用在于使事物各自的是非不能跨界去评价其他事物，故两个事物之间无法进行比较，所谓"莫得其偶"。这样一来，在本体意义上没有一个普遍的评价系统，呈现出本体上的中空之状；于是无穷尽的事物各自的是非观念都限于其自身而为经验末端，在保持差异性中获得整体的和谐。

综上所述，我们可以看到"两行"与"环中"是庄子之道在气化世界中的功效。这种道体理解与道体功效，也正是庄子治理伦理与治理秩序所依附的理论基础。

二、治理伦理

“自然”是道家思想中最为重要的观念。“自然”不是现代汉语中与人类社会相对的荒野山林，而是指万物成就自己那个样子。[①]《道德经》中说“道法自然”（《道德经·第二十五章》），“自然”是万物自己成就自身，道不具有独自的形上实体和统一要求，而是让万物按照其自身的本性来自我生长。这样的自然观成为道家学说的底色，并在庄子的思想中也有充分的体现。

在《庄子·内篇》中，出现了两次“自然”，一次是“不以好恶内伤其身，常因自然而不益生”（《庄子·德充符》），一次是“游心于淡，合气于漠，顺物自然，而无容私焉，而天下治矣”（《庄子·应帝王》）。“常因自然”“顺物自然”，都是指悟道者需要因循万物自身的本性。在《庄子》的其他章节中，虽然没有出现“自然”一词，但同样的思想在不同的场合反复出现并引发了一系列的理论问题：自然是指事物禀气的自性，还是指依循事物禀气的自性的心灵？如何确立心灵上的自然？在他人不自然地对待我的前提下，我如何自然地对待他人？而且，在孔子“天之戮民”的解读上，如果承认孔子仁爱的本性属于自然，并且顺其义理可以推断出盗跖害人的本性也属于自然，这样就会导致一种吊诡的理论，即：孔子与盗跖都可以顺其本性，无心而为，展露出高妙的玄境。这样一来，道家的玄境似乎超越了世俗的善恶分别，但同时也为恶人行恶做了文饰，成为助纣为虐的挡箭牌。

---

① 当然，相比人类社会中各种违背万物本性的人为造作，荒野山林中的事物可能保留着更多的自身本性，故荒野山林比人类社会更趋近于自然。

基于以上问题，我们需要进一步厘清庄子自然思想的三层表达：对于他物的自然；对于自我的自然；对于他人的自然。通过对物、我、人的三种伦理关系的分析，从而获得对于庄子自然思想的整全性理解。

（一）自然之道的特征

在道家思想中，自然与道近乎同义。道本义为人行走的道路，后来引申为人生的道理。这是一个形式化的字，不同的思想流派都可以将自我的学说主旨塞入“道”这个字中，赋予道以具体的内涵。比如：仁爱就是儒家学说赋予道的内涵；而自然就是道家学说赋予道的内涵。

自然之道，本身不具有实体性。在老子思想中，道仍旧保留了一些实体意味的描述，比如：“有物混成，先天地生。寂兮寥兮，独立不改，周行而不殆，可以为天下母。吾不知其名，字之曰道，强为之名曰大……人法地，地法天，天法道，道法自然。”（《道德经·第二十五章》）“独立不改”似乎是讲其体，“周行而不殆”则是讲其用。但这个体却没有任何必然性、普遍性的主张，其主张仅仅是法自然而已。法自然，就是万物复归于万物，没有统一的主张。故老子虽然用了实体意味的描述，但其实际效用却是去实体化的。而在庄子思想中，更是去除了道的实体性，并在道的作用上愈加发挥了顺物无为的效用。

1. 无为无形，生天生地

庄子的自然之道，不具有普遍的必然性要求，而是顺应万物自身来成就万物，其言：

> 夫道，有情有信，无为无形；可传而不可受，可得而不可

见；自本自根，未有天地，自古以固存；神鬼神帝，生天生地；在太极之先而不为高，在六极之下而不为深；先天地生而不为久，长于上古而不为老。（《庄子・大宗师》）

道，本身具有真实的效用，但没有任何行动和形象。道的真实效用具有古老的历史。有了道的效用，鬼、帝才能如其自身那样地具有神妙之功，天、地才能如其自身那样地生成变化。天、地、帝、鬼，是天下万物之总括，而自然之道可为其本根。道本身无形无象，而其有情有信，则体现在鬼帝自神、天地自生上。神是鬼帝的自身特性，自然之道顺之而成之；生是天地的自身特性，自然之道顺之而成之。故自然之道自身没有主张，都是顺应万物之自性而成。

物固有所然，物固有所可。无物不然，无物不可。故为是举莛与楹，厉与西施，恢恑憰怪，道通为一。（《庄子・齐物论》）

“然”是事实判断，“可”是价值判断。一切事物本来有其然的地方，有其可的地方。从其然上说，没有一件事物是不然的；从其可上说，没有一件事物是不可的。这其实就是对事物自我的本性而言，都是然的，都是可的。所以，横的莛有其横的本性，是如此也应该如此；竖的楹有其竖的本性，是如此也应该如此。丑陋的厉有其丑陋的本性，是如此也应该如此；美丽的西施有其美丽的本性，是如此也应该如此。这样一来，各种表面上稀奇古怪的东西都有符合各自本性的实然与应然，在符合各自本性上都是一致的。所以，道对于莛与楹、厉与西施以及各种恢恑憰怪没有普遍性的主张，都是顺其本性而证成之，故能道通为一。

2. 溺之所为，不可使复

庄子的自然之道，对于违背事物本性的非自然状态，则会让其物极必反，自我怠亡。这种物极必反，也是自然之道的效用，其比正面的效用更为明显。它或许是一种比较缓和的方式，扭转了错误的倾向，如老子所言："为学日益，为道日损。损之又损，以至于无为。"（《道德经·第四十八章》）这样，偏执的错误、成心的充塞慢慢减少淡化，最终达到无为自然的状态。它或许是一种比较激烈的方式，如老子所言："飘风不终朝，骤雨不终日。"（《道德经·第二十三章》）激烈的狂风、暴雨必然导致自我的消亡，这样世界又回复了平静。庄子言：

> 大知闲闲，小知间间；大言炎炎，小言詹詹。其寐也魂交，其觉也形开，与接为构，日以心斗。缦者，窖者，密者。小恐惴惴，大恐缦缦。其发若机栝，其司是非之谓也；其留如诅盟，其守胜之谓也；其杀如秋冬，以言其日消也；其溺之所为之，不可使复之也；其厌也如缄，以言其老洫也；近死之心，莫使复阳也。（《庄子·齐物论》）

世界上存在着各种自以为是的普遍性的价值判断，这些错误的杂念堵塞了人的心灵，对于别人的指责评价就如同射箭一样快速，对于自己的僵化意见就如同赌咒盟誓一样固守。这种人为造作，非但不能创造任何价值，反而会导致物极必反，让人为造作的主体自我殆亡。

从以上分析可以看出，庄子自然之道的特征，在正面意义上没有任何主张，顺物而成；在负面意义上则会导致违背自性的状况适得其反。主体若是能够汲取错误，尚能回归自然；如果仍旧变本加厉，就会自我殆亡。

（二）对于他物的自然

他物是指没有心灵的事物，比如草木瓦石、飞禽走兽以及在客观上自我无法改变的事件等。就其自身的自然来说，它们没有心灵，故无所谓心灵的有待与无待；它们的自然本性就是它们自身禀气的特征。

1. 他物静止的禀气特征

他物静止的禀气特征多从草木瓦石、飞禽走兽言之，比如：

> 民湿寝则腰疾偏死，鳅然乎哉？木处则惴栗恂惧，猿猴然乎哉？三者孰知正处？民食刍豢，麋鹿食荐，蝍且甘带，鸱鸦耆鼠，四者孰知正味？猿，猵狙以为雌，麋与鹿交，鳅与鱼游。毛嫱、丽姬，人之所美也，鱼见之深入，鸟见之高飞，麋鹿见之决骤。四者孰知天下之正色哉？（《庄子·齐物论》）

在上文中，“民”所指的人仅仅是禀气意义上的人，只就禀气而言，并不牵扯到人的心灵问题。人、鳅、木、猿猴的居所，依据各自的禀气特征而有不同，故居所的好坏没有统一标准；人、麋鹿、蝍、鸱鸦的食物，依据各自的禀气特征而有不同，故食物的优劣没有统一标准；猵狙与雌猿做配偶，麋与鹿交合，鳅与鱼相交，毛嫱、丽姬是人所公认的美女，但鱼、鸟、麋鹿都离她们远远的，这些人和动物的配偶，依据各自的禀气特征而有不同，故配偶的美丑没有统一标准。他物的自然，就是他物自身禀气的特征。由于禀气不同，故自然样态各异。

2. 他物变动的禀气特征

他物禀气的特征，除了有上述固定静止的样态，还有运动变化的样态，比如：

> 丽之姬，艾封人之子也。晋国之始得之也，涕泣沾襟；及其至于王所，与王同筐床，食刍豢，而后悔其泣也。予恶乎知夫死

者不悔其始之蕲生乎！梦饮酒者，旦而哭泣；梦哭泣者，旦而田猎。方其梦也，不知其梦也。梦之中又占其梦焉，觉而后知其梦也。且有大觉而后知此其大梦也，而愚者自以为觉，窃窃然知之。（《庄子·齐物论》）

此段用了丽姬出嫁的故事来说明事物自身本性是运动变化的。出嫁这一事件包含了出嫁前的状态和出嫁后的状态，两种状态并不一样，却是一个出嫁事件自然而然的组成部分。正确的态度应该是在出嫁前顺应着出嫁前的状态，在出嫁后顺应着出嫁后的状态。而文中的丽姬则没有如此，在出嫁前，她贪恋出嫁前状态而刻意揣测出嫁后状态的不好；在出嫁后，她又贪恋出嫁后状态而后悔出嫁前状态的哭泣，面对前后状态都是人为的造作，没有顺应事物自身的本性。庄子以此为例，更深一层说，人的生死也是事物变化的自然状态，生的状态转换为死的状态。人也不需要贪生怕死，而是物来顺应即可。

3. 他物复杂的禀气特征

他物除了静止与运动的禀气状态外，还有一种综合的禀气状态，就是对于自我而言，客观上无法改变的事件。比如：

天下有大戒二：其一，命也；其一，义也。子之爱亲，命也，不可解于心；臣之事君，义也，无适而非君也，无所逃于天地之间。是之谓大戒。（《庄子·人间世》）

这句话是孔子对叶公子高所言。在这则寓言里，孔子俨然是一位道家人物，其说的话符合道家义理，而不是儒家义理。命在这里是指血缘关系，属于气禀自身的必然衍生关系；义在这里是指“应然的社会生活的存在规范”[①]，也是气禀自身的衍生关系。在道家的理想

① 陈鼓应：《庄子今注今译》，中华书局1983年版，第137页。

中，君王无为而治，君臣之义并非必然的存在。但是，面对既成的事实，则君臣之义仍旧难逃于天地之间。这种外在的阻碍与困难，远比草木瓦石、飞禽走兽的本性或者变动事件的本性来得复杂。这种难逃于天地之间的命与义，可能是由多个主体、多个事件互动而形成，其中的主体与事件既可以有自然，也可以有不自然。但无论是自然还是不自然构建的命与义，对于面对此命与义的人而言，都是无可奈何、无法撼动的客观存在。

草木瓦石、飞禽走兽的本性，出嫁、生死的变动本性以及命与义难逃于天地之间的强制性，其共同的特征是：主体无法改变这些事物。故从道家看来，主体需要“知其不可奈何而安之若命”（《庄子·人间世》），不要去人为干涉这些事物的特性。

4. 不自然对待他物的后果

若是对于他物没有进行自然的顺应，而是强行以人为的想法、人为的力量去干涉，那么就会导致物极必反的后果。在《庄子》一书中曾有鲁侯养鸟的例子，足见人为造作的恶果。

> 昔者海鸟止于鲁郊，鲁侯御而觞之于庙，奏九韶以为乐，具太牢以为善。鸟乃眩视忧悲，不敢食一脔，不敢饮一杯，三日而死。此以己养养鸟也，非以鸟养养鸟也。夫以鸟养养鸟者，宜栖之深林，游之坛陆，浮之江湖，食之鳅鲦，随行列而止，委蛇而处。（《庄子·至乐》）

鲁侯不用养鸟应有的方式来对待海鸟，反而以养人的方式来对待海鸟，违背海鸟本性的养鸟方式导致海鸟非但没有被养好，反而三日而死。他物具有他物的本性，对待他物没有顺应其本性，反而戕贼其的本性，于是就会适得其反。

（三）对于自我的自然

从自我而言，自我既包含心灵部分，又包含禀气部分。从禀气部分而言，倘若依照世俗的见解，就有高低、美丑、寿夭等区别。这种高低、美丑、寿夭可以看作类同于他物的自然本性。然而，当自我除了具有禀气的物质属性之外，还有心灵的精神属性，如此心灵的自然就显得更为重要。

1. 心灵的自然在于无待于气禀特性

心灵的自然，在于去除世俗对于气禀特性的各类成见，比如：

> 自其异者视之，肝胆楚越也；自其同者视之，万物皆一也。夫若然者，且不知耳目之所宜，而游心于德之和，物视其所一，而不见其所丧，视丧其足，犹遗土也。（《庄子·德充符》）

那些身体残疾的得道之人，虽然自身禀气与其他人禀气多有差异，但他们并不注重用耳目来寻求自身禀气的差异性，而是游心于德之和。德，得于道，是对于自然之道的领悟。人领悟了自然之道，就不会在万物禀气之差异性上去比较衡量，而是无差别地顺着万物的差异性而对待之。这样，虽然万物各自特征仍旧存在，但悟道者自我却是用一样的方式对待之。那么，某人的高、寿、美与自我的低、夭、丑，都在无区别的对待中化解了。自我的这些特征与他人的那些特征仅仅是各自禀气的自性而已，实在没有高低贵贱的差别，也无多大重要，自我失落一只脚如同失落一块土一样无足轻重。

在庖丁解牛的例子中，我们也可以看到同样的思想，庖丁言：

> 臣以神遇而不一目视，官知止而神欲行。依乎天理，批大郤，导大窾，因其固然。技经肯綮之未尝，而况大軱乎！（《庄子·养生主》）

庖丁不从耳目之官来分辨判断这头牛，而是用道家精神来体察牛的禀气特性。“批大郤”“导大窾”，都是因着牛的物质形体的本性而来，故庖丁解牛不会戕贼其本性，反而顺其本性来行事，故而解牛是牛自然机理本身所致，并非外在强力所致。

故而，对于具有心灵的自我而言，不被禀气的自性所干扰，不以成见之心去左右衡量事物特性而生成人为的偏见，而是顺着自我与万物的禀气自性，成就各自的差异性，就是真正的自然。在这层意思上，其实气禀的本性不是自然的真意，仅仅是成就自然的一个条件。真正的自然，不在禀气特性，而在于心灵对于禀气特性之无待。无待，即不以各类偏见（来自自我的偏见，或者来自对象的偏见，或者来自社会的偏见）来看待事物的各自差异性的特征，而是就着事物的各自差异性的特征来成就之。在无待状态中，悟道者既不被自己的特性所左右，也不被对象物的特性所左右。

2. 心灵的自然在于无为后的自我开显

心灵不去执着于气质的禀赋，不受自身与外在事物的气质影响，这个心灵就能达到精神的自由。在自由状态下，显现出的是自我真正的本然状态，此本然状态与自我的物质禀气无关。

> 无为名尸，无为谋府，无为事任，无为知主。体尽无穷，而游无朕，尽其所受于天，而无见得，亦虚而已。至人之用心若镜，不将不迎，应而不藏，故能胜物而不伤。（《庄子·应帝王》）

心灵不去求名，不去谋虑，不去专断，不去作主。“体尽无穷”，是指心灵体悟在道的境界下去除人为价值判断的万物。“尽其所受于天”，是指心灵无待而顺应万物禀气的天然本性。在这种状态中，心灵是无朕无得，亦虚而已，不会去生成一种普遍的必然性。圣人的心灵如同明镜一样，任由事情发生而不加迎送，只是如实反映事物的特性而不加隐藏，与之无待而处之。故而心灵的自然，似乎没有自身固定而必然普遍的主张，而是顺应事物而来，事物一旦消逝，则主张亦随之变化。

3. 不自然对待自我心灵的后果

如果心灵不能顺应万物的特性，而是偏要把持、主宰万物，那么不但会殃及万物的生长，自己也会受到损伤。我们可以从混沌开窍的寓言中看到心灵不自然的可悲后果。

> 南海之帝为倏，北海之帝为忽，中央之帝为浑沌。倏与忽时相与遇于浑沌之地，浑沌待之甚善。倏与忽谋报浑沌之德，曰："人皆有七窍，以视听食息，此独无有，尝试凿之。"日凿一窍，七日而浑沌死。（《庄子·应帝王》）

混沌在这里可以比喻心灵无待无欲的状态，而七窍则是耳目之官的有待逐欲状态。心灵由无待转向有待，最后的混沌之死，意味着心灵自然的消失。当然，心灵所依附的肉身以及不自然的心灵所对待的对象，在心灵由自然转向不自然的过程中，也会产生适得其反的负面后果。又如：

> 子独不见狸狌乎？卑身而伏，以候敖者；东西跳梁，不避高下；中于机辟，死于罔罟。今夫斄牛，其大若垂天之云。此能为大矣，而不能执鼠。（《庄子·逍遥游》）

狸狌自我心灵贪求而有待，最后中于机辟，死于罔罟。斄牛不能执鼠，意味着斄牛自我心灵无所求无所待，故能逍遥游世。是故，自我的心灵自然与否，并不仅仅是精神领域的事情，更与物质世界的发展具有内在的紧密联系。

（四）对于他人的自然

庄子的自然思想在对待他人的问题上最为复杂。自我是具有心灵的主体，可以保持无所待的道心，也可以保持有所待的成心；他人也是具有心灵的主体，可以保持无所待的道心，也可以保持有所待的成心。故处理这些问题时，需要进行细致地分类。

1. 在他人自然的情况下，与之相处之道

他人自然的情况，就是他人的心灵对其自身的禀气特征无所待，对于其自身所处世界中的万物也无所待。故而，他人对于我的禀气特征也无所待。而我在面对这样的得道高人时，也如同他那样的无所待，这样人人都无所待，世界显出一派和谐的光彩。比如：

> 藐姑射之山，有神人居焉，肌肤若冰雪，淖约若处子，不食五谷，吸风饮露。乘云气，御飞龙，而游乎四海之外。其神凝，使物不疵疠而年谷熟。（《庄子·逍遥游》）

这些姑射山上的神人，就处于人人达到自然的状态。这种自然的和谐，可能是庄子思想中最高的境界，也是理想中的道家社会。社会不需要协调管制，天然地和谐共生。

2. 在他人戕害其自身本性的情况下，与之相处之道

他人处于不自然的状态，其自我的心灵对于事物的禀气特征有所偏见，但此偏见尚未严重影响到其他人。对于这种情况，自我应该顺其禀气特征的本性，来减弱其偏见的影响，让其回到无所待的自然状态。比如《庄子·德充符》中说，申徒嘉是一个断腿的人，他与郑子产同师于伯昏无人。郑子产看不起他这个断腿的人，但申徒嘉却说：

> 人以其全足笑吾不全足者多矣。我怫然而怒，而适先生之

> 所，则废然而反。不知先生之洗我以善邪！吾与夫子游十九年矣，而未尝知吾兀者也。（《庄子·德充符》）

一般的俗人嘲笑申徒嘉的断腿，申徒嘉可能会很懊恼。这样，俗人的偏见也进入了申徒嘉的心灵。但是，申徒嘉师从伯昏无人之后，则忘掉了他是一个断腿的人。这说明伯昏无人用自然的态度对待申徒嘉，无待于申徒嘉的断腿，申徒嘉也渐渐被其影响，回到无待于自己断腿的自然心灵上。伯昏无人的这种影响，不能视为是有为造作。心灵无所待于天地万物是心灵之本然，而且心灵自身具有这种内在的趋向，故而伯昏无人的隐性影响在于顺着申徒嘉让其本身的自然之道回归。

又如，鲁国有个面貌极为丑陋而又深通道家精神的人叫哀骀它。鲁哀公召见他，与之相处一段时间后发现自己的心态有了深刻的变化。鲁哀公自言这种变化，曰：

> 寡人召而观之，果以恶骇天下。与寡人处，不至以月数，而寡人有意乎其为人也；不至乎期年，而寡人信之。国无宰，寡人传国焉。闷然而后应，泛而若辞。寡人愧乎，卒授之国。无几何也，去寡人而行，寡人恤焉若有亡也，若无与乐是国也。（《庄子·德充符》）

刚开始，鲁哀公与俗人的知见一样，觉得哀骀它面貌极为丑陋；过了一段时间，鲁哀公就觉得这个人了不起；又过了一段时间，鲁哀公就完全信任他了。国家没有宰相，鲁哀公就请他做宰相，哀骀它漫不经心，若辞若应。鲁哀公最终把国事委托给他，而哀骀它不久就离开了宫廷。鲁哀公就感到若有所失，好像国中再也无人可以共欢乐了。我们可以看到，哀骀它以道家的姿态不断地影响着鲁哀公，把鲁哀公从一个随从世俗美丑判断的庸人状态转变为具有无所待精神境界的自然状态。

这种类似的情况还出现在道家人物对于孔子的劝诫上。在道家思想中，孔子的仁爱之说属于以自己的看法来左右世界的错误做法，属于心灵有所待的不自然状态。故而在《论语》中，我们会看到楚狂接舆、长沮、桀溺、荷蓧丈人等隐者的出现，他们对于孔子及其弟子进行一种若即若离的劝诫，但都不愿意进行一本正经的争辩，每当孔子想要与他们好好谈论时，他们都避开孔子。或许，依照庄子的思想，一本正经的争辩是根本无效的。

在道家人物看来，自我在与他人相处时，如果他人处于不自然的戕害本性的状态中，那么自我可以去做出一定的影响，顺其自性让其回归到道的状态之中。

3. 在他人戕害其他人本性的情况下，与之相处之道

他人处于不自然的状态，其自我的心灵对于事物的禀气特征有所偏见，但此偏见已经严重影响到其他人。对于这种情况，自我仍旧应该顺其禀气特征的本性，来减弱其偏见的影响。但若对方不自然的偏见已经严重影响到我的自然状态，那么自我也可以顺应物极必反的道理来消灭对方的不自然。比如：

> 昔者尧攻丛枝、胥敖，禹攻有扈，国为虚厉，身为刑戮，其用兵不止，其求实无已。是皆求名、实者也。（《庄子·人间世》）

在这则寓言里，丛枝、胥敖、有扈这些小国追名逐利，用兵不止。它们的不自然严重影响了其他国家的自然状态，故尧、禹对之发动了攻击，使其“国为虚厉，身为刑戮”。这个就是物极必反的例子。对于丛枝、胥敖、有扈这些小国而言，是自己的贪欲追求超过自

己性分的东西，导致物极必反。对于尧、禹而言，则是顺着物极必反的要求来重新复归天下的自然秩序。在丛枝、胥敖、有扈这些小国灭亡之后，尧、禹仍旧功遂身退、无为而治。[①]

4. 在他人戕害其他人本性的情况下，错误的相处之道

他人处于不自然的状态，其自我的心灵对于事物的禀气特征有所偏见，但此偏见已经严重影响到其他人。这导致了我的心灵也对之相应生起了对抗的偏见，由此不顾自然之势而与之抗衡，最终使不自然的自我与不自然的他人都落得两败俱伤的境地。比如：

> 昔者桀杀关龙逢，纣杀王子比干，是皆修其身以下伛拊人之民，以下拂其上者也，故其君因其修以挤之。是好名者也。（《庄子·人间世》）

桀、纣以自己的大欲来桎梏天下，处于迷失本性、戕害他人的严重不自然状态。对于他们这种情况，关龙逢、比干没有顺道而为，而是追求令名而与之对抗。前者是用贪欲之心念来强制天下人，后者是用仁爱之心念来观照天下人。这在道家看来，都失去了自然无为的真谛。故而，关龙逢、比干被杀，而桀、纣最终也因他们自身的昏聩残暴而落得国破身亡。

（五）孔子“天之戮民”解

在《庄子》一书中，孔子的形象具有两个维度。一个是道家式

---

① 尧、禹的武力强于丛枝、胥敖、有扈，这是客观的外在条件，也是属于他物的自然。故尧、禹可以顺此外在条件来讨伐。在《庄子·人间世》中，颜回要去劝诫卫君，卫君的权势大于颜回，这是颜回的客观的外在条件，属于他物的自然。故孔子反对颜回自以为是的主张，告诫颜回要考虑到其所处的外在情况，要顺着自身所在的条件来与卫君相处，而不能激怒卫君，自取灭亡。故以战止战，不能一厢情愿地去发动，需要顺应自然情势而为之。

的正面人物，比如《人间世》中孔子教导颜回心斋，则以孔子为道家式的悟道人物，而颜回为求道者的形象。另外一个是道家精神所惋惜的对象，如《大宗师》中评论孔子为“天之戮民”、《德充符》中说孔子为“天刑之，安可解”。这两个看似矛盾的维度一同蕴含在对孔子的评价上，体现出道家评判儒家的典型态度。而对此问题的厘清，将有利于我们深入理解儒道思想之异同，并在“对于他人的自然”问题上获得更为清晰的阐述。

1. 儒、道的无为无执精神

庄子在《人间世》中借用孔子之口，传达了心斋的思想，其言曰：

> 若一志，无听之以耳而听之以心，无听之以心而听之以气。听止于耳，心止于符。气也者，虚而待物者也。唯道集虚。虚者，心斋也。（《庄子·人间世》）

郭象对“一志”解读为“去异端而任独者也乎”①。也就是说去除掉其他各种干扰，从而达到真正的自我。郭象对“气也者，虚而待物者也”解读为“遣耳目，去心意，而符气性之自得，此虚以待物者也”②。也就是说，耳目会在感官经验上造作，而心意会在主观臆想上造作，这都不是自然。而“听之以气”，就是“虚而待物”，自己本心中没有任何成见的积淀，由此没有任何成见的心来应物。郭象对“虚者，心斋也”解读为“虚其心，则至道集于怀也”。③ 虚心，就是心中获得自然至道的功夫。

“心斋”是庄子的心性功夫论，上承老子的“涤除玄览”（《道德

---

① 郭象注，成玄英疏，曹础基、黄兰发点校：《南华真经注疏》，第 82 页。
② 同上。
③ 同上。

经·第十章》）、“致虚极，守静笃”（《道德经·第十六章》）之义旨，可谓道家的核心思想。然而，“心斋”却从孔子口中说出，我们可以认为，“心斋”的义理为儒道二家所共通。道家可以去除心中的杂念，达到一志的状态，但这一志是虚的，没有具体指向性的。而儒家也可以说去除心中的杂念，达到一志的状态，比如孔子说：“毋意，毋必，毋固，毋我。”（《论语·子罕》）但是，儒家在去除杂念后，需要凸显一个仁义的普遍性，故儒家的一志是实的，是具有道德指向性的。对道家而言，儒家的仁义的普遍性也属于杂念、积习，也要去除掉。比如，孔子说：“非礼勿视，非礼勿听，非礼勿言，非礼勿动。”（《论语·颜渊》）虽然儒家的“勿视”“勿听”类似道家的“遣耳目”，但儒家并不完全是“勿视”“勿听”，对于不在礼上的感官对象要“勿视”“勿听”，对于符合礼的感官对象则要“视思明，听思聪”（《论语·季氏》），具有超越对待的绝对性。而道家的“遣耳目”，则是完全地去掉一切东西，道家对于仁义的态度与对于其他事物的态度都是无所待的、若即若离的。因此，若就儒、道二家对于气禀流行之物而言，无论是对象还是主体的心念，两家都可以承认心斋的义理。若就仁义的道德普遍性、指向性、超越性而言，则两家就存在严重的分歧。

2. 儒、道的体用一贯精神

庄子称孔子为“天之戮民”，称其“天刑之，安可解”，似乎对孔子的评价较为负面，但郭象的注解则使之有了内外、迹冥义。

郭象对于“天之戮民”的解读为：“以方内为桎梏，明所贵在方外也。夫游外者依内，离人者合俗，故有天下者，无以天下为也。是以遗物而后能入群，坐忘而后能应务，愈遗之愈得之。苟居斯极，则虽欲释之，而理固自来，斯乃天人之所不赦者也。”[1] 方外是指心灵的无待，方内是指行动的应世。也就是说，心灵的无待状态，必然导致行动上与万物产生相应的关系。故心灵与行动是一体的，无法隔绝的。

郭象对“天刑之，安可解”的解读为：“今仲尼非不冥也。顾自然之理，行则影从，言则响随，夫顺物则名迹斯立。而顺物者，非为名也。非为名则至矣，而终不免乎名，则孰能解之哉！故名者，影响也。影响者，形声之桎梏也。明斯理也，则名迹可遗。名迹可遗，则尚彼可绝。尚彼可绝，则性命可全矣。”[2] 冥是指如心斋般的心灵状态，名迹是指在世间的影响。孔子达到了冥的心灵状态，并达到与此心灵状态相应的外在影响。这个外在影响又会对孔子产生桎梏。在主观上，孔子本身并不在意这些影响，也不追求这些影响。但在客观上，这些影响的桎梏作用还是有的。要解开这个桎梏，除非孔子改变这个冥。如果孔子改不了这个冥，那么外在的桎梏就顺带着产生，根本无法解开。

其实，无论是“天之戮民”的方内、方外义，还是“天刑之，安可解”的迹冥义，都可以归纳为体用关系。体用一如，有如是体，就会有如是用，故而有体而无用就不完全，有体有用才是圆满。牟宗三先生解之曰：

> 自“德充于内”言，则谓之“冥”；自“应物于外”言，则谓之“迹”。情尚于冥者，则以迹为己之桎梏，故必绝迹而孤冥。然绝迹而孤冥，则非其至者也。既非大成浑化之境，而冥亦

① 郭象注，成玄英疏，曹础基、黄兰发点校：《南华真经注疏》，第157页。
② 同上书，第120页。

非真冥也。非真冥者，孤悬之冥也，犹执着于冥也。[1]

然而，牟先生只是将“有体无用”与“有体有用”相比，而凸显“有体有用”之圆满。但并没有凸显儒、道二家“有体有用”时的区别。如果以孔子为道家式的“有体有用”，那么姑射山上的神人以及申徒嘉、哀骀它等人算不算“有体有用”？他们与物为春，应物无穷，应该也是“有体有用”，但庄子并没有说姑射山上的神人、申徒嘉、哀骀它等人为“天之戮民”“天刑之”。所以，我们还需要进一步分辨“儒体儒用”与“道体道用”的区别。

3.“执于仁义”的解读

在内心之冥上，儒、道可以在去掉杂念、欲望上达成共识，但在是否保留道德性上则会产生分歧。此分歧为体上的分歧，由此不同的体而产生各自相应的用，则用上亦会有所不同。道家之心斋，在无所待中显现出虚的心灵，在应物上也是若即若离，故没有分别，也没有善恶。唯有对于他者不自然的状态时，顺着物极必反而有一种损之又损的减法式的必然性；儒家之心斋，在无所待中显现出实的心灵，产生道德的必然性，故在应物上必然好善恶恶，进行道德评判和道德实践，于是又必然产生被人赞扬与诋毁的后果。

成玄英疏曰“执于仁义，遭斯戮耻”[2]，就是从道家的立场上批评孔子在冥上不够究竟。而庄子称之为“天之戮民”“天刑之”，则有意将孔子的“执于仁义”看作是“天性”。

有一种混淆儒体与道体的解读认为，在庄子的视域中，孔子生命中的道德普遍性、必然性、超越性是孔子之自然本性，如同“民食

① 牟宗三：《才性与玄理》，广西师范大学出版社2006年版，第188页。
② 郭象注，成玄英疏，曹础基、黄兰发点校：《南华真经注疏》，第120页。

刍豢，麋鹿食荐，蝍且甘带，鸱鸦耆鼠”一样，孔子执仁。由于孔子执仁，所以在用上，孔子必然周游列国，游说诸侯，又必然不被重用，反遭流离。由此，孔子受到人世间的桎梏是必然的，逃不掉的。虽然孔子受到用上的桎梏，但他不以此为桎梏，故在境界上仍旧是超然的，是无所待的道家圣人。但若是以此来解读孔子，则亦可以此方式来解读盗跖以及一切丑恶之人。比如：盗跖之偷盗、杀人之心灵亦可以看作是“天性”。所以在用上，盗跖必然偷盗、杀人。但盗跖虽然在行动上偷盗、杀人，但其心灵境界上仍旧是超然的，是无所待的道家圣人。由此，为孔子辩护的说辞也可以为盗跖进行辩护，甚至为一切普遍的善的、恶的、无善无恶的必然性辩护，由之则会丧失道家的精神。

在我看来，儒体与道体必然作出区分。在庄子的视域中，孔子的“执于仁义”需要分出两个层次。首先，“执于仁义”是从禀气上说，属于孔子自身的禀气特征。禀气特征不算真正的自然，而对待禀气特征的无所待的心灵才算真正的自然。庄子所谓孔子的“天之戮民”“天刑之”的“天”，就是从禀气特征上说的。其次，“执于仁义”不能说是自由心灵的本性。因为庄子的自然之道本身不具有普遍性，而仁义是具有普遍性的，故孔子的“执于仁义”必然不是出自自然之道。所以，孔子之“执”，就在于其对于禀气的仁义之气性，不能进行无所待的处置，而是执于其仁义之气性，故而导致人世间的桎梏。因此，“天”字表示的是先天的气禀，而非自然之道。孔子的心斋做得不够彻底，不能去掉禀气的仁义之气性，故仍旧是有所待。姑射山上的神人、申徒嘉、哀骀它等人是真正做到了心斋，真正做到了无所待，而孔子与他们相比，仍旧具有差距。

依照庄子的思想，孔子若能对于自己的仁义之气禀，也如申徒嘉对于其自身的断腿、哀骀它对于其自身的丑陋一样无所待，忘了断腿、忘了丑陋，那么孔子一样会忘了仁义，就不会汲汲然行仁义于世间，不会遭遇人世间的桎梏了。同理，盗跖之偷盗、杀人之本性至多也可以解为气禀之特征，盗跖对于这些特征也无所待，故忘了偷盗、忘了杀人，故亦可应物无穷了。

从儒家思想上看，孔子“执于仁义”是心灵自由所必然的，是不得不执，这是儒家的体；而从道家思想上看，孔子“执于仁义”最多是禀气的特征，是心灵自由所要去除的，若不去除，必然导致物极必反的后果。正是因为孔子自身不愿意去除仁义，才导致物极必反的桎梏，这也是自然之道损之又损的规律，故曰“天之戮民”“天刑之，安可解”。

由对孔子“天之戮民”的解读，我们可以看到，对于他人的不自然（包含孔子执于禀气之仁义，盗跖执于禀气之偷盗杀人），悟道者仍旧可以用顺应其禀气特征的方式劝诫之，或者顺着物极必反的姿态来损灭之。

三、治理措施

庄子的社会治理的相关措施，与老子有相近之处。一方面，在道家自然的正面意义上，庄子主张“无为”，如此则无法有任何措施可以施行；另一方面，在违背道家自然的负面意义上，庄子主张“为无为”，如此则可以讲措施，这些措施的主要目的是废除之前的措施。

在治理措施的“无为”的意义上，《庄子·外篇》中有一些文字，虽然可能是庄子后学所撰写，但与庄子的精神具有一脉相承的性质，其曰：

夫至德之世，同与禽兽居，族与万物并，恶乎知君子小人哉！同乎无知，其德不离；同乎无欲，是谓素朴。素朴而民性得矣。（《庄子·马蹄》）

至德之世，不尚贤，不使能；上如标枝，民如野鹿；端正而不知以为义，相爱而不知以为仁；实而不知以为忠，当而不知以为信；蠢动而相使，不以为赐。是故行而无迹，事而无传。（《庄子·天地》）

至德之世，是庄子后学秉承庄子思想，将理想状态推于上古时代。这个时候，不尚贤，不使能，没有君子与小人之分，君主与臣民之间也不存在用权力制度来划分等级的情况。人与人之间都是自然的交往，其间也没有什么礼乐的道理可言。

在治理措施的“为无为”的意义上，庄子主张在上位者不要有私意，更不要将自己的私意普遍化为社会上的强制性规范。

天根游于殷阳，至蓼水之上，适遭无名人而问焉，曰：“请问为天下。”无名人曰：“去！汝鄙人也，何问之不豫也！予方将与造物者为人，厌则又乘夫莽眇之鸟，以出六极之外，而游无何有之乡，以处圹埌之野。汝又何帠以治天下感予之心为？”又复问。无名人曰：“汝游心于淡，合气于漠，顺物自然，而无容私焉，而天下治矣。”（《庄子·应帝王》）

天根是一个有为的人，而无名人则是庄子塑造的得道者，其无为无执连自己的名号都无所谓了。天根问为天下之道的行为，本身就透露出一个信息，就是天根在潜意识里就认为为天下应该具有一个普遍的方法，而至于这个方法是什么，则需要请教高人。而无名人根本不屑于回答这个问题，生怕回答这个问题扰乱了其无为的心境。因为，一旦针对天根的问题进行回答，就有了应对，自然的境界就会丧失。其实，如果进一步深究，就会发现无名人所言的“出六极之外，而游无何有之乡，以处圹埌之野”其实就是为天下之道。然而天根不明白，继续追问，无名人不得已只能将回答对象化，指出为天下的人应该达到“游心于淡，合气于漠，顺物自然，无容私焉”的境界。“游心于淡”就是“无听之以耳”“无听之以心”；“合气于漠”就是“听之以心”；“顺物自然，无容私焉”就是“集虚待物”。在上位者真正应该去除任何私欲，做到心斋，才是为天下之道。

肩吾见狂接舆。狂接舆曰：“日中始何以语女？”肩吾曰：“告我：君人者，以己出经式义度，人孰敢不听而化诸！”狂接舆曰：“是欺德也。其于治天下也，犹涉海凿河，而使蚉负山也。夫圣人之治也，治外乎？正而后行，确乎能其事者而已矣。且鸟高飞以避矰弋之害，鼷鼠深穴乎神丘之下，以避熏凿之患，而曾二虫之无知！”（《庄子·应帝王》）

阳子居蹴然曰：“敢问明王之治。”老聃曰：“明王之治，功盖天下而似不自己，化贷万物而民弗恃，有莫举名，使物自喜，立乎不测，而游于无有者也。”（《庄子·应帝王》）

如果在上位者有私意，此私意通过公共权力转化为道德意义上的“经式义度”，成为引导社会的普遍价值；或者此私意通过公共权力转化为法律意义上的“名”，成为规范社会的刑法制度。那么无论是以德治国还是依法治国，在庄子看来都是欺德之举。真正的善治，应该废除德治、废除法治，恢复到在上位者带头从事心斋的无为之治。

从庄子的社会治理措施上看，庄子极力主张的治理模式是百姓的个体性自治。“庄子认为理想的君主只需要修养心灵以达到体道的境界，天下自然就会变好，这实际上完全认可了百姓的自治能力……就像百鸟知道通过高飞来躲避网罗箭弋之害，鼷鼠知道深藏于社坛之下来躲避火熏铲掘之害，所以，百姓并不需要被君主治理。在道与万物的关系中，庄子强调万物发展变化的原因和动力在于自身，虽然承认道的本原地位，但实际上否定了道对万物发展变化的主使作用。这样的道物关系转化到政治哲学中，也就会肯定百姓的自治能力，从而否定君主的治理行为的作用，否定君主使用权力的必要性和正当性。”①虽然庄子给出的藐姑射山上的神人生活，近乎理念所虚构出来的理想，难以在现实中得以实现，且其针对达到理想社会秩序的措施亦有很多不切实际之处。但是我们可以看到，一方面，其治理措施完全与其理想中的治理秩序具有逻辑上的一致性，在理论上具有较强的严谨性；另一方面，如果从严刑酷法、物欲横飞的社会现实上着眼，庄子所开的药方则显现出相当强的现实性，仍旧具有一定程度的积极意义。

四、治理秩序

治理秩序建立在伦理基础上。庄子的伦理思想以彻底的心灵自由为根本，无待于任何无法改变的事物，故而在庄子的心目中，完美的社会秩序应该是人人处于无待的自由状态。由于是人人皆为无待，故人为的无法改变的强权就彻底消失了，只有物质环境意义上的无法改变之物。

从人与物的关系上看，当人人心灵都处于无待状态时，那么剩

① 梁涛主编：《中国政治哲学史（第一卷）》，第140—141页。

下的客观限定性就仅仅存在于不具备自由心灵活动的动植物世界与客观物质世界了。但这些限定对于人的心灵境界而言，并不构成多大的威胁。心灵似乎只要顺着其物质层面的本性而不干涉之，且不以此限定为然，那么这些限定性也就无所谓限定性了。从人与人的关系上看，每个人都在自然无待之中，于是理想秩序似乎不需要有任何客观必然的建构。或者，根本就不需要任何秩序了，人与人天然地和谐而自治。在道家看来，这种无秩序的秩序，远远高明于儒家倡导的礼法制度。庄子假借儒家圣王之典型——尧来阐明这一思想，其曰：

尧治天下之民，平海内之政，往见四子藐姑射之山，汾水之阳，窅然丧其天下焉。（《庄子·逍遥游》）

尧的治理秩序应该是儒家的礼法秩序。礼法之治，在效果上似乎也能让百姓做到安居乐业。然而，尧在拜见藐姑射山之后，就被那里道家式的社会生活所吸引，都不想要自己礼乐之治下的社会了。在庄子看来，礼乐之治的社会，是最大的不自然，人人有待于礼乐给出的普遍价值要求，而且一旦有礼乐给出的正面价值，必然产生与其相反的负面价值，两者互相对抗，必然导致原本倡导的秩序走向毁灭。

且以巧斗力者，始乎阳，常卒乎阴，大至则多奇巧；以礼饮酒者，始乎治，常卒乎乱，大至则多奇乐。凡事亦然。始乎谅，常卒乎鄙；其作始也简，其将毕也必巨。（《庄子·人间世》）

道的真实存在，虽然不在正面意义上给出任何普遍性的价值判断，但在负面的违背自然的意义上，则必然产生物极必反的作用。所以，无论是世俗意义上的善还是恶，只要这种价值由个体自性衍生成为普遍强制性，就会产生不自然的恶果。在庄子看来，这些所谓的善、恶都是成心下不自然的智巧所为。任何以不自然的智巧作为开端的事件，最后都会转向其初衷的反面。这就是物极必反的道的原则。

于是，真正得于道的社会秩序，就应该没有普遍价值的提倡或反对，每个人都自然无待。庄子在描述藐姑射山上的神人生活时，似乎让我们获得了一窥这种社会秩序的机会。

> 藐姑射之山，有神人居焉，肌肤若冰雪，淖约若处子，不食五谷，吸风饮露。乘云气，御飞龙，而游乎四海之外。其神凝，使物不疵疠而年谷熟。……之人也，之德也，将旁礴万物，以为一世蕲乎乱，孰弊弊焉以天下为事！之人也，物莫之伤，大浸稽天而不溺，大旱、金石流、土山焦而不热。是其尘垢秕糠，将犹陶铸尧、舜者也，孰肯以物为事！（《庄子·逍遥游》）

如果我们剥离这段描述中的神话色彩，可以看到庄子理想中的社会秩序的状态。这些自然无待之人，没有太多的欲望，不肯“以物为事”。无论是在动物性的食色上，还是在社会性的权力争夺上，他们似乎都没有什么兴趣。任何外在的限定性事件，甚至如洪水、干旱、火山爆发等灾害都不会动摇他们的心智。他们与万物相处，从不干涉影响万物，万物由之而得以自然地生长。庄子认为他们的境界极高，即使跟他们相比如同尘垢秕糠一样的人，其境界才降到如尧、舜一般。

我们可以看到，庄子所推崇的神人，“若夫乘天地之正，而御六气之辩，以游无穷者，彼且恶乎待哉”（《庄子·逍遥游》）。他们似乎完全超脱于物质形体的束缚。即使有物质形体，物质形体本身以及经验感官所接受之内容也对他们的心灵没有多少影响。神人似乎就是一团无待而纯粹自由的灵魂的和谐互动，他们在天地万物之生灭、阴阳四时之大化中，都能够与无穷尽的事物安时处顺，与物无争。其实，这样神人般的生活状态，我们很难讲其具有任何社会生活的属性。在这样理念中的无秩序的秩序中，家庭家族、社会团体、国家政府的存在似乎完全不必要了，只有无数个纯粹自由而无待的灵魂在虚空中飘荡。

附：庄子与公孙龙子“指”“马”之喻解析差异下的两类治理秩序

公孙龙子的“白马非马论”与“指物论”是先秦名家两个重要论断，而巧合的是《庄子·齐物论》中恰有“以指喻指之非指，不若以非指喻指之非指也；以马喻马之非马，不若以非马喻马之非马也”之言。显然，二者同时言“指非指”“马非马”，表述极为相似，但细究之下，二者想要表达的义理却不甚相同。公孙龙子仅在名言范围内探讨纯粹概念之分野独立，庄子则贬斥名言概念而主张超越名言是非的纷扰。这种对于名言的不同态度，也进一步与两家思想的社会治理观念产生紧密的联系。因此，我们需要借助“指”“马”概念的梳理来分辨两家对于名言的不同主张，从而间接推论出两家关于社会治理秩序的主张。

1. 公孙龙子之“指”“马”：概念离物，各自独立

在公孙龙子“指物论”思想中，“物莫非指，而指非指”（《公孙龙子·指物论》）一句为其义理之总纲。“物莫非指”中“物”即世间万物本身作为自然存在的状态，无名无称；而“指”即人赋予事

物的概念名相。“物莫非指”一句就是说天下万物莫不是在人的认识下被赋予的概念。在这里，公孙龙子意在强调概念名相的重要性，即世间万物都要通过抽象概念进入人类的知识系统，才能被人认识。“而指非指”一句中，显然前后两个“指”的意义并不相同。前一个“指”即概念、名相，而后一个“指”即刨去人为所赋予的概念后的事物自然存在。所以，“而指非指”即概念不等同于概念所指向的物体自身。概念是人为创造的抽象符号，虽然可以指称事物，但本质上与“物”是相离的。公孙龙子在这里把概念与事物自身作了剥离，旨在承认概念所具有的独立性，即概念一经形成便可与事物自身分离而独立存在。

“白马非马”关键在于“非”的理解。时人与公孙龙子论辩，一般人总是将其理解为“不属于”，而公孙龙子则将其理解为“不等同于”。因此，公孙龙子所说的“白马非马”只是在说白马不等同于马，而并不是否认白马属于马。公孙龙子对“白马非马”的论证主要从概念内涵与外延两方面来进行。其一，“马”的概念内涵仅就形质而言，而“白马”的概念内涵则兼有形色，是普遍的白落实在具体的马的形质上。其二，“马”这一概念的外延包含了黄马、黑马各种颜色的马，其马的材质不定于任何普遍的颜色，而“白马”这一概念外延仅包含白马，其马的材质定于普遍的白色。由此，在公孙龙子看来，“白马”不等同于“马”，二者是两个分别而独立的概念。

常人使用概念，都用意在指称相应的事物，而公孙龙子不同常人的地方在于他能从具体事物中超越出来，回过头来辨析概念自身。这样既确立了概念的独立性，又区别了概念与概念之间的差异。公孙龙子的思路倾向将概念形上化、静止化、永恒化，这样就非常类似古希腊的关于“理念”的形上学思考。

2. 庄子之“指”“马”：名言人伪，止言息辩

当时名家之言广为流布，庄子“指非指”“马非马”之言实是借自公孙龙子，那他这么做究竟想表达何意呢？

庄子此言看似令人费解，郭象注则十分清晰：“夫自是而非彼，彼我之常情也。故以我指喻彼指，则彼指于我指独为非指矣。此以指喻指之非指也。若复以彼指还喻我指，则我指于彼指复为非指矣。此以非指喻指之非指也。”[①]“指”既然由公孙龙子而来，即应作指谓事物的名相概念理解。“我指”即我的规定、我的看法、我的概念，这是人为造作的结果；而“彼指”则是你的规定、看法、概念，也是人为造作的结果。（“马”一句作同解，“马”也应理解为用来定义“马”的概念。）若我从自己的规定与立场出发来非议他人不合于自己的标准，反之，他人也可以用他的观点和立场来指责我的观念为非，由此互相非难。庄子这句话是在说，世上人人都是自是而非彼的，都是囿于自己的看法立场而不能见其他，纷纷扰扰难以断绝。所以，互相以自己的“指”、自己的“马”来与别人争辩。

庄子后文接着就说：“天地一指也，万物一马也。”由此可见，庄子是不认同是非争辩、名言纷扰这种状态的。庄子主张的是要从世间名言物议中跳出来，这里的“一指”“一马”并非说天地万物有一个统一的标准，而是要超越世间的各种“指”“马”是非，把世间所有的标准立场、对待差别都放平了。在这个境界上，天下皆同于自是、均于相非。要说对，所有的看法都是对的；要说不对，所有的看法也都不对。这里的“一指”“一马”其实就是“道”的境界，即天地万物各是其是，即为自然。庄子“指”“马”之言有两个层次，其一是

---

① 郭象注，成玄英疏，曹础基、黄兰发点校：《南华真经注疏》，第36页。

名言、概念、是非的层次，这是庄子所要否定的；其二则是超越是非而平齐物议、止言息辩的层次，这是庄子所认同的。

3. 二者思想内涵之差异

公孙龙子与庄子虽同时有“指”“马”之喻，但两人理路不同，其思想也显示出了很大的不同。

其一，公孙龙子建立概念名相的确定性，而庄子打破概念名相的确定性。公孙龙子认为，概念一经指定，便具有确定性。而在庄子看来，这些所谓的概念、名言其实都是人为的矫作，实际上是靠不住的，并不具有确定性。

其二，公孙龙子注重分解路数，而庄子注重消解路数。公孙龙子认为概念与事物自身之间、概念与概念之间都是分离的，公孙龙子对概念严加分别，确立概念的独立性，走的是分解的路子。而庄子认为概念是人主观选择的产物，本就不是事物自身，对概念严加分别更会使事物的真实本然被人为支离。因此庄子主张要超越世间概念名言、是非争辩，将一切对待消解浑化于“道”之自然中，走的是消解的路子。

其三，公孙龙子讲求名理在，而庄子讲求玄理。公孙龙子强调概念的作用，其背后的支撑是对名理的追求，公孙龙子关注的是人的知识理性，在他看来，人通过理性思维抽象归纳出事物所具有的特征，给事物规定概念，进而通过对概念的严加区分来认识世界，形成各种知识。概念就是人类知识理性的体现。而庄子并不注重人的思虑心与名理思辨，而是讲求玄理，他认为世俗名言与是非争辩都是囿于成心所致，执迷其中会使得心灵为其所役，因此庄子主张通过消解世俗的知识系统来塑造自己的价值意义。

公孙龙子作为先秦名家的集大成者，他对于纯粹概念的抽象思考，对人的知识理性的单纯关注，在以生命体验为核心的中华传统文化中实为异类。这种对于名言的抽象性的重视，正是产生思辨理性、逻辑推演的先河。如果将这种思维模式放到社会治理上，则颇具现代性的风格，一方面这种思维模式会注重法治规范的逻辑自洽性，另一方面也容易导致人的社会生活产生理性牢笼的威胁。而庄子对于公孙龙子思路的消解，则是将名理重新消化于玄理之中，凸显了道家齐物的至高境界。我们现在看来，不能再将公孙龙子的学说视为“琦辞怪说”，而是需要融合名家与道家的思想，在玄妙的人生境界中，进一步去容纳包含理性思辨的确定性。这种思维模式置于社会治理中，就是关心每个生命的当下独特体验，并彻底否定设置统一规范的必要性，具有无政府主义的意味。

第七章
黄老道家的社会治理思想

庄子对于老子思想的继承，将老子本来虚无的道体彻底淡化，又以心斋之忘我而将自然彻底融入人的自由心灵境界之中，故庄子所转出的社会治理思想，类似于彻底放任的无政府主义，真正达到了无为而治。这样一种治理思想，虽然在哲学上具有深刻的玄理，在实践上对于严刑酷法的缓解也有积极的意义，但作为一种正面的、可供把捉和实施的治理理论，则失之过简，也根本无从下手。

在老、庄之后，道家思想的发展开始从心灵境界的形上世界中逐渐转化为对形下世界的关注，形成了黄老学派。“从史的角度看，黄老道家可以分为三个时期，即早期黄老道家、全盛期黄老道家和后期黄老道家。早期黄老道家‘老’和‘黄’的结合未必那么紧密，与之相关的作品是传世文献《庄子》外杂篇、《逸周书》、《管子》、《韩非子》、《慎子》、《尸子》以及兵书《六韬》、医书《黄帝内经》中的一些内容，还有出土文献《太一生水》、《恒先》、《凡物流形》、马王堆医书类竹简等。全盛期黄老道家代表性的作品是传世文献《吕氏春秋》《史记》《新书》《新语》《文子》《淮南子》中的一些内容，还有出土文献《黄帝四经》《九主》等。后期黄老道家代表性的作品是传世文献《论衡》中的一些内容、严遵《老子》注、王弼

《老子》注、郭象《庄子》注、《列子》等。”[①] 在这些黄老学派的文献中，又以全盛时期的《黄帝四经》为其代表。“出土的《黄帝四经》是现存最早也最完整的黄老道家作品，为我们了解在战国百家争鸣中取得思想界主导地位的黄老学派的发展线索，提供了一种重新的认识与评估的极大便利。”[②] 因此，本章所讨论的黄老思想，主要以《黄帝四经》作为该思想的基础文献。

一、黄老思想与老、庄精神的差异

如果说老、庄思想是以形上世界的虚无来松解形下世界的秩序，那么黄老思想则是以形上世界的道体的开展来奠定形下世界的秩序。这样一来，形下世界的秩序就具有了形上的保证，变得更为坚固而合理了。陈鼓应先生指出：“在道家系统中，老子的思想发展到战国时代，形成了两个主要学派，即黄老之学和庄学。两者都继承了老子的道论，但又加以不同的发展。就黄老之学来说，由‘道生法’可以看出，它使老子的道论向着更积极的方向发展，引出了一系列社会政治准则；而庄学则把道演化成了一种人生境界。”[③] 可以说，黄老学派对于道家思想的解读，虽然在老、庄文献中也具有一定的依据，但其基本倾向，并不符合老、庄的精神。比如，在《道德经》中有如下的记载：

> 故失道而后德，失德而后仁，失仁而后义，失义而后礼。夫礼者，忠信之薄，而乱之首。前识者，道之华，而愚之始。是以

---

① 梁涛主编：《中国政治哲学史（第一卷）》，第 165 页。

② 陈鼓应：《黄帝四经今注今译》，中华书局 2016 年版，序第 5 页。

③ 同上书，第 45 页。

大丈夫处其厚，不居其薄；处其实，不居其华。故去彼取此。（《道德经·第三十八章》）

在老子思想中，道、德、仁、义、礼的生成乃是衰败的后果。故求道的大丈夫，不会去追逐礼，而会去体悟道，要去礼之彼而取道之此。

同样，庄子也有类似的言论，其曰：

意而子见许由，许由曰："尧何以资汝？"意而子曰："尧谓我：'汝必躬服仁义，而明言是非。'"许由曰："而奚为来轵？夫尧既已黥汝以仁义，而劓汝以是非矣，汝将何以游夫遥荡、恣睢、转徙之途乎？"意而子曰："虽然，吾愿游于其藩。"许由曰："不然。夫盲者无以与乎眉目颜色之好，瞽者无以与乎青黄黼黻之观。"意而子曰："夫无庄之失其美，据梁之失其力，黄帝之亡其知，皆在炉捶之间耳。庸讵知夫造物者之不息我黥而补我劓，使我乘成以随先生邪？"许由曰："噫！未可知也。我为汝言其大略。吾师乎！吾师乎！齑万物而不为义，泽及万世而不为仁，长于上古而不为老，覆载天地、刻雕众形而不为巧。此所游已。"（《庄子·大宗师》）

庄子借助道家理想人物许由之口，将尧所尊奉的仁义是非视为黥、劓之刑，认为倘若去服仁义、明是非，人就丧失了先天自然的完整性，变成有为造作的残疾者了。

颜回曰："回益矣。"仲尼曰："何谓也？"曰："回忘仁义矣。"曰："可矣，犹未也。"他日复见，曰："回益矣。"曰："何谓也？"曰："回忘礼乐矣。"曰："可矣，犹未也。"他日复见，曰："回益矣。"曰："何谓也？"曰："回坐忘矣。"仲尼蹴然曰：

“何谓坐忘?”颜回曰:“堕肢体，黜聪明，离形去知，同于大通，此谓坐忘。”仲尼曰:“同则无好也，化则无常也。而果其贤乎!丘也请从而后也。”(《庄子·大宗师》)

在此寓言中，庄子以仲尼为道家理想人物，以颜回为求道者。仲尼让颜回所作的功夫，竟然是忘去仁义礼乐。这也明显是罢黜仁义，而取同于大通的无为之道。

由此可见，老、庄精神不能容忍仁义礼乐是非刑罚等设施，而这些形下世界的设施，则是黄老思想中极力证成的。

需要指出的是，庄子后学中，已经夹杂着一定程度的黄老思想。在《庄子·天道》篇中，则有如下表述:

是故古之明大道者，先明天而道德次之，道德已明而仁义次之，仁义已明而分守次之，分守已明而形名次之，形名已明而因任次之，因任已明而原省次之，原省已明而是非次之，是非已明而赏罚次之。赏罚已明而愚知处宜，贵贱履位，仁贤不肖袭情，必分其能，必由其名。以此事上，以此畜下，以此治物，以此修身，知谋不用，必归其天，此之谓太平，治之至也。(《庄子·天道》)

在庄子后学的思想中，大道、道德、仁义、分守、形名、因任、原省、是非、赏罚乃至愚知、贵贱、仁贤不肖之能与名，并不是如老、庄所主张的那样是自然之道衰败所产生的，而是自然之道自身衍化的产物。故悟道者不是要去彼取此地回归道体，而是要对这些层级的设施都予以正面的肯定，并由此肯定而进行相应的治理。这种与老、庄精神相违背的路径，正是黄老思想给予的方向，这种新的道家思想在《黄帝四经》中具有更为充分的显现。

二、治理本体

治理本体所论乃黄老学派的道体。在《黄帝四经》中，论述道体的《道原经》置于四经之末，陈鼓应认为：“《黄帝四经》之《经法》在前、《道原》在后，恰与帛书《老子》之《德经》在前、《道经》在后相一致，这乃是黄老学派落向现实社会的表现。”[①] 由于黄老学派的天道以指向人事为宗旨，故我们可以从天道与人事两个方面来展开对于治理本体的阐述。

（一）天道的特征

《道原经》中所描述的道，虽然借用了老、庄的类似言辞，但有自身的义理系统，其曰：

> 恒无之初，迵同大（太）虚。虚同为一，恒一而止。湿湿梦梦，未有明晦，神微周盈，精静不配（熙）。古（故）未有以，万物莫以；古（故）无有形，大迵无名。天弗能覆，地弗能载。小以成小，大以成大。盈四海之内，又包其外。在阴不腐，在阳不焦。一度不变，能适规（蚑）侥（蛲）。鸟得而蜚（飞），鱼得而流（游），兽得而走。万物得之以生，百事得之以成。人皆以之，莫知其名；人皆用之，莫见其刑（形）。一者其号也，虚其舍也，无为其素也，和其用也。是故上道高而不可察也，深而不可则（测）也。显明弗能为名，广大弗能为刑

① 陈鼓应：《黄帝四经今注今译》，第4页。

(形)，独立不偶，万物莫之能令。[①]

在这段诠释道体的文字中，我们可以发现这些要点：其一，从本源上看，道是最初最高的实体；其二，从功效上看，道能够促成万物的存有与生长；其三，从认识上看，道是无法被经验认知的。虽然《道原经》中用了“虚”“一”等老子常用的描述道体的文辞，但黄老思想中的道并没有由老子到庄子一线发展的境界形态，即形上学的去实体化的意味，而是反向加强了道的实体化意味。之所以用这些模糊不定的言辞来称呼道体，实在是由于作为实体的道超越了一切具体的存有，从而无法用具体的限定性的言辞来称呼此无限的道体。

黄老学派树立了一个本源上的道体，以之作为万物生存的形上根源，从而为一切形下的设施进行张本。一切形下事物的变化都在道的作用中得以成立。

> 道者，神明之原也。神明者，处于度之内而见于度之外者也。处于度之［内］者，不言而信。见于度之外者，言而不可易也。处于度之内者，静而不可移也。见于度之外者，动而不可化也。静而不移，动而不化，故曰神。神明者，见知之稽也。[②]

道的作用可谓之神明，神明是指道能够查明一切变动，并产生神妙不测之功效的意思。万物的变化可以用度来衡量。在度之内，是指在定则中的存在；在度之外，是指超过定则外的转变。当事物在度之内的时候，事物呈现出常规的样态，仍旧持守着原来的本质；而当事物在度之外的时候，事物呈现出本质性的转变。无论是度之内还是度

---

① 《黄帝四经·道原经》，转引自陈鼓应：《黄帝四经今注今译》，第452—456页。引用文献依照陈鼓应先生的释文，( ) 表示所释异体字和通假字，［ ］表示所补字，〈 〉表示勘误，□表示缺文，以下所引《黄帝四经》皆依此例。

② 《黄帝四经·经法·名理》，转引自陈鼓应：《黄帝四经今注今译》，第226页。

之外，本质的衡定与本质的转换，都是道的神妙不测的作用。度之内的静止与度之外的变动，则是基于黄老学派的阴阳理论。其言：

> 群群□□□□□□为一囷。无晦无明，未有阴阳。阴阳未定，吾未有以名。今始判为两，分为阴阳。离为四［时］……因以为常，其明者以为法而微道是行。[①]

依照陈鼓应的解释，“群群”为“混混”，而阙文处可以补为“沌沌，窈窈冥冥”，“囷”为禾在口中，在此取譬天地未成、阴阳未分时的混沌窈冥的状态。[②] 此未分阴阳的状态，乃是一团元气。后来此元气判为阴阳，于是天地万物由此而生。万物都属于阴阳，而阴阳之间又有内在的变化规律。

> 极阳以杀，极阴以生，是胃（谓）逆阴阳之命。极阳杀于外，极阴生于内，已逆阴阳，有（又）逆其立（位），大则国亡，小则身受其央（殃）。……当者有［数］，极而反，盛而衰，天地之道也，人之李（理）也。逆顺同道而异理，审知逆顺，是胃（谓）道纪。[③]

在阴尚未发展至极致的自身中，阴保持自身的静止；在阳尚未发展至极致的自身中，阳保持自身的静止。但当外在的阴发展到了极致就会蕴含内在的阳的生成，最终被阳所取代；而当外在的阳发展到了极致就会孕育内在的阴的生成，最终被阴所取代。阴阳各自保持在自身中的状态，则为度内；阴阳各自向对立面转化的状态，则为度外。无论度之内外，还是阴阳之静动，都是道的作用。

---

① 《黄帝四经·十大经·观》，转引自陈鼓应：《黄帝四经今注今译》，第260—261页。
② 参看陈鼓应：《黄帝四经今注今译》，第261页。
③ 《黄帝四经·经法·四度》，转引自陈鼓应：《黄帝四经今注今译》，第159页。

（二）人事的兴衰

既然天道有度之内的原有状态的衡定，又有度之外的自身本性的改变，那么对于人事而言，也要遵从天道的规律。但天道无形无相，无法为人所具体把握，故知道天道，就不是一般人所能做到，而是需要做到极深的心灵功夫。

欲知得失，请必审名察刑（形）。刑（形）恒自定，是我俞（愈）静。事恒自㐌（施），是我无为。静翳不动，来自至，去自往。能一乎？能止乎？能毋有己，能自择而尊理乎？纾也，毛也，其如莫存。万物群至。我无不能应。我不臧（藏）故，不挟陈。乡（向）者已去，至者乃新，新故不翏，我有所周。[①]

心灵功夫，主要包括以下几个方面。其一，心灵保持自身静翳无为。不要让自我的前理解的私意萌发出来，从而影响对道体的认知。其二，心灵保持对万物的彻底敞开。万物自来自去，心灵既不贪恋也不厌恶，不要让自己的偏私影响了对于万物的判断。其三，心灵进行审名察形。冷静清醒的主体与客观呈现的万物，都在道的作用下得以察照。由此，冷静清醒的主体可以认知到道，并以道的规律对万物进行审名察形。

这样的心灵功夫不是一般人可以做到的。黄老学派认为，能认知道并遵从道的，就是“君子”“正人”“圣人”，其曰：

君子卑身以从道。知（智）以辩之，强以行之，贵道之并世，柔身以寺（恃）之时。[②]

---

① 《黄帝四经·十大经·名刑》，转引自陈鼓应：《黄帝四经今注今译》，第384页。
② 《黄帝四经·十大经·前道》，转引自陈鼓应：《黄帝四经今注今译》，第358—359页。

> 夫百言有本，千言有要，万［言］有蒽（总），万物之多，皆阅一空，夫非正人也，孰能治此？罢（彼）必正人也，乃能操正以正奇，握一以知多，除民之所害，而寺（持）民之所宜。[①]

这样的悟道者，能够遵从道的规律来行事，可以用“操正以正奇，握一以知多”来进行人事的治理。当然，这种治理模式，仍旧需要按照天道的阴阳静止、度内度外的规律来进行，比如：

> 故唯圣人能察无刑（形），能听无［声］。知虚之实，后能大虚；乃通天地之精，通同而无间，周袭而不盈。服此道者，是胃（谓）能精。明者固能察极，知人之所不能知，服人之所不能得。是胃（谓）察稽知极。圣王用此，天下服。无好无亚（恶）。上用□□[②]而民不麋（迷）惑，上虚下静而道得其正。信能无欲，可为民命；上信无事，则万物周扁：分之以其分，而万民不争；授之以其名，而万物自定。不为治劝，不为乱解（懈）。广大，弗务及也；深微，弗索得也。夫为一而不化。得道之本，握少以知多。得事之要，操正以政（正）畸（奇）。前知大（太）古，后［能］精明。抱道执度，天下可一也，观之大（太）古，周其所以；索之未无，得之所以。[③]

人要认知天道的规律，依从天道的规律来处事，在度之内进行活动，万物就会持续成长。黄老学派认为，唯有圣人能够体悟道体，知道一般人所不能知的天道规律。圣人有了这个能力，就可以居君位，用天道的规律来治理社会。由于治理的措施来自天道，故圣人不需要

---

① 《黄帝四经·十大经·成法》，转引自陈鼓应：《黄帝四经今注今译》，第340页。
② 陈鼓应补作“察极”，参看陈鼓应：《黄帝四经今注今译》，第463页。
③ 《黄帝四经·道原经》，转引自陈鼓应：《黄帝四经今注今译》，第460—463页。

强加自己的私意在其治理措施中，只要以道的规律来分派各个民众所需要尽的责任之名即可。民众的责任之名，也不是来自君王，而是来自天道。依照黄老学派的观点，自然就是道，故民众依照天道来尽其责任，就是尽其自然之道，就是万物自定。相反，如果不遵守天道的规律，人事就会自取其祸，走向灭亡。比如：

> 莫能见知，故有逆成。物乃下生；故有逆刑，祸及其身。[①]
>
> 如燔如卒，事之反也；如繇如骄，生之反也。凡万物群财（材），绋长非恒者，其死必应之。三者皆动于度之外，而欲成功者也。功必不成，祸必反［自及也］。以刚为柔者栝（活），以柔为刚者伐。重柔者吉，重刚者威（灭）。[②]

无论是为君者还是一般的民众，如果不能认知天道的规律，而是违背天道的规律来处事，则会跨越至度之外，导致原来执意要发展的事物的消亡。

三、治理伦理

治理本体与治理伦理具有十分紧密的内在关联。黄老学派的治理本体的自身特色赋予了其伦理行为的内在基础，并在伦理关系中由内向外展现出了他律道德、等级高下、守雌之道的行为模式。

（一）他律道德

在先秦时期，一部分思想家们已经能够认识到人所面对的两种必

---

① 《黄帝四经·经法·名理》，转引自陈鼓应：《黄帝四经今注今译》，第 231 页。
② 同上书，第 234 页。

然性，一种是来自外在的必然性，称之为命；一种是来自内在的必然性，称之为性。人与天地万物都具有各自的外在必然性，故此外在必然性并不是人所可贵之处。人与天地万物的不同之处在于人能够自觉地认识到内在的必然性，并执守此内在必然性。虽然此内在必然性的理解，可能各家各异。比如孔、孟以德性为内在必然性，老、庄以自然为内在必然性，但此内在必然性都可以由主体自主决定。正是由于外在的必然性非人所能决定，而内在的必然性则是人所能决定，故人不以外在必然性为然，反而逆觉到自身内心中去寻求内在的必然性，由心的自我决定来显现出内在必然性的高贵之处，也凸显出人的价值。

然而，在黄老学派的思想中，这种内在必然性是缺少的，或者说其内在必然性就是外在必然性，两种必然性是同一个必然性。因为在黄老思想中，人的内在必然性不由自我决定，反而是被决定的。人心不能自由地决定自己的内在必然性，而只能服从天道的外在的强制性要求，比如：

> 赢极必静，动举必正。赢极而不静，是胃（谓）失天。动举而不正，[是] 胃（谓）后命。[①]

天道的规律是事物发展到极点就要退下来，各种变化都要合乎法度。如果发展到极点不退反进，各种变化都不合乎法度，那么就会不合天命。

> 过极失 [当]，天将降央（殃）。人强朕（胜）天，慎辟（避）勿当。天反朕（胜）人，因与俱行，先屈后信（伸），必

---

① 《黄帝四经·经法·亡论》，转引自陈鼓应：《黄帝四经今注今译》，第 202 页。

尽天极，而毋擅天功。[①]

天有生死之时，国有生死之正（政）。因天之生也以养生，胃（谓）之文。因天之杀也以伐死，胃（谓）之武。[文] 武并行，则天下从矣。[②]

天道从最高的实体一直到人间诸多设施，都有其固定的变动规律，人心只有遵守这些规律才能得以生存，而一旦违背这些规律，就会导致灭亡。人间无论是要养生还是伐戮，都需要顺从天道来做。在此意义上，人的道德本性是遵从道的要求，而不是内心的呼唤，故这种道德本性是外在的，属于他律道德。

黄老学家将天道视为阴阳之气的变动，故其性未有如孔、孟般具有超越意义，而是就气论性。既然天地万物皆一气之所化，则人心亦为气。人心之所要，仅仅是为了保持清明来认知阴阳之气的变化动荡，顺着气化之趋势来推动人事。故黄老家之道，实在是人事被气化本身所裹挟，尚未如孔、孟般有真正的"尽心知性则知天"的道德自律之气概。[③]

（二）等级高下

黄老学派所认可的宇宙真理就是实体性的天道以及天道在人世间的规律性的展现，而认识这些规律又不是人人皆能之事。只有极少部分圣王才能做到认识天道、顺天道而行，而绝大部分的百姓则无法认识天道，故只能以圣王作为媒介，通过依照圣王的指示来遵守天道。

---

① 《黄帝四经·经法·国次》，转引自陈鼓应：《黄帝四经今注今译》，第 84 页。

② 《黄帝四经·经法·君正》，转引自陈鼓应：《黄帝四经今注今译》，第 115 页。

③ 后世卜卦算命之末流，皆为预测天地阴阳之气之流行，而以此外在必然性来决定内在自主的决定，皆为道德他律。此与黄老学派如出一辙。

比如：

昔者黄宗，质始好信，作自为象，方四面，傅一心，四达自中，前参后参，左参右参，践立（位）履参，是以能为天下宗。“吾受命于天，定立（位）于地，成名于人。唯余一人［德］乃肥（配）天，乃立王、三公，立国置君、三卿。数日、磿（历）月、计岁，以当日月之行。允地广裕，吾类天大明。”①

在这段文字里，只有黄帝一个人可以认识天道，从而可以“为天下宗”，获得其统治者的地位。曹峰认为：“通过《黄帝四经》，我们清楚地发现，黄帝就是‘天道’最高的代言人、执行者。依靠了黄帝代表的规则、禁忌系统，从天道到人道才得以真正落实。”② 黄帝依照天道来设定人间的秩序，从而让天下万事万物都能够获得充分发展。然而，既然只有黄帝一人可以参悟天道，而其他人无法参悟天道，那么必然导致参悟者与不参悟者之间地位的不平等。例如：

上人正一，下人静之，正以侍（待）天，静以须人。③

在上位者贞定此“一”的天道，等待天意的降临；而在下位者则只能静待，等待上位者参悟天道后对自己所从事的安排。当然，从理论上说，上位者的特权地位是其具有参悟天道之德能，而在下位者则缺乏此德能，故上位者同时也不能掺和自己的私意来进行人事安排。④

---

① 《黄帝四经·十大经·立命》，转引自陈鼓应：《黄帝四经今注今译》，第 247 页。

② 曹峰：《文本与思想：出土文献所见黄老道家》，中国人民大学出版社 2018 年版，第 192 页。

③ 《黄帝四经·十大经·正乱》，转引自陈鼓应：《黄帝四经今注今译》，第 303 页。

④ 但是，我们也可以说，既然在下位者被规定无法参悟天道，那么在上位者是真的参悟天道还是假的参悟天道，谁能证明呢？完全可能是在上位者通过其政治地位垄断了对天道的解释权，从而获得其执政地位的永恒的形上保证。

（三）守雌之节

在天道的必然性规范下，人人都要去除自己的私意，从而完全依照天道的规律而行。然而，人心是自由的，既可以依照天道，也可以违背天道。而天道又是那么隐秘难闻，非一般人所能知晓。如果人不遵从圣王依从天道发布的命令，则完全有可能违背天道，导致灾祸的降临。比如：

> 虚无刑（形），其裻冥冥，万物之所从生。生有害，曰欲，曰不知足。生必动，动有害，曰不时，曰时而□[①]。动有事，事有害，曰逆，曰不称，不知所为用。事必有言，言有害，曰不信，曰不知畏人，曰自诬，曰虚夸，以不足为有余。故同出冥冥，或以死，或以生，或以败，或以成。祸福同道，莫知其所从生。[②]

在自由意识下，人若选择违背天道的方向就会产生生害、动害、事害、言害的负面作用；人若选择顺从天道的方向就会得到相应的福报。故无论是圣王还是圣王所统御的民众，都需要以直接或者间接的方式来遵从天道。天道显现为阴阳的变动，其间就有度之内外的分寸问题。

> 凡人好用雄节，是胃（谓）方（妨）生。……凡人好用[雌节]，是胃（谓）承禄。[③]

如果人需要让事情有所成就，就需要谨守在法度之内，阴阳仍旧保持旧有的平衡，事物的本质没有发生改变；如果人过分贪婪，

---

① 陈鼓应补作“倍”，参看陈鼓应：《黄帝四经今注今译》，第 54 页。
② 《黄帝四经·经法·道法》，转引自陈鼓应：《黄帝四经今注今译》，第 51—56 页。
③ 《黄帝四经·十大经·雌雄节》，转引自陈鼓应：《黄帝四经今注今译》，第 327 页。

则会让事物发展到法度之外，于是阴极而阳、阳极而阴，事物的本质就会向相反方向转变。黄老学家把谨守法度称为雌节，把越过法度称为雄节。凡是雄节，则会背道违时；凡是雌节，则会守道顺时。真正理解天道变化的参悟者，应该学会使用雌节，而不去使用雄节。守雌之节可以视为黄老学派伦理行为最为基本的法则，也是其对于老子“柔弱胜刚强”（《道德经·第三十六章》）思想的继承。

四、治理措施

形名为天道与人事的中介。天道本身难以认知，但天道通过执道圣王而落实为形名。形名即可为普通大众所认知与遵从。由形名之确定，就有了律法的基础，在上位者可以进行循名责实，对照每个人的行为与其所相应的名是否吻合，如果吻合就进行奖赏，如果不吻合就进行惩处。这样一来，形名也可以解作刑名，依照名实之吻合程度来处以相应的刑罚与奖赏。可以说，黄老学派的治理措施，乃是以形名为中心来展开的。

（一）审察名理

形名的根源在于天道阴阳，但是具体的成立与实施，则在于执道之圣王，其曰：

> 故执道者之观于天下也，必审观事之所始起，审其刑（形）名。刑（形）名已定，逆顺有立（位），死生有分，存亡兴坏有处。然后参之于天地之恒道，乃定祸福死生存亡兴坏之所在。是故万举不失理，论天下而无遗策。故能立天子，置三公，而天下

化之，之胃（谓）有道。[1]

执道者对于天下的治理，一方面是审查各类具体事物的形名，另一方面是将各类事物放置于天地之恒道中进行考量。这样既能照顾到局部的特性，又能考察到整体的态势。在此工作的基础上，设定各类职位，从而保证具体事物的变化依道而行。

天下有事，必审其名。名□□[2]，循名厩（究）理之所之，是必为福，非必为材（灾）。是非有分，以法断之；虚静谨听，以法为符。审察名理冬（终）始，是胃（谓）厩（究）理。唯公无私，见知不惑，乃知奋起。故执道者之观于天下[也]，见正道循理，能与曲直，能与冬（终）始。故能循名厩（究）理。刑（形）名出声，声实调合。祸材废立，如景（影）之隋（随）刑（形），如向（响）之隋（随）声，如衡之不臧（藏）重与轻。故唯执道能虚静公正，乃见[正道]，乃得名理之诚。[3]

执道者对于天下事物的审察主要以形名为基础的律法为准绳。在审察的时候，在上位者需要虚静公正，完全以此客观的律法为标准，不能带任何个体的私人情感。黄老学派认为，唯有这样的审察，才能真正符合天道的客观要求。“对于人君而言，政治事务的祸福、死生、存亡、兴坏，只要通过考察名实是否相符便可知晓。这个过程需要人君依循正道、顺从事理，能够辨别事物的是非曲直，体察事物发展的终始往复。”[4] 可以看出，黄老学派所主张的审察，其审察主体不能有自身的是非标准，完全以形名法度为准，体现了一种工具化的

① 《黄帝四经·经法·约论》，转引自陈鼓应：《黄帝四经今注今译》，第223页。
② 陈鼓应补作“理者”，参看陈鼓应：《黄帝四经今注今译》，第239页。
③ 《黄帝四经·经法·名理》，转引自陈鼓应：《黄帝四经今注今译》，第238页。
④ 李笑岩：《先秦黄老之学渊源与发展研究》，上海古籍出版社2018年版，第415页。

理性主义精神。

（二）德刑相辅

在审察名实之后，就要对于名实的不同状态进行相应的赏罚，其曰：

精公无私而赏罚信，所以治也。①

名实相符就要进行奖赏，名实不符就要进行惩罚。赏罚做到公正，治理就能顺畅。赏体现为德，罚体现为刑，所以赏罚措施体现了德刑相辅的精神。

刑德皇皇，日月相望，以明其当。望失其当，环视其央（殃）。天德皇皇，非刑不行，缪（穆）缪（穆）天刑，非德必顷（倾）。刑德相养，逆顺若成。刑晦而德明，刑阴而德阳，刑微而德章（彰）。其明者以为法，而微道是行。②

在黄老学派的思想中，刑德如日月一般，德阳而刑阴。阳者明而彰，阴者晦而微。天道的顺利实现，需要刑来保障，而刑的长久，需要德来支撑，是故刑与德可以视为天道在人间运行的相辅相成的两翼。

（三）具体措施

社会治理的具体措施，则主要以执道的圣王为主导，其曰：

［省］苛事，节赋敛，毋夺民时，治之安。无父之行，不得子之用。无母之德，不能尽民之力。父母之行备，则天地之德

① 《黄帝四经·经法·约论》，转引自陈鼓应：《黄帝四经今注今译》，第121页。
② 《黄帝四经·十大经·姓争》，转引自陈鼓应：《黄帝四经今注今译》，第316页。

> 也。三者备，则事得矣。能收天下豪桀（杰）票（骠）雄，则守御之备具矣。审于行文武之道，则天下宾矣。号令阖（合）于民心，则民听令。兼爱无私，则民亲上。①

首先，在德能修为上，上位者自身需要具有治理者的德行和才干，做到兼爱天下人，这样才能很好地对百姓进行治理。其次，在政务设置上，政事不要繁琐，税赋不能繁重，徭役不能耽误农耕。再次，在人才储备上，需要招纳天下英才，为治理活动增加助手。复次，在政策实施上，无论度之内的动静还是度之外的征伐都要合于天道。最后，在政策导向上，政策要合乎百姓的利益，得到天下人的民心，那么百姓才会真诚地服从命令。

在上述的具体措施中，最为根本的是文武之道的政策实施与合乎民心的政策导向，比如：

> 臣君当立（位）胃（谓）之静，贤不宵（肖）当立（位）胃（谓）之正，动静参与天地胃（谓）之文，诛［禁］时当胃（谓）之武。静则安，正［则］治，文［则］明，武则强。安［则］得本，治则得人，明则得天，强则威行。参于天地，阖（合）于民心。文武并立，命之曰上同。②

文武之道的要旨在于各类措施都要符合阴阳的规律，做到上合于天，而合于民心则是下合于民。合于天、合于民，似乎是一致的。但是，由于黄老学派认为一些人事都是天道安排的，故我们只能说合乎天道就是合乎民心，但似乎还不能说合乎民心就是合乎天道。

---

① 《黄帝四经·经法·君正》，转引自陈鼓应：《黄帝四经今注今译》，第 122 页。
② 《黄帝四经·经法·四度》，转引自陈鼓应：《黄帝四经今注今译》，第 152 页。

（四）实施次第

黄老学派认为，各种社会治理的政策不能同时实施，而是需要有个渐进式的过程。下面两段文献充分体现这一思想，其曰：

> 节民力以使则财生。赋敛有度则民富，民富则有佴（耻），有佴（耻）则号令成俗而刑伐（罚）不犯，号令成俗而刑伐（罚）不犯则守固单（战）朕（胜）之道也。①

在第一段文献中，执政者首先让百姓富裕起来，其次让百姓有耻辱感而不去主动犯法，再次让社会养成听命令的风俗，最后的目的是让百姓退能守城、进能攻敌。

> 一年从其俗，二年用其德，三年而民有得，四年而发号令，[五年而以刑正，六年而] 民畏敬，七年而可以正（征）。一年从其俗，则知民则。二年用 [其德]，民则力。三年无赋敛，则民有得。四年发号令，则民畏敬。五年以刑正，则民不幸。六年 [民畏敬，则知刑罚]。七年而可以正（征），则朕（胜）强適（敌）。俗者，顺民心殹（也）。德者，爱勉之 [也]。[有] 得者，发禁拕（弛）关市之正（征）殹（也）。号令者，连为什伍，巽（选）练贤不宵（肖）有别殹（也）。以刑正者，罪杀不赦殹（也）。[畏敬者，民不犯刑罚] 殹（也）。可以正（征）者，民死节殹（也）。②

在第二段文献中，执政者先是遵从百姓原来的风俗，了解当地的是非准则；再是选用才德之士，使百姓都积极向上；三是免去税赋，

① 《黄帝四经·经法·君正》，转引自陈鼓应：《黄帝四经今注今译》，第 116 页。
② 同上书，第 102—105 页。

使百姓都富足起来；四是发号施令，使百姓心存畏敬之心；五是用法律进行治理，使百姓不能侥幸逃出法网；六是百姓有了畏敬之心，知道有刑罚而不敢触犯；七是率兵出征，可以战胜强敌。

这两段文献，固然微有差异，但其基调是相同的，都是先顺着百姓，然后政策由宽松慢慢收紧，最后扭转百姓原来的状态，以官方所打造的道德风尚与赏罚措施促使百姓走向征战之途。那么这种以征战为目的的治理措施，与“善为国者，太上无形”之间是否矛盾呢？

若从当时的现实上看，则黄老学派这一理论不但可以切实指导有野心的君主称霸，而且还为其称霸粉饰了一套形上学的理由，故而也深得君主的欢心，能得到最高权力的支持。虽然这有极强的现实中的可行性，但其征伐的目的与黄老学派自身的目的显然是矛盾的。

若从黄老学派自身的理论上看，应该说“太上无形”的社会秩序，既合天道，又合民心，是黄老学派最为理想的社会状态。但是，这种理想的社会状态，在现实中并不存在。黄老学派所面对的社会现实则是“太下不斗不讼又不果”的社会，故而其入手处则为“其下救患祸”。在先秦时期，任何一个诸侯国的治理，最后必然要与其他诸侯国发生关系。征战则是以自己的力量避免被他人侵犯，甚至强制要求他人服从自己的最为常见的手段。执道的圣王需要改变的不仅仅是某个诸侯国，而是整个天下，故必要勤修武备，以符合天道阴阳的方式准备好对付他国的文武之道，故养民以征则为治理之必然。倘若把征伐视为促使天下达到“太上无形”中的一个步骤，则征伐与黄老学派自身的目的又是一致的，两者不相矛盾。故从治理的次序上说，倘若天下征伐结束后，为政者仍旧应保持赏罚之道与道德风俗，再慢慢去掉赏罚之道，最后去掉道德风俗，最终回归到“太上无形”中。

五、治理秩序

黄老学派的治理秩序是黄老之天道在人间的落实。天道的物质化载体是阴阳，故其秩序所秉持的是阴阳消长之理；在阴阳原则的指导下，万物都有其内在的法度，于是有了形名的确立；圣王主导形名之法，以律法来促使天下的事物都依照形名来运行开展；治理秩序的合道与否，对于天下事物的生存发展具有极为重要的影响。

（一）秩序的生成原理

黄老学派认为，在当下的世界中，原初的元气已经产生了阴阳分判，万物莫不皆气，而气莫不有阴阳，于是天下万物皆有阴阳，皆符合阴阳的运动规律。

> 凡论必以阴阳□[①]大义。天阳地阴，春阳秋阴，夏阳冬阴，昼阳夜阴。大国阳，小国阴。重国阳，轻国阴。有事阳而无事阴，信（伸）者阳而屈者阴，主阳臣阴，上阳下阴，男阳［女阴，父］阳［子］阴，兄阳弟阴，长阳少［阴］，贵［阳］贱阴，达阳穷阴。取（娶）妇（生）子阳，有丧阴。制人者阳，制于人者阴。客阳主人阴，师阳役阴，言阳黑（默）阴，予阳受阴。诸阳者法天，天贵正，过正曰诡，□□□□[②]祭乃反。诸阴者法地，地［之］德安徐正静，柔节先定，善予不争。此地之度而雌之节也。[③]

---

① 帛书小组经法本补作“明”，参看陈鼓应：《黄帝四经今注今译》，第446页。

② “祭”通“际”，陈鼓应补“祭”之前所缺一字为“过”，有“过际乃反”之义，参看陈鼓应：《黄帝四经今注今译》，第448页。

③ 《黄帝四经·称》，转引自陈鼓应：《黄帝四经今注今译》，第446页。

天地、四季、昼夜、大小、轻重、有无、伸屈、主臣、上下、男女、父子、兄弟、长少、贵贱、达穷、生丧、制与被制、客主、师役、言默、予受，从天时到人事，都有阴阳之分。一切属阳的都法天，一切属阴的都法地。在黄老学派看来，属阳的事物需要在准度中存在，但其运行容易过度，一旦过度则会向反方向转变。属阴的事物则容易保持准度，不善争夺。故人事的行为，以属阴的方式进行则为雌节。而从黄老学派的态度来看，似乎更为支持雌节。故在阴阳的关系中，人更应该操守雌节。由于不同的分位各有阴阳的属性，故阴阳的差异就会体现在不同的分位中，促使不同的分位产生永恒的区别。

> 天地有恒常，万民有恒事，贵贱有恒立（位），畜臣有恒道，使民有恒度。天地之恒常，四时、晦明、生杀、鞣（柔）刚。万民之恒事，男农，女工。贵贱之恒立（位），贤不宵（肖）不相放。畜臣之恒道，任能毋过其所长。使民之恒度，去私而立公。变恒过度，以奇相御。正、奇有立（位），而名[形]弗去。凡事无小大，物自为舍。逆顺死生，物自为名。名刑（形）已定，物自为正。①

阳位有阳位的法度，阴位有阴位的法度，事物在各自的法度内可以保持恒常。故对于某个事物而言，不要有外在的过分的压力让其越过法度，也不要有内在的贪婪的私意让其越过法度。事物在法度中而保持其自身原有特性时，则以正道处之；事物越过法度之外而转向其原本特性的反面时，则以奇道处之。正道与奇道，本身也是天道的反映，也要配合有度。在这样的规则下，万事万物的状态和相应的性质都能得到确定。万物在大道中都能获得其应有的地位。

---

① 《黄帝四经·经法·道法》，转引自陈鼓应：《黄帝四经今注今译》，第 73 页。

（二）律法的存在基础

形名的存在来自天道阴阳的保证。执道的圣人在形名的基础上，需要进一步建立律法来进行人世间的规范。

> 见知之道，唯虚无有。虚无有，秋毫成之，必有刑（形）名。刑（形）名立，则黑白之分已。故执道者之观于天下殹（也），无执殹（也），无处也，无为殹（也），无私殹（也）。是故天下有事，无不自为刑（形）名声号矣。刑（形）名已立，声号已建，则无所逃迹匿正矣。[①]

万物由微到显，都必然有相应的形名。黄老学派认为，事物的形名都不是人为的主观意愿造成的，而是天道的自然规律使然，故而执道者要认识这些形名，就要去除自己内心的私意，这样才能更为清晰地认识到客观事物本身的形名特征。

> 道生法。法者，引得失以绳，而明曲直者殹（也）。故执道者，生法而弗敢犯殹（也），法立而弗敢废[也]。[故]能自引以绳，然后见知天下而不惑矣。[②]

执道的圣人可以认知到事物的形名特征，并由此设定人间的律法。由于此律法并非来自执道者个体的私意，而是来自天道给予事物的形名特征，故不能说人生法，而要说道生法。设定律法的人本身也要服从此律法，故生法的人不能犯法，法一旦成立，任何人都不能废止。由此律法来规范天下事物，天下事物就会合道而生。

> 主不失其立（位）则国[有本，臣]失其处，则下无根，

---

① 《黄帝四经·经法·道法》，转引自陈鼓应：《黄帝四经今注今译》，第56页。
② 同上书，第48页。

> 国忧而存。主惠臣忠者，其国安。主主臣臣，上下不赿者，其国强。主执度，臣循理者，其国朝（霸）昌。主得［位］臣楅（辐）属者，王。①

在社会秩序上，最为根本的是主臣的形名。主位为国本，为治理者；臣位为下根，为被治理者。两者之间需要做到主惠臣忠，即治理双方的道德关系；主主臣臣，即治理双方的层级关系；主执度臣循理，即治理双方的领导关系；主得位臣辐属，即治理双方的从属关系。可以看出，这样的治理与被治理关系，其形名的合法性完全来自天道的阴阳关系。

（三）主导的核心作用

虽然黄老的治理秩序来自天道，但由于天道难以为世人所知，故天道需要由执道的圣人开启给天下人。这样一来，执道圣人的主导作用就显得十分重要。

> 帝王者，执此道也。是以守天地之极，与天俱见，尽［施］于四极之中，执六枋（柄）以令天下，审三名以为万事［稽］，察逆顺以观于朝（霸）主危亡之理，知虚实动静之所为，达于名实［相］应，尽知请（情）伪而不惑，然后帝王之道成。②
>
> 公者明，至明者有功。至正者静，至静者圣。无私者知（智），至知（智）者为天下稽。称以权衡，参以天当。天下有事，必有巧验。事如直木，多如仓粟，斗石已具，尺寸已陈，则无所逃其神。故曰："度量已具，则治而制之矣。"③

---

① 《黄帝四经·经法·六分》，转引自陈鼓应：《黄帝四经今注今译》，第 134 页。
② 《黄帝四经·经法·论》，转引自陈鼓应：《黄帝四经今注今译》，第 185 页。
③ 《黄帝四经·经法·道法》，转引自陈鼓应：《黄帝四经今注今译》，第 63 页。

故唯执［道］者能上明于天之反，而中达君臣之半，密察于万物之所终始，而弗为主。故能至素至精，悎（浩）弥无刑（形），然后可以为天下正。[1]

以上三段，执道者的圣人与帝王是统一的。帝王的治理权力就是来自其悟道基础，故在理论上都是因圣而王。圣王能够审查天道形名，故其在治理天下方面起着首要的作用。

王天下者有玄德，有［玄德］独知［王术］，［故而］王天下而天下莫知其所以。王天下者，轻县国而重士，故国重而身安；贱财而贵有知，故功得而财生；贱身而贵有道，故身贵而令行。［故王］天下［者］天下则之。[2]

依照黄老学派，天下万事万物都在道的规定之中，圣王可以完全认识到道，士人则能通过圣王的教诲而执行符合道的法度，而国土与钱财则是道的运行中所附带的产物。故圣王在治理天下上，重人而轻物。只要有士人作为帮手来依道而治，那么物质方面的富足则是迟早的事。

（四）正反的治理效果

如果执政者能够真正执道而行，那么其社会运行必然获得良好的功效，比如：

绝而复属，亡而复存，孰知其神。死而复生，以祸为福，孰知其极，反索之无形，故知祸福之所从生，应化之道，平衡

① 《黄帝四经·经法·道法》，转引自陈鼓应：《黄帝四经今注今译》，第 79 页。
② 《黄帝四经·经法·六分》，转引自陈鼓应：《黄帝四经今注今译》，第 145 页。

而止。[①]

如果依照天道来进行治理，那么过度的事物就会重新回到自我的本分之中，于是本来趋向灭亡的事物又展现出了新的生机。在黄老学派看来，合乎道的秩序一定会让万物获得其存在的空间，并依天道赋予的本性得以充分发展。

相反，如果执政者不能真正执道而行，那么其治理的效果就会每况愈下，比如：

> 善为国者，大（太）上无形，其［次］□□[②]，［其］下斗果讼果，大（太）下不斗不讼有（又）不果。□[③]大（太）上争于□[④]，其次争于明，其下栽（救）患祸。[⑤]

最好的社会秩序，是天下事物都自觉依道而行，故显现不出任何刻意从道的迹象；次一级的社会秩序，就会有律法的显现；再次一级的社会秩序，就会有竞争和诉讼，但竞争与诉讼都有合理的结果；最差的社会秩序，想要竞争与诉讼都诉之无门，天下一片混乱，毫无任何结果。可以看出，此四种社会秩序，是由依道到违道逐次展开的过程。事实上，这四种状态未必是某个执政者执政失败的写照，更可能是借此来展现四种社会治理秩序。如果说第一种社会秩序是黄老学派的理想状态，那么最后一种社会秩序就是黄老学派社会治理的入手状态。

---

① 《黄帝四经·经法·道法》，转引自陈鼓应：《黄帝四经今注今译》，第 63 页。
② 陈鼓应补作“正法”，参看陈鼓应：《黄帝四经今注今译》，第 440 页。
③ 陈鼓应补作“夫”，参看陈鼓应：《黄帝四经今注今译》，第 441 页。
④ 陈鼓应补作“化”，参看陈鼓应：《黄帝四经今注今译》，第 441 页。
⑤ 《黄帝四经·称》，转引自陈鼓应：《黄帝四经今注今译》，第 440 页。

综上所述，黄老学派虽然号称是对道家思想的传承，但其对于道家的诠释已经与老子的本义具有较大的差异。通过对上一章庄子思想与本章黄老思想的分析，我们可以看到，在先秦道家思想的传承中，主要有两条路径，一条是庄子的发展路径，一条是黄老的发展路径。两条路径或多或少都继承了老子的思想，但又通过各自的诠释把老子思想发展成各自的流派。从庄子的路径上看，庄子把老子的自然思想落实到人的主体心灵中，通过心斋、坐忘等实践功夫而去除内心的造作无为，从而达到彻底自由自然的心灵境界。事物的客观性都被融摄于主体的自由心灵境界之中。而从黄老的路径上看，黄老学派把老子的自然思想客观化、绝对化，成为生成天下万物的实体。人只有涤除自我的心灵杂质，才能清楚地认知自然之道，甚至完全被动地服从执道者的命令，从而顺道则生，违道则亡。人的主体性完全被客观化、绝对化的道的规律所左右。这两条不同的对于道的诠释路径，造成了彻底不同的社会治理思想。前者主张为政者不需要有任何作为，甚至根本不需要政府，类似于彻底的无政府主义的自由放任。而后者则是将人世间一切治理措施都以天道阴阳的名义给予其合法性，通过各类手段驱使人民向天道的方向上发展，类似于权威政府的严格管控。只是，后者受到道家思想的影响，还希望这种管控措施能够逐渐减少，最终人民能够达到无管控措施而自觉遵循天道的状态。

第八章
墨子的社会治理思想

墨家学说的创始人为墨翟，《史记》记载：“墨翟，宋之大夫，善守御，为节用，或曰并孔子时，或曰在其后。”（《史记·孟子荀卿列传》）在先秦时期，墨家学说是可与儒家学说并列的显学。“世之显学，儒、墨也。儒之所至，孔丘也。墨之所至，墨翟也。”（《韩非子·显学》）然而，儒、墨两家常常互相对抗，《墨子》里有《非儒》篇，专门攻击儒家礼乐之治；而《孟子》中也攻击墨家“墨氏兼爱，是无父也。无父无君，是禽兽也”（《孟子·滕文公下》）。由此可见，儒、墨两家的学说具有很大的差异。

墨子有一段自述其学术宗旨的言论，其曰：“夫一道术学业仁义者，皆大以治人，小以任官，远施周偏，近以修身，不义不处，非理不行，务兴天下之利，曲直周旋，利则止，此君子之道也。”（《墨子·非儒下》）从这段自述来看，墨子的学问也以经世致用为目的，包含着丰富的社会治理的思想。我们可以从墨子的相关文献中，细绎出墨子的社会治理思想，从而展示与儒家不同的另外一种模式的社会治理方式。

一、治理本体

治理本体是治理的形上依据。墨子的治理本体在于其在形上学中建立天志的信仰，并以鬼神作为辅助来沟通天人两界。命定论会对天志信仰产生冲击，故墨子竭尽全力攻击命定论，并最终建立以天志为核心的三表法的真理评价体系。

（一）天志：最高标准的设定

墨家的社会治理模式，根本的主张在于兼爱，然而兼爱的形上根源则在于天志。墨子认为，天下事物纷纷杂杂，应该有一个统一的标准。墨子否定了任何形而下的具体事物作为效法的标准，其曰：

> 然则奚以为治法而可？当皆法其父母，奚若？天下之为父母者众，而仁者寡，若皆法其父母，此法不仁也。法不仁不可以为法。当皆法其学，奚若？天下之为学者众，而仁者寡，若皆法其学，此法不仁也。法不仁不可以为法。当皆法其君，奚若？天下之为君者众，而仁者寡，若皆法其君，此法不仁也。法不仁不可以为法。故父母、学、君三者，莫可以为治法。（《墨子·法仪》）

父母、学说、君主是人世间最能称为保准的事物，但都被墨子所否定了。因为这些形而下的具体的事物，无法建立普遍的标准。一方面，不同的具体的形而下的事物就会有不同的具体的主张；另一方面，具体的形而下的事物的主张可能完全是错误的。故而，墨子所需要做的事情是制定一种决定的标准，此标准不能在形而下的具体事物中去寻找，而是要将视角转换到超越的天志上，其曰：

> 然则奚以为治法而可？故曰莫若法天。天之行广而无私，其

> 施厚而不德，其明久而不衰，故圣王法之。既以天为法，动作有为，必度于天，天之所欲则为之，天所不欲则止。然而天何欲何恶者也？天必欲人之相爱相利，而不欲人之相恶相贼也。奚以知天之欲人之相爱相利，而不欲人之相恶相贼也？以其兼而爱之，兼而利之也。奚以知天兼而爱之，兼而利之也？以其兼而有之，兼而食之也。(《墨子·法仪》)

这个统一的标准既不是父母，也不是各类学说，更不是自作主张的君主，而是独一无二的上天。在墨子看来，天具有人格神意味，位临于万物之上，给予万物以价值的指导。墨子认为天志的内容就是兼爱，“天意曰：‘此之我所爱，兼而爱之；我所利，兼而利之。爱人者此为博焉，利人者此为厚焉。’”(《墨子·天志上》)而其具体的表现则为：

> 天之意不欲大国之攻小国也，大家之乱小家也，强之暴寡，诈之谋愚，贵之傲贱，此天之所不欲也。不止此而已，欲人之有力相营，有道相教，有财相分也。又欲上之强听治也，下之强从事也。上强听治，则国家治矣，下强从事则财用足矣。若国家治财用足，则内有以洁为酒醴粢盛，以祭祀天鬼；外有以为环璧珠玉，以聘挠四邻。诸侯之冤不兴矣，边境兵甲不作矣。内有以食饥息劳，持养其万民，则君臣上下惠忠，父子弟兄慈孝。故唯毋明乎顺天之意，奉而光施之天下，则刑政治，万民和，国家富，财用足，百姓皆得暖衣饱食，便宁无忧。(《墨子·天志中》)

兼爱的具体主张是，从家庭内部，一直到国家与国家之间，都需要做到“兼相爱，交相利”。墨子认为，人间的君主倘若服从上天兼爱的命令，则会国富民足；倘若不服从上天兼爱的命令，则会身败名裂。

如果墨子仅仅提出天志是最高标准，则是独断的；用我们现在的哲学术语说，墨子必然要给出两个证明：其一，何以天志必然是最高标准？其二，即使天志是最高标准，何以作为最高标准的天志的内容必然是兼爱？

对于第一个问题，墨子的论证主要从以下两个方面进行。

其一，效用上的论证，墨子曰：

> 然则天亦何欲何恶？天欲义而恶不义。然则率天下之百姓以从事于义，则我乃为天之所欲也。我为天之所欲，天亦为我所欲。然则我何欲何恶？我欲福禄而恶祸祟。若我不为天之所欲，而为天之所不欲，然则我率天下之百姓，以从事于祸祟中也。然则何以知天之欲义而恶不义？曰天下有义则生，无义则死；有义则富，无义则贫；有义则治，无义则乱。然则天欲其生而恶其死，欲其富而恶其贫，欲其治而恶其乱，此我所以知天欲义而恶不义也。（《墨子·天志上》）

墨子的效用论的论证，是从人的存在上说的。人的存在的生，是正面最根本的效用，由此还有福、治等效用。人的存在的死，是负面最根本的效用，由此还有贫、乱等效用。墨子认为，最高标准的天志能让人生，能让人死，符合义的则生，不符合义的则死。其他的标准不能决定生死，而天志可以决定生死，生死是人的最根本的效用，故天志是最高标准。然而，为什么符合天志的义能让人生？不符合天志的义能让人死？这主要是从天志的内容——兼爱的社会功效上说，具体过程看下文第二个问题的论证。

其二，祭礼上的论证，墨子曰：

> 天子为善，天能赏之；天子为暴，天能罚之；天子有疾病祸祟，必斋戒沐浴，洁为酒醴粢盛，以祭祀天鬼，则天能除去之，然吾未知天之祈福于天子也。此吾所以知天之贵且知于天子者。（《墨子·天志中》）

祭礼是客观存在的。在祭礼中，天子向天祈福，而没有天向天子祈福的。所以知道，天比天子更加高贵、更有智慧。

对于第二个问题，墨子的论证主要从“兼天下而食”的事实来推论其所以然的前提。其曰：

> 今天兼天下而食焉，我以此知其兼爱天下之人也。（《墨子·天志下》）
>
> 然则何以知天之爱天下之百姓？以其兼而明之。何以知其兼而明之？以其兼而有之。何以知其兼而有之？以其兼而食焉。何以知其兼而食焉？四海之内，粒食之民，莫不犓牛羊，豢犬彘，洁为粢盛酒醴，以祭祀于上帝鬼神，天有邑人，何用弗爱也？（《墨子·天志上》）

墨子认为，上天的意志就是兼爱天下之民。所谓兼爱，就是无差别地爱一切人。墨子怎么知道上天具有兼爱的意志呢？这里需要称赞的是，墨子并不是如同后世的神秘主义者那样用冥想的神秘体悟来与上天获得感通，或者认为有一位上天的使者来告知某位教主上天的意志，而是用一种朴素的理性推论来得到这样的答案。墨子认为，天下不同种群、族群、国家的民众都会祭祀上天，上天无差别地来享用他们的牺牲，这是一个基本的客观事实。基于这样的事实，再做进一步推论，那么享受牺牲的上天必然会庇护这些提供祭礼的人间子民。所以，上天的意志就是兼爱。

兼爱，就是上天的义；不兼爱，就是违背上天的义。兼爱能让人获利，此利不是个体之利，而是包含每个个体的群体之利，这在墨子看来就是义。义的结果是人人获利。墨子曰：

> 若使天下兼相爱，爱人若爱其身，犹有不孝者乎？视父兄与君若其身，恶施不孝？犹有不慈者乎？视弟子与臣若其身，恶施不慈？故不孝不慈亡有，犹有盗贼乎？故视人之室若其室，谁窃？视人身若其身，谁贼？故盗贼亡有。犹有大夫之相乱家、诸侯之相攻国者乎？视人家若其家，谁乱？视人国若其国，谁攻？故大夫之相乱家、诸侯之相攻国者亡有。（《墨子·兼爱上》）

相反，不兼爱，就是只关注个体之利，不考虑全体之利，这在墨子看来就是不义。不义的结果是个体之利也无法保存。墨子曰：

> 当察乱何自起？起不相爱。臣子之不孝君父，所谓乱也。子自爱不爱父，故亏父而自利；弟自爱不爱兄，故亏兄而自利；臣自爱不爱君，故亏君而自利，此所谓乱也。虽父之不慈子，兄之不慈弟，君之不慈臣，此亦天下之所谓乱也。父自爱也不爱子，故亏子而自利；兄自爱也不爱弟，故亏弟而自利；君自爱也不爱臣，故亏臣而自利。是何也？皆起不相爱。虽至天下之为盗贼者亦然，盗爱其室不爱其异室，故窃异室以利其室；贼爱其身不爱人，故贼人以利其身。此何也？皆起不相爱。虽至大夫之相乱家，诸侯之相攻国者亦然。大夫各爱其家，不爱异家，故乱异家以利其家；诸侯各爱其国，不爱异国，故攻异国以利其国，天下之乱物具此而已矣。察此何自起？皆起不相爱。（《墨子·兼爱上》）

最为根本的利，就是生死。兼爱而生，自利则死。墨子以此来论证上天的最高标准以及标准的具体内容。

然而，我们可以看到，墨子对于上天以及其兼爱的内容在论证上其实并不充分。其一，不同族群同祭一个上天的客观事实本身未必成立。虽然不同族群祭祀上天，但上天的庇佑完全可能具有排他性，即只保佑祭祀的族群，而祸害其他族群。所以，这样一来，上天就具有族群的特征，具有极强的排他性，而不具普遍性。如果要将此排他性的上天去除，而引进普遍性的上天，那样虽然在逻辑上一致了，但并不符合客观事实。其二，君主祭祀上天的事实作为推论前提本身也不够充分。君主的祭天，一方面来自远古巫祝传统的残留，另一方面也有神道设教的目的。从巫祝传统的残留上看，君主祭天是建立了一种错误的人与大自然之间的联系。而从神道设教上看，则是君主故意利用上天来治理社会，上天是君主治理的手段之一，不是上天高于君主，反而是君主高于上天。其三，兼爱而生、自利则死也不符合客观现实。除了兼爱、自利之外，还可以有儒家的等差之爱的推爱。从推爱上看，虽然爱自己，爱自己的亲人，不爱陌生人，但若爱己爱亲也承认别人的爱己爱亲，那么推爱而不损人，则人可以生，社会也可以运行。从自利上看，虽然自利，但也承认别人自利，利己而不损人，则人可以生，社会也可以运行。虽然有上述的不足，但是我们需要肯定的是墨子对于天志以及天志内容的论证完全是基于人文主义、理性主义，而没有走向非理性的神秘化道路。其实，从我们现在的立场上看，墨子与其先不厌其烦地论证上天的存在，再由此而强调兼爱，不如直接强调兼爱的伦理原则。兼爱的伦理原则不需要从上天那里发端，而完全可以从人心处发端。墨子只是将人们心目中所认可的兼爱原则，反推到上天那里，请上天这一权威为其背书而已。在先秦时代，上天的权威或许在社会上还能行之有效，但在后世的变化中，上天的人格神意味越来越淡，而上天的意志逐渐转变为人们心目中的普遍道德意志，这就是中国哲学中的心性化道路。儒家的发展走上了这样的道路，而墨家学说在秦以后就衰竭了，并没有走上心性化的道路。

（二）鬼神：最高标准的维护

除了上天之外，墨子还加入了鬼神这一环节，其曰：

> 尝若鬼神之能赏贤如罚暴也。盖本施之国家，施之万民，实所以治国家利万民之道也。若以为不然，是以吏治官府之不洁廉，男女之为无别者，鬼神见之；民之为淫暴寇乱盗贼，以兵刃毒药水火，退无罪人乎道路，夺人车马衣裘以自利者，有鬼神见之。是以吏治官府，不敢不洁廉，见善不敢不赏，见暴不敢不罪。民之为淫暴寇乱盗贼，以兵刃毒药水火，退无罪人乎道路，夺车马衣裘以自利者，由此止。是以莫放幽闲，拟乎鬼神之明显，明有一人畏上诛罚，是以天下治。（《墨子·明鬼下》）

鬼神的作用，大致有两种。其一，如果说上天高高在上，与人间尚有一定的距离，那么鬼神的作用似乎是沟通上天与人间，将上天的意志以及相应的奖惩带到人间。“古圣王皆以鬼神为神明，而为祸福，执有祥不祥，是以政治而国安也。”（《墨子·公孟》）人间的君主与民众对待鬼神，就如同对待上天的信使，一样需要恭敬服从，而鬼神似乎没有自身独立的主张，其所秉持的观念也是兼爱，只是将兼爱的价值通过奖惩措施得以具体落实。在《墨子》中，上天与鬼神经常同时出现，称之为“上帝鬼神”（《墨子·节葬下》），“上帝”即“上天”，上帝、鬼神同样都具有人格意味，可以享受人间的牺牲。其二，“鬼神之明智于圣人，犹聪耳明目之与聋瞽也”（《墨子·耕柱》）。人间的君主和官员即使审查再严密，总有顾及不到的疏漏地方，而鬼神则能知道人间所发生的一切事情。如果民众相信鬼神的存在，那么即使在没有人知道其行恶的情况下，也会有鬼神知之，于是欲行恶者便会顾及鬼神的惩罚而不敢轻易妄为。

（三）非命：对于其他形上标准的驳斥

墨子树立了作为最高标准的天志以及维护最高标准的鬼神，显然为人间的秩序确定了根本的标准。这时候，如果还有另外一套形上学的标准的存在，则必然会瓦解天志鬼神的权威性，因此墨子需要极力维护自己的主张。墨子所对抗的另一套形上学的标准，就是命定论，故墨子要进行“非命”。

墨子认为命定论的主张如下：

> 执有命者之言曰：“命富则富，命贫则贫；命众则众，命寡则寡；命治则治，命乱则乱；命寿则寿，命夭则夭；命虽强劲，何益哉？”（《墨子·非命上》）

命定论者认为人的命运与人的主观努力没有关系，无论主观上是奋进还是懈怠，都不能改变命运早已有的安排。墨子非常反对这种理论，其言：

> 执有命者之言曰：“上之所赏，命固且赏，非贤故赏也。上之所罚，命固且罚，不暴故罚也。”是故入则不慈孝于亲戚，出则不弟长于乡里，坐处不度，出入无节，男女无辨。是故治官府则盗窃，守城则崩叛，君有难则不死，出亡则不送。此上之所罚，百姓之所非毁也。执有命者言曰：“上之所罚，命固且罚，不暴故罚也。上之所赏，命固且赏，非贤故赏也。”以此为君则不义，为臣则不忠，为父则不慈，为子则不孝，为兄则不良，为

弟则不弟，而强执此者，此特凶言之所自生，而暴人之道也。（《墨子·非命上》）

墨子认为，如果人一旦认可了无论如何做都不能改变命运的安排，那么人就不会选择奋进，而会选择懈怠，君主的赏罚也就失去了意义。当人什么都不做，或者都做最容易的事情，那么整个社会也就会崩溃了。事实上，如果坚持命定论逻辑的一贯性，那么在命定论中，无论是认命而随波逐流的行为，还是不认命而努力奋斗的行为，都被视为命定的产物。故墨子所认为的不忠不义、不慈不孝、不良不弟等固然是命定的；反之，忠义、慈孝、良弟等也可以说是命定的。也就是说，依照彻底的命定论，不但物质结果是命定的，甚至连人的精神意志也是命定的。但是我们可以看到，墨子在这里所反对的命定论，仅仅是在物质结果上的命定，而人的精神意志仍旧是自由的。因此，人才能在既定的物质结果的认同基础上，选择人为奋斗最低的行为去实施。说到底，就是任何社会效果于个人的物质结果与人的实践无关，那么人的实践就会选择对自我精神意志最轻松的行为去做。既然人的精神意志会选择最轻松的行为去做，那就不会听从上天的意志了，故而墨子要强烈反对这样的命定论。墨子认为人的主观努力可以改变命运，其曰：

天下之治也，汤武之力也；天下之乱也，桀纣之罪也。若以此观之，夫安危治乱存乎上之为政也，则夫岂可谓有命哉！（《墨子·非命下》）

人的精神意志的努力，可以改变物质结果。这是墨子非命的关键。但是同时我们也需要注意，墨子并非完全放任人的精神意志。人的精神意志努力的方向，则是上天所给予的兼爱的价值。也可以说，人的精神意志是自由的，可以听从命运安排，也可以听从上天的安排，也可以谁都不听，只听自己的安排。墨子的非命，仅仅是反对人的精神意志听命于命运的安排，并不是让人谁都不听，只听自己的安排，而是让人切实地听从上天给予的方向。这样一来，人的精神意志就从无方向的懒散随意，转向了具有必然方向的兼爱上。

这里还需要厘清一个问题，即墨子认为命定论来自儒家，其曰：

> 有强执有命以说议曰："寿夭贫富，安危治乱，固有天命，不可损益。穷达赏罚幸否有极，人之知力，不能为焉。"群吏信之，则怠于分职；庶人信之，则怠于从事。吏不治则乱，农事缓则贫，贫且乱政之本，而儒者以为道教，是贼天下之人者也。（《墨子·非儒下》）

事实上，儒家同样反对这样的命定论。从前文所述儒家的社会治理思想可见，儒家一方面承认气命的存在，但另一方面则是要高举人的理命，即用具有道德方向的精神意志来破除气命的阻碍——道德意志既不被气命的存在所影响发挥，又能够反过来不断改善气命的局限。应该说，人的存在在某些方面，确实具有一些部分不以人的主观努力为转移。对于这些部分，人应该正视起来，而不是轻易去否定它，认为一切都可以人为改变；也不是轻易投降，彻底放弃了自己的努力。在不屈服命运这一点上，墨家与儒家立场其实是一样的，但非命之后，墨家是听从天志，儒家是听从仁心良知，此为两家之不同。从墨子对于儒家命论的评述上看，墨子并不太理解儒家，其对于儒家命论的理解存在着很大的误解。

（四）三表法：最高标准指导下的检验原则

墨子在最高标准天志的指导下，建立了“三表法”的检验原则。无论是命题、学说、政策等，若要看其是否正确，判断的标准在于“三表”。何谓三表呢？墨子的文章有几种说法，其间有一些细微的差别，其曰：

> 何谓三表？子墨子言曰：有本之者，有原之者，有用之者。于何本之？上本之于古者圣王之事。于何原之？下原察百姓耳目之实。于何用之？废以为刑政，观其中国家百姓人民之利。此所谓言有三表也。（《墨子·非命上》）
>
> 三法者何也？有本之者，有原之者，有用之者。于其本之也，考之天鬼之志，圣王之事；于其原之也，征以先王之书；用之奈何，发而为刑。此言之三法也。（《墨子·非命中》）
>
> 何谓三法？曰：有考之者，有原之者，有用之者。恶乎考之？考先圣大王之事。恶乎原之？察众之耳目之情？恶乎用之？发而为政乎国，察万民而观之。此谓三法也。（《墨子·非命下》）

结合以上文献，其实检验原则有四：其一，天鬼之志；其二，古圣王之事；其三，百姓耳目之实；其四，发刑为政之效。其中，天鬼之志，就是天志，此为三表之总纲。天志具体内容就是兼爱，古圣王行兼爱之事，故古圣王为一表；百姓认可兼爱的伦理要求，故百姓为一表；天下皆受到实施兼爱的实际功效，故发刑为政为一表。古圣王是古，百姓耳目与发刑为政是今；古圣王与百姓耳目是事前预测，发刑为政是事后检验。古圣王与发刑为政是上层保障，百姓耳目是下层保障。

虽然此三表法貌似严密，但其实仅仅是兼爱思想落实的三个方面。比如墨子非命，就说“命上不利于天，中不利于鬼，下不利于人”（《墨子·非命上》），也大致以三表法来评判。但其非命的根源，则在于命定论会导致人们不服从天志。事实上，三表的客观性并非如此严谨。对于古圣王是否行兼爱之政，如非墨家学派则不会如此认同，比如道家就以为圣王行无为之治。对于百姓耳目之实，如非墨家学派则不会如此认同，比如杨朱就以为人人喜好自利。对于发刑为政之效，如非墨家学派亦不会如此认同，比如庄子就批评墨家的政策“反天下之心，天下不堪”（《庄子·天下》）。故墨家所谓的三表完全在学说自身的理解中成立。三表法倘若离开自身学说的解读，则对于三表的理解就纷纷杂杂，没有客观性的标准。归根结底，三表只是给予兼爱的最高标准一个貌似客观的评判原则。如果评判者心中认可兼爱，三表也就起作用了；如果评判者心中不认可兼爱，那么三表其实并不能发挥什么效用。

二、治理伦理

最高标准的建立为墨子的治理伦理奠定了本体论的基础。墨子的治理伦理处理了人与人的应然关系。在墨子的伦理思想中，有两个关键的支柱性观念，一个是尚同核心领导，一个是贯彻实用理性。前者是为了上同于天，促使兼爱思想能够贯彻到基层；后者是为了赋予实施方向，保证兼爱思想在物质层面得以彻底落实。在此两个支柱性观念的指导下，伦理的基本内容得以展现为兼爱与非攻。兼爱是天志的正面表达，而非攻是天志的反面表达。此四者构成了墨子的治理伦理。

（一）尚同思想的伦理基础

尚同，就是同于上，墨子曰：

> 义者政也，无从下之政上，必从上之政下。是故庶人竭力从事，未得次己而为政，有士政之；士竭力从事，未得次己而为政，有将军、大夫政之；将军、大夫竭力从事，未得次己而为政，有三公、诸侯政之；三公、诸侯竭力听治，未得次己而为政，有天子政之；天子未得次己而为政，有天政之。（《墨子·天志上》）

庶人上同于士，士上同于将军、大夫，将军、大夫上同于三公、诸侯，三公、诸侯上同于天子，而天子则需要上同于天。天是一切秩序的源头，并以天子作为第一执行者将此秩序逐一布展。“对于墨子而言，社会的准则和法律不是起源于‘下’，而是来自上面，即天。社会的正义是兼爱，而兼爱是天意。社会的政治和道德基础是天意，是宗教。”① 那么天子是如何知道天志的？除了天子之外，其他人是如何知道天志的？天子与其他人在天志面前，是否具有平等的信息获有权？我们倘若要解决这个问题，需要从墨子对于心灵与人性的论述中获得一些启发。

墨子并没有成系统的对于心灵与人性的论述，但是从他一些言论的片段中，却可以得到或推论其对于心灵与人性的认识。

1. 心灵之自由

前面在论述非命时，我们得到了以下结论，即墨子反对命定论，是为了让精神意志从命定论中的懈怠放弃走向服从天志。由此我们可

① 郝长墀：《政治与人：先秦政治哲学的三个维度》，中国政法大学出版社 2012 年版，第 275 页。

以推论出，墨子所理解的心灵应该是自由的。

心灵除了具有自由的特性之外，还具有理性的分析能力，故能依照三表法来进行取舍。此外，心灵还具有情感功能以及去除情感影响的能力，此类似于墨家的功夫论。比如：

> 子墨子曰："必去六辟。嘿则思，言则诲，动则事，使三者代御，必为圣人。必去喜，去怒，去乐，去悲，去爱，而用仁义。手足口鼻耳，从事于义，必为圣人。"（《墨子·贵义》）
>
> 围心而虚天下。（《墨子·贵义》）

心灵可以去六辟，不被自己心灵中的情感所困扰，从而正常地发挥心灵自身本有的理性功能，而去依循上天给予的仁义。如果心灵不能突破六辟的影响，则为"围心"，心的本真态则被遮蔽而不显了。

2. 人性之理解

墨子对于人性的理解包含了平等观念、尚智观念、尚德观念。墨子论述平等观念，其曰：

> 夫爱人者，人亦从而爱之；利人者，人亦从而利之；恶人者，人亦从而恶之；害人者，人亦从而害之。（《墨子·兼爱中》）

在墨子看来，人与人之间是对等的主体。一方对另一方的好恶，另一方就天然地可以用相应的方法来回报之。这里的人，应该是普遍讲的人，既包含了君主，也包含了民众，君主在民众面前不具有特殊性。

墨子论述尚智观念，其曰：

> 仁人以其取舍是非之理相告，无故从有故也，弗知从有知也，无辞必服，见善必迁，何故相？（《墨子·非儒下》）

相是相与敌对的意思。墨子认为，在人性中，天然地无道理的人应该听从有道理的人。人性是爱好智慧、爱好理据、爱好道德的。

墨子论述尚德观念，其曰：

> 今天下之君子，忠实欲天下之富，而恶其贫；欲天下之治，而恶其乱，当兼相爱，交相利，此圣王之法，天下之治道也，不可不务为也。（《墨子·兼爱中》）

墨子认为，人在天然状态下是希望天下富足而有序，不希望天下贫穷而动乱的。

由此可见，墨子的人性论具有平等、尚德、尚智的特性。这种人性论，在自由的心灵作用下，可以破除六辟的情感的负面影响，从而走上理性与德性的道路，其曰：

> 君子之道也，贫则见廉，富则见义，生则见爱，死则见哀。四行者不可虚假，反之身者也。藏于心者，无以竭爱。动于身者，无以竭恭。出于口者，无以竭驯。畅之四支，接之肌肤，华发隳颠，而犹弗舍者，其唯圣人乎！（《墨子·修身》）

人性中的这些倾向，需要心灵锲而不舍地去发扬光大，才能真正得以实现。但是，人的心灵又是自由的，既有对德性锲而不舍追求的可能性，又有更大的可能受到外界的影响而自甘堕落。

> 子墨子言见染丝者而叹曰："染于苍则苍，染于黄则黄。所入者变，其色亦变。五入必而已，则为五色矣。故染不可不慎也。"非独染丝然也，国亦有染……非独国有染也，士亦有染。（《墨子·所染》）

墨悲丝染，可见心灵的自由容易动摇人性的方向。墨子似乎对人心的德性抉择并不抱太多的希望。墨子言"便其习而义其俗者"

（《墨子·节葬下》），就是担心错误的风俗习惯对人的本性的遮蔽。虽然人有向善的本性，但完全依靠人性的力量来促使人们达到兼爱未必可行，故需要在形上的世界中揭示出上天鬼神的存在，在形下世界中建立一套尚同的治理制度。天子与众人虽然都具有向善的人性，但同时也被上天鬼神所监视。只是，众人还有一套尚同的制度所束缚，而天子似乎可以免去此尚同的制度而直接对上天负责。可能在墨子看来，天下所有人只要充分发挥自己的本性，都能在自由的心灵中通过理性分析来获得天志。但一般人并不能轻易做到，而能够做到如此的人，就成了圣王。圣王揭示了天志，天下人跟随圣王，也明白了天志，并以圣王为核心组建尚同的秩序来实施兼爱思想。

3. 尚同之纠偏

正是由于君主尚同于天并非靠君主个体的神秘体悟，而是靠开放的理性分析，于是在人人都尚德尚智的情况下，人人便都可以充分理解天志的内容。虽然尚同的制度建立似乎十分严格，但墨子认为尚同并不是简单地尚同于自己的上一级，而是通过尚同于上一级来达到尚同于天。尚同于天是最终目的，而尚同于自己的上一级只是具体的落实手段。那么，当自己的上一级的指令没有尚同于天的时候，自己就不能一味地服从上一级的指令，而是应该本着对上天负责的态度来纠正上一级的指令。这种纠正，大致上分为两种形式：一种是温和的方式，即在下位者对不尚同于天的天子进行劝诫；另一种是极端的方式，即在下位者对不尚同于天的天子发动革命。

墨子与鲁阳文君有一段对话，阐述了墨子对于忠臣的理解，由此可以揭示尚同纠偏的温和方式，其文曰：

> 鲁阳文君谓子墨子曰："有语我以忠臣者，令之俯则俯，令之仰则仰，处则静，呼则应，可谓忠臣乎？"子墨子曰："令之俯

则俯，令之仰则仰，是似景也。处则静，呼则应，是似响也。君将何得于景与响哉？若以翟之所谓忠臣者，上有过则微之以谏，己有善，则访之上，而无敢以告。外匡其邪，而入其善，尚而无下比，以美善在上而怨仇在下，安乐在上而忧戚在臣。此翟之所谓忠臣者也。”（《墨子·鲁问》）

墨子认为的忠臣在君主有过错的时候，必然要对君主进谏，希望其重新服从天志实施兼爱。墨子言：“君必有弗弗之臣，上必有諮諮之下。分议者延延，而支苟者諮諮，焉可以长生保国。臣下重其爵位而不言，近臣则喑，远臣则唫，怨结于民心，谄谀在侧，善议障塞，则国危矣。”（《墨子·亲士》）真正的忠臣，可以牺牲一己爵位之利，最终尚同于天，换来天下之利。而那些似景似响的佞臣，则为了保全一己之利，与君主一起违背天志，最后导致天下大乱。

墨子讨论禹、汤、文、武时，则认为这些圣王的征伐并非不尚同，而是尚同于天，从而替上天来诛杀不尚同于天的有苗、夏桀、商纣。其曰：

昔者有三苗大乱，天命殛之，日妖宵出，雨血三朝，龙生于庙，犬哭乎市，夏冰，地坼及泉，五谷变化，民乃大振。高阳乃命玄宫，禹亲把天之瑞令以征有苗。四电诱祇，有神人面鸟身，若瑾以侍，搤矢有苗之祥，苗师大乱，后乃遂几。禹既已克有三苗，焉磨为山川，别物上下，卿制大极，而神民不违，天下乃静。则此禹之所以征有苗也。逮至乎夏王桀，天有酷命，日月不时，寒暑杂至，五谷焦死，鬼呼国，鹤鸣十夕余。天乃命汤于镳宫，用受夏之大命：“夏德大乱，予既卒其命于天矣，往而诛之，必使汝堪之。”汤焉敢奉率其众，是以乡有夏之境，帝乃使阴暴毁有夏之城。少少，有神来告曰："夏德大乱，往攻之，予必使汝大堪之。予既受命于天，天命融隆火于夏之城间西北之隅。"汤奉桀众以克有，属诸侯于薄，荐章天命，通于四方，而天下诸侯莫敢不宾服。则此汤之所以诛桀也。逮至乎商王纣，天不序其德，祀用失时。兼夜中，十日，雨土于薄，九鼎迁止，妇妖宵出，有鬼宵吟，有女为男，天雨肉，棘生乎国道，王兄自纵也。赤鸟衔圭，降周之岐社，曰："天命周文王伐殷有国。"泰颠来宾，河出绿图，地出乘黄。武王践功，梦见三神曰："予既沈渍殷纣于酒德矣，往攻之，予必使汝大堪之"。武王乃攻狂夫，反商之周，天赐武王黄鸟之旗。王既已克殷，成帝之来，分主诸神，祀纣先王，通维四夷，而天下莫不宾。焉袭汤之绪，此即武王之所以诛纣也。若以此三圣王者观之，则非所谓攻也，所谓诛也。(《墨子·非攻下》)

在这段文献中，我们可以看到，禹受天之瑞令、汤受天命于镳宫、周文王受命于天、周武王受黄鸟之旗。这些征伐者都有上天的授意，故能代表尚同于天的正义方来讨伐不尚同于天的邪恶方。

（二）实用理性的运用领域

从墨子对人与物的理解上，可以看出墨子具有十分明显的实用理性的精神。"所谓'实用理性'就是它关注于现实社会生活，不作纯粹抽象的思辨，也不让非理性的情欲横行，事事强调'实用'、'实际'和'实行'，满足于解决问题的经验论的思维水平，主张以理节情的行为模式，对人生世事采取一种既进取又清醒冷静的生活态度。"[①] 在墨子的思想中，唯一的超越性就只有上天与鬼神，除此之

① 李泽厚：《中国现代思想史论》，生活·读书·新知三联书店2008年版，第342页。

外，人与物本身只是经验的，人与物仅仅需要满足其存在的需求。故而，墨子之兼爱，似乎只是让天下所有人获得基本的生存。至于人的精神需求、艺术需求以及为了满足人的精神需求、艺术需求而消费物资，则都会被墨子认为是华而无实的浪费。

故而，在实用理性精神的观照下，墨子所看到的人与事物，更关注其本质。比如墨子对人事的理解，其曰：

> 君子战虽有陈，而勇为本焉。丧虽有礼，而哀为本焉。士虽有学，而行为本焉。是故置本不安者，无务丰末。（《墨子·修身》）

在墨子看来，打仗阵势再花哨，最终都以勇于战斗为根本；举办丧礼再隆重，最终都以表达哀伤为根本；士人学问再深厚，最终都以践行为根本。

墨子对物的理解也透露出强烈的实用理性精神，其曰：

> 公输子削竹木以为鹊，成而飞之，三日不下，公输子自以为至巧。子墨子谓公输子曰："子之为鹊也，不如匠之为车辖。须臾刘三寸之木，而任五十石之重。故所为功，利于人谓之巧，不利于人谓之拙。"（《墨子·鲁问》）

公输子的木鹊可谓是一项了不起的发明，里面凝聚了人的聪明才智。但墨子却十分轻视这种发明创造，认为木鹊对于人的生产生活没有使用价值。墨子行兼爱之事需要依仗物，而物之本质并不具有其独立性，而是墨子行使兼爱思想的手段。如果此物不具有帮助行使兼爱之事的功能，则为拙物。这种不利于人则谓之拙的态度，对于墨家团体具有两个方面的影响。一方面，墨家团体无法真正建立起超越性，故其在形上学上仍旧保持传统的天帝鬼神信仰而无法有新的发展，这种落后的信仰最后导致其学说系统的固守与自闭；另一方面，墨家团体在实用理性的推动下又不断发现了很多逻辑与科学的命题，这些发现保存在《墨经》之中。只是这些命题都是为了应对具体事件而在实用理性的驱动下生成，缺乏一种长期而纯粹的探求精神，故而一旦应急事件消失，这种探求也就停止了。

当墨子以实用理性对待人与物时，其自然会产生非乐、节葬的主张。墨子关于非乐的言论如下：

> 今大钟、鸣鼓、琴瑟、竽笙之声既已具矣，大人锈然奏而独听之，将何乐得焉哉？其说将必与贱人不与君子。与君子听之，废君子听治；与贱人听之，废贱人之从事。今王公大人惟毋为乐，亏夺民之衣食之财，以拊乐如此多也。是故子墨子曰："为乐，非也。"（《墨子·非乐上》）
>
> 使丈夫为之，废丈夫耕稼树艺之时，使妇人为之，废妇人纺绩织纴之事。今王公大人唯毋为乐，亏夺民衣食之财，以拊乐如此多也。是故子墨子曰："为乐，非也。"（《墨子·非乐上》）

在墨子看来，音乐艺术对于人的基本生存没有任何作用，为了欣赏音乐艺术，官员不去治理，百姓不去生产，所以与其把人力物力花在音乐艺术上，不如放到生产生活上。

墨子关于节葬的言论如下：

> 计久丧，为久禁从事者也。财以成者，扶而埋之；后得生者，而久禁之，以此求富，此譬犹禁耕而求获也，富之说无可得焉。（《墨子·节葬下》）

在墨子看来，葬礼也十分浪费，殉葬的物品和三年之丧期消耗了大量的人力物力，正确的方式应该是将这些人力物力投放到生产生活中去。

墨子的这些主张完全忽视人的精神需求。人并非只是一个活的物体，而是有其艺术追求，也有其情感寄托。音乐艺术可以发扬人的情志，葬礼可以寄托对亲人的哀思，而墨子似乎根本看不到这些层面。

然而，墨子在坚持非乐、节葬的同时，竟然大肆宣扬祭祀鬼神之礼。其曰：

> 今洁为酒醴粢盛，以敬慎祭祀，若使鬼神请有，是得其父母姒兄而饮食之也，岂非厚利哉？若使鬼神请亡，是乃费其所为酒醴粢盛之财耳。自夫费之，非特注之污壑而弃之也，内者宗族，外者乡里，皆得如具饮食之。虽使鬼神请亡，此犹可以合欢聚众，取亲于乡里。（《墨子·明鬼下》）

为什么祭礼就不算铺张浪费呢？因为祭礼与墨子思想中的核心观念天志鬼神是一致的。既然墨子认为鬼神是真实存在的，那么祭礼就应该是真实有效的，祭祀的花费不能算作浪费。在墨子看来，祭祀所获取的收益大大高于举行祭礼所耗费的成本。而且，墨子的实用理性精神在此还有更为深刻的发挥。针对一些反对鬼神存在的声音，墨子仍旧以实用理性的精神来做论证。墨子认为，即使鬼神不存在，那么祭祀的物品也可以让宗族乡亲分掉，也不会造成浪费，反而可以加深人与人之间的情感。所以，无论鬼神是否真实存在，举行祭礼都是利大于弊。

（三）兼爱准则的实施依据

兼爱是墨子思想的核心。可以说，墨子的学说系统都是围绕着兼爱进行运转的。

墨子对于兼爱的论证，也可以用三表法来进行。

首先，从古圣王之事上看，墨子认为“古者圣王行之”，并列举了大禹、文王、武王的事迹。[①]

---

① 参看《墨子·兼爱中》。

其次，从百姓耳目之实上看，墨子认为任何人都会接受兼爱者，而拒绝不兼爱者，其曰：

谁以为二士，使其一士者执别，使其一士者执兼。是故别士之言曰："吾岂能为吾友之身，若为吾身，为吾友之亲，若为吾亲。"是故退睹其友，饥即不食，寒即不衣，疾病不侍养，死丧不葬埋。别士之言若此，行若此。兼士之言不然，行亦不然，曰："吾闻为高士于天下者，必为其友之身，若为其身，为其友之亲，若为其亲，然后可以为高士于天下。"是故退睹其友，饥则食之，寒则衣之，疾病侍养之，死丧葬埋之。兼士之言若此，行若此。若之二士者，言相非而行相反与？当使若二士者，言必信，行必果，使言行之合犹合符节也，无言而不行也。然即敢问，今有平原广野于此，被甲婴胄将往战，死生之权未可识也；又有君大夫之远使于巴、越、齐、荆，往来及否未可识也，然即敢问，不识将恶也家室，奉承亲戚，提挈妻子，而寄托之？不识于兼之有是乎？于别之有是乎？我以为当其于此也，天下无愚夫愚妇，虽非兼之人，必寄托之于兼之有是也。此言而非兼，择即取兼，即此言行费也。不识天下之士，所以皆闻兼而非之者，其故何也？（《墨子·兼爱下》）

再次，从发刑为政之效上看，墨子认为兼爱具有十分卓越的功效，其曰：

故兼者圣王之道也，王公大人之所以安也，万民衣食之所以足也。故君子莫若审兼而务行之，为人君必惠，为人臣必忠，为人父必慈，为人子必孝，为人兄必友，为人弟必悌。故君子莫若欲为惠君、忠臣、慈父、孝子、友兄、悌弟，当若兼之不可不行

也，此圣王之道而万民之大利也。（《墨子·兼爱下》）

从上述例证看来，兼爱似乎可以满足三表，达到“上中天之利，而中中鬼之利，而下中人之利”（《墨子·非攻下》）。然而，这样的三表仍旧有其逻辑的疏漏处。若从古圣王之事上看，大禹、文王、武王是否兼爱，在不同的系统中可以有不同的说法。比如，儒家会说这些圣王是推爱的极致，达到天下万物一体之仁，虽然也与兼爱效果一样，但其基础则不是服从天志，而是从内心良知逐步扩充而来。若从百姓耳目之实上看，墨子虽然揭示了大家都接受兼爱者的事实，但并没有证明每个自我都要成为兼爱者的必然性。因为，自我可以接受兼爱者，但不一定自己要做兼爱者。设想一个自私自利的人，他对别人一毛不拔，但又十分愿意接受别人对他的贡献。从百姓耳目之实上看，只能说百姓愿意接受兼爱者，但并不是说百姓愿意自己成为兼爱者。若从发刑为政上看，若在资源充足、每个人都能做到兼爱的情况下，或许可以达到惠君、忠臣、慈父、孝子、友兄、悌弟的美好状态。但若在资源紧缺、部分人做不到兼爱的情况下①，惠君与忠臣矛盾，慈父与孝子矛盾，友兄与悌弟矛盾，只有具有等差的推爱才能有远近亲属之别，有所取舍地分配资源。如果仍旧要兼爱，则必然会导

---

① 墨子似乎天真地认为，自己对别人实施兼爱，别人也必然对自己实施兼爱，比如其言：“姑尝本原之孝子之为亲度者。吾不识孝子之为亲度者，亦欲人爱利其亲与？意欲人之恶贼其亲与？以说观之，即欲人之爱利其亲也。然即吾恶先从事即得此？若我先从事乎爱利人之亲，然后人报我爱利吾亲乎？意我先从事乎恶人之亲，然后人报我以爱利吾亲乎？即必吾先从事乎爱利人之亲，然后人报我以爱利吾亲也。然即之交孝子者，果不得已乎，毋先从事爱利人之亲者与？意以天下之孝子为遇而不足以为正乎？姑尝本原之先王之所书，《大雅》之所道曰：‘无言而不仇，无德而不报’，‘投我以桃，报之以李。’即此言爱人者必见爱也，而恶人者必见恶也。”（《墨子·兼爱下》）事实上，恶人者必见恶可能讲得通，而爱人者必见爱，则是一种美好的道德愿望。故墨子希望以自己的兼爱为手段来获得他人对自己的兼爱，这种实用主义的效果是很难达到的。反之，儒家讲爱他人，“为仁由己，而由人乎哉？”（《论语·颜渊》），则不必然要求别人对自己投以相应的报答，故仍旧将爱人的动力置于道德领域。

致君不惠、臣不忠、父不慈、子不孝、兄不友、弟不悌的后果。

除三表法正面论证兼爱的可取性之外，墨子还从反面论证，如果不兼爱，则会导致悲惨的结局。其曰：

> 巫马子谓子墨子曰："我与子异，我不能兼爱。我爱邹人于越人，爱鲁人于邹人，爱我乡人于鲁人，爱我家人于乡人，爱我亲于我家人，爱我身于吾亲，以为近我也。击我则疾，击彼则不疾于我，我何故疾者之不拂，而不疾者之拂？故有我有杀彼以我，无杀我以利。"子墨子曰："子之义将匿邪，意将以告人乎？"巫马子曰："我何故匿我义？吾将以告人。"子墨子曰："然则，一人说子，一人欲杀子以利己；十人说子，十人欲杀子以利己；天下说子，天下欲杀子以利己。一人不说子，一人欲杀子，以子为施不祥言者也；十人不说子，十人欲杀子，以子为施不祥言者也；天下不说子，天下欲杀子，以子为施不祥言者也。说子亦欲杀子，不说子亦欲杀子，是所谓经者口也，杀常之身者也。"子墨子曰："子之言恶利也？若无所利而不言，是荡口也。"（《墨子·耕柱》）

墨子认为，有不兼爱的人，如果别人赞同他的观点也不兼爱，那么天下人人不兼爱，人与人之间就会抢夺资源，互相残杀。如果别人不赞同他的观点而要兼爱，也会杀掉持异己观点的不兼爱者。所以，无论别人持什么样的观点，持不兼爱观点的人必然会被杀掉。

事实上，墨子这样的论证需要进一步细化。我们可以认为，兼爱是把资源分配给所有人，而不兼爱是把资源优先分配给自己。如果资源是指私人所有的资源，那么兼爱者愿意将其私人资源分配给所有人不会有什么问题，不兼爱者不愿意将其私人资源分配给所有人也不会有什么问题。这样，兼爱与不兼爱不必势同水火。然而，如果资源是指公共性的资源，兼爱者主张公共资源要分配给所有人，而不兼爱者主张公共资源应该分配给自己。这个时候，墨子所言的冲突才会生起。在墨子的思想中，并没有区分家庭家族的私人资源与社会的公共资源。事实上，家庭家族的私人资源，其管理者是各个家庭家族，故兼爱与不兼爱都可以并存；而对于社会的公共资源，其管理者主要为政府，应该做到兼爱地资源分配。凡是在公共资源上不做到兼爱分配，而将公共资源纳入一己之私囊的，最终一定会与资源的剥夺方产生激烈的矛盾，其严重者甚至导致民变。

在墨子的思想中，兼爱与不兼爱似乎是完全对立的，两者间没有过渡的中间阶段，比如：

> 今诸侯独知爱其国，不爱人之国，是以不惮举其国以攻人之国。今家主独知爱其家，而不爱人之家，是以不惮举其家以篡人之家。今人独知爱其身，不爱人之身，是以不惮举其身以贼人之身。是故诸侯不相爱则必野战，家主不相爱则必相篡，人与人不相爱则必相贼，君臣不相爱则不惠忠，父子不相爱则不慈孝，兄弟不相爱则不和调。天下之人皆不相爱，强必执弱，富必侮贫，贵必敖贱，诈必欺愚。凡天下祸篡怨恨，其所以起者，以不相爱生也，是以仁者非之。（《墨子·兼爱中》）

人固然可以爱他人，但是不爱他人也不必然要杀害他人。我们可以设想有一种中间状态，既不爱他人，也不害他人。资源，我自己享用，但也不去抢占别人的资源。如果人人都做到自己享用自己的资源，不去抢占别人的资源，如同老子所说的“邻国相望，鸡犬之声相闻，民至老死，不相往来”（《老子·第八十章》），那么天下也就太平了。其实，我们真实的社会中，人与人的关系可能更多的是这种中间状态，而完全地爱人与完全地害人，都是较为少见的。

在兼爱的推广上，墨子认为个体的兼爱不如群体的兼爱，《墨子·鲁问》载：

鲁之南鄙人，有吴虑者，冬陶夏耕，自比于舜。子墨子闻而见之。吴虑谓子墨子："义耳义耳，焉用言之哉？"子墨子曰："子之所谓义者，亦有力以劳人，有财以分人乎？"吴虑曰："有。"子墨子曰："翟尝计之矣。翟虑耕而食天下之人矣，盛，然后当一农之耕，分诸天下，不能人得一升粟。籍而以为得一升粟，其不能饱天下之饥者，既可睹矣。翟虑织而衣天下之人矣，盛，然后当一妇人之织，分诸天下，不能人得尺布。籍而以为得尺布，其不能暖天下之寒者，既可睹矣。翟虑被坚执锐救诸侯之患，盛，然后当一夫之战，一夫之战其不御三军，既可睹矣。翟以为不若诵先王之道，而求其说，通圣人之言，而察其辞，上说王公大人，次匹夫徒步之士。王公大人用吾言，国必治；匹夫徒步之士用吾言，行必修。故翟以为虽不耕而食饥，不织而衣寒，功贤于耕而食之、织而衣之者也。故翟以为虽不耕织乎，而功贤于耕织也。"吴虑谓子墨子曰："义耳义耳，焉用言之哉？"子墨子曰："籍设而天下不知耕，教人耕，与不教人耕而独耕者，其功孰多？"吴虑曰："教人耕者其功多。"子墨子曰："籍设而攻不义之国，鼓而使众进战，与不鼓而使众进战，而独进战者，其功孰多？"吴虑曰："鼓而进众者其功多。"子墨子曰："天下匹夫徒步之士，少知义而教天下以义者，功亦多，何故弗言也？若得鼓而进于义，则吾义岂不益进哉？"

吴虑只做到自己兼爱之义，但没有将兼爱之义推广给他人。墨子认为，行义而不言义，则不如行义而言义。一人兼爱，只是一人之义，但若推广其义，则天下人皆行其义，那么功劳就更大了。所以，墨子推崇言义，不是要自我吹嘘，而是要让大家一起来做兼爱之事。

如果撇开道德因素，仅仅就兼爱的实施机制看，兼爱的实施必然要实施主体有对等的关系，一方实施兼爱，另一方也要实施兼爱，这样才能持续；如果一方实施兼爱，另一方照单全收而不实施兼爱，那么兼爱者只出不进，而不兼爱者只进不出，必然无法长久维持。正是在此意义上，兼爱的理念需要推广到天下每一个人，同时也要有强制的尚同机制迫使大家都去兼爱。没有此软性的教化与硬性的强制，而让天下所有人都兼爱则难以做到。一旦只有部分人做到，部分人做不到，那么这种交流就是不平衡的，没有办法长久维持，很容易半途而废。

在兼爱的实施上，墨子主张实施仁义可以顺应周围的环境进行权变，《墨子·鲁问》载：

> 孟山誉王子闾曰："昔白公之祸，执王子闾斧钺钩要，直兵当心，谓之曰：'为王则生，不为王则死。'王子闾曰：'何其侮我也！杀我亲而喜我以楚国，我得天下而不义，不为也，又况于楚国乎？'遂而不为。王子闾岂不仁哉？"子墨子曰："难则难矣，然而未仁也。若以王为无道，则何故不受而治也？若以白公为不义，何故不受王，诛白公然而反王？故曰难则难矣，然而未仁也。"

墨子主张，王子闾面对白公之祸，虽然大义凛然，但不如受王而诛白公。由此可见，对于仁义的实施，墨子并非死板不变，而是有经有权。

（四）非攻学说的理论论证

如果说兼爱是天志的正面表达，那么非攻就是天志的反面表达。其实，非攻的内涵比兼爱更丰富。非攻既包含了兼爱，同时也包含了不爱人不害人的中间状态。因此，在实施上，非攻比兼爱更容易落实。也就是说，甲国不攻击乙国，既可以是甲国爱乙国，也可以是甲国既不爱也不害乙国。劝诫甲国做到既不爱也不害乙国比劝诫甲国爱乙国容易多了。当然，人与人之间的关系也是如此。

墨子所论证的非攻，以其不正义性为依据，其曰：

> 今有一人，入人园圃，窃其桃李，众闻则非之，上为政者得则罚之。此何也？以亏人自利也。至攘人犬豕鸡豚者，其不义又甚入人园圃窃桃李。是何故也？以亏人愈多，其不仁兹甚，罪益厚。至入人栏厩，取人马牛者，其不仁义又甚攘人犬豕鸡豚。此何故也？以其亏人愈多。苟亏人愈多，其不仁兹甚，罪益厚。至杀不辜人也，拖其衣裘，取戈剑者，其不义又甚入人栏厩取人马牛。此何故也？以其亏人愈多。苟亏人愈多，其不仁兹甚矣，罪益厚。当此，天下之君子皆知而非之，谓之不义。今至大为攻国，则弗知非，从而誉之，谓之义。此可谓知义与不义之别乎？（《墨子·非攻上》）

墨子认为，偷人东西为不义，那么攻人之国就是更大的不义。这后面的理由就是，抢占别人的资源，此为不兼爱，不兼爱则为不义。此外，如果完全从实用主义的角度上看，攻占别人的领土，是不是会获得更大的利益呢？墨子从以下两个方面对此进行批驳。

其一，从攻占国家自身角度来看，攻占的行为不能合乎自身利益，其曰：

> 今万乘之国，虚数于千，不胜而入广衍数于万，不胜而辟。然则土地者，所有余也，士民者，所不足也。今尽士民之死，严下上之患，以争虚城，则是弃所不足，而重所有余也。为政若此，非国之务者也。（《墨子·非攻中》）

墨子认为，很多攻占的国家本来就人少地多，再去攻占他国，即使获得了更多荒地，却也死了大量的人口。国家的利益需要人丁耕种土地才能生成，现在没有人丁去耕种，荒地再多也没有用，故攻占他国并不是有利的行为。

其二，从天下整体的角度来看，攻占的行为不能合乎天下的利益，其曰：

> 饰攻战者言曰："南则荆、吴之王，北则齐、晋之君，始封于天下之时，其土地之方，未至有数百里也；人徒之众，未至有数十万人也。以攻战之故，土地之博至有数千里也；人徒之众至有数百万人。故当攻战而不可为也。"子墨子言曰："虽四五国则得利焉，犹谓之非行道也。譬若医之药人之有病者然。今有医于此，和合其祝药之于天下之有病者而药之，万人食此，若医四五人得利焉，犹谓之非行药也。故孝子不以食其亲，忠臣不以食其君。古者封国于天下，尚者以耳之所闻，近者以目之所见，以攻战亡者，不可胜数。何以知其然也？东方自莒之国者，其为国甚小，间于大国之间，不敬事于大，大国亦弗之从而爱利。是以东者越人夹削其壤地，西者齐人兼而有之。计莒之所以亡于齐越之间者，以是攻战也。虽南者陈、蔡，其所以亡于吴越之间者，亦以攻战。虽北者且不一著何，其所以亡于燕、代、胡、貊之间

者，亦以攻战也。”（《墨子·非攻中》）

倘若有些国家攻占了他国，既获得国土，又占有了人口，从而获得更大的国家利益，那么是否就是正义之战呢？墨子同样反对这样的观点。墨子认为，利益之大小，不是从少数赢得战争的国家立场上说的，而是从天下的立场上说的。虽然某些国家由于战争强盛了，但更多的国家由于战争而衰亡了。从天下的立场上看，战争还是弊大于利。

我们可以看到，墨子所主张的非攻，是极力反对为了自我的私利而损害他人的利益的，比如：

> 子墨子使胜绰事项子牛。项子牛三侵鲁地，而胜绰三从。子墨子闻之，使高孙子请而退之曰：“我使绰也，将以济骄而正嬖也。今绰也禄厚而谲夫子，夫子三侵鲁，而绰三从，是鼓鞭于马靳也。翟闻之：‘言义而弗行，是犯明也。’绰非弗之知也，禄胜义也。”（《墨子·鲁问》）

胜绰为了自己的爵禄，竟然帮助项子牛三次侵犯鲁地，则为墨子所批评。由此也可以看出，墨子的实用理性并非仅考虑部分利益，而是考虑到天下之利。正是从天下之利上，任何战争都是弊大于利的，故墨子主张非攻。

三、治理措施

治理伦理是治理措施的指导原则，治理措施是治理伦理的行动落实。墨子关于社会治理的相关措施，完全遵照天志兼爱的逻辑来逐级布展。其言：

> 凡入国，必择务而从事焉。国家昏乱，则语之尚贤、尚同；国家贫，则语之节用、节葬；国家说音湛湎，则语之非乐、非命；国家遥僻无礼，则语之尊天、事鬼；国家务夺侵凌，即语之兼爱、非攻。故曰择务而从事焉。（《墨子·鲁问》）

在墨子看来，治理措施的执行需要面对不同的社会状态采取不同的治理方案。在这段文献中，墨子大抵上给出了五条路径，十大主题，分别是：尚贤、尚同、节用、节葬、非乐、非命、尊天、事鬼、兼爱、非攻。从严格意义上讲，节葬、非乐属于节用的一个表现，可以归并到节用之中。非命、事鬼都可以归属于尊天，尊天就会事鬼，尊天就会非命。兼爱、非攻属于治理伦理，其精神已经贯彻在其他治理措施之中。这样一来，具体的治理措施就剩下尊天、尚同、尚贤、节用四种，如果再加上赏罚措施，则有以下五种。

（一）尊天以获佑

墨子将兼爱的伦理准则上托于天志鬼神。墨子认为：

> 古者上帝鬼神之建设国都，立正长也，非高其爵，厚其禄，富贵佚而错之也，将以为万民兴利除害，富贵贫寡，安危治乱也。（《墨子·尚同中》）

在墨子看来，整个人类世界秩序的建立都是基于上帝鬼神的功劳。故上天的意志必然要体现在治理措施之中。

> 古之仁人有天下者，必反大国之说，一天下之和，总四海之内，焉率天下之百姓，以农臣事上帝山川鬼神。利人多，功故又大，是以天赏之，鬼富之，人誉之，使贵为天子，富有天下，名参乎天地，至今不废。此则知者之道也，先王之所以有天下者

也。（《墨子·非攻下》）

对于享有天下的君主而言，需要得天下之大利，必然要侍奉上帝鬼神。具体的侍奉方式主要有两类。一类是定期举行祭祀天帝鬼神的祭礼，比如“洁为酒醴粢盛，以敬慎祭祀”（《墨子·明鬼下》）。另外一类是在各项治理政策中体现兼爱的精神，比如“天欲义而恶不义。然则率天下之百姓以从事于义，则我乃为天之所欲也。我为天之所欲，天亦为我所欲”（《墨子·天志上》）。君主通过这两种方式，既能让民众知道君主的尊天之意，也能让民众切实体会到尊天之意给大家带来的好处，从而促使兼爱的思想与行为得以更好地传播。

（二）尚同以察实

尚同，本身是伦理原则，但一旦落实为组织形式，就成为治理措施。墨子曰：“尚同为政之本，而治要也。”（《墨子·尚同下》）

从为政之本上说，如果不尚同，则天下一人一义，百人百义，天下就没有一个是非公断。墨子曰：

> 今此何为人上而不能治其下，为人下而不能事其上，则是上下相贼也，何故以然？则义不同也。若苟义不同者有党，上以若人为善，将赏之，若人唯使得上之赏，而辟百姓之毁，是以为善者，必未可使劝，见有赏也。上以若人为暴，将罚之，若人唯使得上之罚，而怀百姓之誉，是以为暴者，必未可使沮，见有罚也。故计上之赏誉，不足以劝善，计其毁罚，不足以沮暴。此何故以然？则义不同也。（《墨子·尚同下》）

墨子从具体治理效果上看，如果君主与民众在价值观上不统一，则对于同一个事件就会有多种不同的评价，这样君主的赏罚并不能真正地产生效用。所以，墨子希望用天志来统一天下之义，达到“治天下之国若治一家，使天下之民若使一夫”（《墨子·尚同下》）的作用。

从治理之要上说，墨子主张“政者，口言之，身必行之”（《墨子·公孟》），所以尚同的主张必然要执行，落实为层级化的组织机制，墨子曰：

> 选天下之贤可者，立以为天子。天子立，以其力为未足，又选择天下之贤可者，置立之以为三公。天子三公既以立，以天下为博大，远国异土之民，是非利害之辩，不可一二而明知，故画分万国，立诸侯国君，诸侯国君既已立，以其力为未足，又选择其国之贤可者，置立之以为正长。正长既已具，天子发政于天下之百姓，言曰：“闻善而不善，皆以告其上。上之所是，必皆是之，所非必皆非之，上有过则规谏之，下有善则傍荐之。上同而不下比者，此上之所赏，而下之所誉也。意若闻善而不善，不以告其上，上之所是，弗能是，上之所非，弗能非，上有过弗规谏，下有善弗傍荐，下比不能上同者，此上之所罚，而百姓所毁也。”上以此为赏罚，甚明察以审信。（《墨子·尚同上》）

墨子设置的层级机制，在超越层面是上天与鬼神，在人间的经验层面则建立了天子、三公、国君、里长、乡长的层级秩序。乡长上同于里长，里长上同于国君，国君上同于三公，三公上同于天子。在这里，墨子还保留着西周分封制的层级话语，但是在尚同的制度下，封建邦国的国君似乎已经没有多少自己的独特权力了。

天子直接对上天鬼神负责。一旦制度建立起来之后，尚同的原则就法律化了。在执行过程中，善与恶的判断就具有了依据。

> 故古者圣王唯而审以尚同，以为正长，是故上下情请为通。上有隐事遗利，下得而利之；下有蓄怨积害，上得而除之。是以数千万里之外，有为善者，其室人未遍知，乡里未遍闻，天子得而赏之。数千万里之外，有为不善者，其室人未遍知，乡里未遍闻，天子得而罚之。是以举天下之人皆恐惧振动惕栗，不敢为淫暴，曰："天子之视听也神。"先王之言曰："非神也，夫唯能使人之耳目助己视听，使人之吻助己言谈，使人之心助己思虑，使人之股肱助己动作。"助之视听者众，则其所闻见者远矣；助之言谈者众，则其德音之所抚循者博矣；助之思虑者众，则其谈谋度速得矣；助之动作者众，即其举事速成矣。（《墨子·尚同中》）

一方面，天子对于尚同的部下要进行嘉赏，对于不尚同的部下要进行惩罚；另一方面，天子尚同原则的贯彻落实，可以让天下人都以上同于天子所代言的天为根本准则，以此来监督天子以降的一切官僚的行为举止。所有人都可以成为天子的耳目，将其他人执行尚同抑或不执行尚同的情况悉数告知天子。因此，墨子说："上之为政，得下之情则治，不得下之情则乱。"（《墨子·尚同下》）

此外，墨子还指出，当大家都尚同时，君主的带头作用具有极大的功效，可以取得事半功倍的效果，其曰：

> 昔者晋文公好士之恶衣，故文公之臣皆牂羊之裘，韦以带剑，练帛之冠，入以见于君，出以践于朝。是其故何也？君说之，故臣为之也。（《墨子·兼爱中》）

在尚同的体制下，臣下之作用都以君主之意志为核心，故"君悦臣为"可以发挥出极大的推动作用。

反思墨子的尚同制度，君主之悦必须在符合天志的基础上，而且天志的内容必然公布于天下，这样民众才能将君主不知道的符合或者不符合天志的事件告知君主。当然，如果真的实施，还应该开辟一条特有的告知途径。但是，这套理论在现实中的实施，很容易产生一种走样的后果。如果君主之悦不符合天志，或者君主强以一己之悦来裹挟天志，并鼓励天下民众完全服从自己的一己之悦，对于不满自己的人，君主又鼓励民众在暗地里互相揭发。在这样的情况下，民众实在没有合法而和平的办法来更正君主。“当其绝对服务于统治者对人民的社会道德生活的完全控制的目的时，它带来的与其说是一种社会道德生活的正确而合理的秩序，毋宁说仅仅是对统治者强权的服从。”① 对于这种弊端，人间的尚同制度自身似乎无法改良，只有依靠制度之外的因素，要么依靠鬼神的降灾，要么导致百姓揭竿而起。以此来看，尚同制度仍旧具有极大的缺陷。

（三）尚贤以亲士

天下虽然皆尚同于天子，但天子一人担当天下治理之大任，如何才能不劳心费神呢？墨子曰：

> 善为君者，劳于论人，而佚于治官。不能为君者，伤形费神，愁心劳意，然国逾危，身逾辱。（《墨子·所染》）
>
> 入国而不存其士，则亡国矣。见贤而不急，则缓其君矣。非贤无急，非士无与虑国，缓贤忘士而能以其国存者，未曾有也。（《墨子·亲士》）

墨子认为，君主要懂得选拔贤士的道理，将具体的治理活动交给贤士去做，而不应该大权独揽，事必躬亲，这样的治理是不能长

---

① 林存光：《政治的境界——中国古典政治哲学研究》，中国政法大学出版社2014年版，第177页。

久的。

君主对于具有治理权责的官位，需要授予有治理德能的贤士，而不能给予那些尸位素餐的无能之辈，墨子曰：

> 故虽有贤君，不爱无功之臣；虽有慈父，不爱无益之子。是故不胜其任而处其位，非此位之人也；不胜其爵而处其禄，非此禄之主也。（《墨子·亲士》）
>
> 古者圣王之为政，列德而尚贤，虽在农与工肆之人，有能则举之，高予之爵，重予之禄，任之以事，断予之令，曰："爵位不高则民弗敬，蓄禄不厚则民不信，政令不断则民不畏。"举三者授之贤者，非为贤赐也，欲其事之成。故当是时，以德就列，以官服事，以劳殿赏，量功而分禄。故官无常贵，而民无终贱，有能则举之，无能则下之，举公义，辟私怨，此若言之谓也。（《墨子·尚贤上》）

君主招纳贤士，应该无论出身，只论德能，罢黜占据官位的无能之人，选拔身处民间的有才之士，故官位虽然稳定，但人员则是流动的。官府与民间应该具有一定的流动性。墨子认为，对于这些真正能担重任的贤士，朝廷应该给予极高的待遇，其言：

> 譬若欲众其国之善射御之士者，必将富之，贵之，敬之，誉之，然后国之善射御之士，将可得而众也。况又有贤良之士厚乎德行，辩乎言谈，博乎道术者乎，此固国家之珍，而社稷之佐也，亦必且富之，贵之，敬之，誉之，然后国之良士，亦将可得而众也。（《墨子·尚贤上》）
>
> 是故古者圣王之为政，言曰："不义不富，不义不贵，不义不亲，不义不近。"是以国之富贵人闻之，皆退而谋曰："始我所

恃者，富贵也，今上举义不辟贫贱，然则我不可不为义。”亲者闻之，亦退而谋曰：“始我所恃者亲也，今上举义不辟疏，然则我不可不为义。”近者闻之，亦退而谋曰：“始我所恃者近也，今上举义不避远，然则我不可不为义。”远者闻之，亦退而谋曰：“我始以远为无恃，今上举义不辟远，然则我不可不为义。”逮至远鄙郊外之臣，门庭庶子，国中之众，四鄙之萌人闻之，皆竞为义。(《墨子·尚贤上》)

君主给予贤士以极高的待遇，一方面可以传递出有效信息——君主十分重视这些贤士及其所承担的兼爱的价值，所以天下人要学习这样的价值、遵守这些价值所构建的秩序；另一方面也给出天下人效法的榜样——天下人将来要出人头地，最好都向这些贤士靠拢学习。

反过来，墨子认为倘若君主做不到尚贤亲士，虽然表面上授予了贤士以官位，却不愿意给予其真正的权力与丰厚的俸禄。这样一来，就会让天下士人离心，其曰：

今王公大人亦欲效人以尚贤使能为政，高予之爵，而禄不从也。夫高爵而无禄，民不信也。曰：“此非中实爱我也，假藉而用我也。”夫假藉之民，将岂能亲其上哉！故先王言曰：“贪于政者不能分人以事，厚于货者不能分人以禄。”事则不与，禄则不分，请问天下之贤人将何自至乎王公大人之侧哉？若苟贤者不至乎王公大人之侧，则此不肖者在左右也。不肖者在左右，则其所誉不当贤，而所罚不当暴，王公大人尊此以为政乎国家，则赏亦必不当贤，而罚亦必不当暴。若苟赏不当贤而罚不当暴，则是为贤者不劝而为暴者不沮矣。是以入则不慈孝父母，出则不长弟乡里，居处无节，出入无度，男女无别。使治官府则盗窃，守城则倍畔，君有难则不死，出亡则不从，使断狱则不中，分财则不均，与谋事不得，举事不成，入守不固，出诛不强。故虽昔者三代暴王桀纣幽厉之所以失措其国家，倾覆其社稷者，已此故也。何则？皆以明小物而不明大物也。（《墨子·尚贤中》）

墨子认为，君主倘若不分人以事，不分人以禄，贤士则会远离君主，不肖的小人就会聚集到君主的身边。君主由于一己之好恶去赏赐这些不肖的小人，则会导致赏罚的不公平，于是天志的核心判断标准就会动摇，民众的生活秩序也会混乱，最终导致如同三代暴王桀纣幽厉那般地失去天下。

（四）节用以足备

社会的资源是有限的。墨子认为，我们对于社会资源，一方面要开源，一方面要节用。

从开源上看，在墨子的时代，社会上资源要增加，主要依靠人的劳动，故人口数量在资源的增长中显得非常重要。墨子认为：

今天下为政者，其所以寡人之道多，其使民劳，其籍敛厚，民财不足，冻饿死者不可胜数也。且大人惟毋兴师以攻伐邻国，久者终年，速者数月，男女久不相见，此所以寡人之道也。与居处不安，饮食不时，作疾病死者，有与侵就僾橐，攻城野战死者，不可胜数。（《墨子·节用上》）

墨子批评当时天下的为政者，要么对民众暴敛重税，要么攻伐不止，百姓生活状况低下，男女之间长期别离，故无法繁衍更多的人丁。墨子认为，为政者应该效法古代的圣王，保持民生的充足，其曰：

虽上世之圣王，岂能使五谷常收而旱水不至哉？然而无冻饿之民者，何也？其力时急而自养俭也。故《夏书》曰：“禹七年水。”《殷书》曰：“汤五年旱。”此其离凶饿甚矣。然而民不冻饿者，何也？其生财密，其用之节也。故仓无备粟，不可以待凶饥；库无备兵，虽有义不能征无义；城郭不备全，不可以自守；心无备虑，不可以应卒。……故备者，国之重也；食者，国之宝也；兵者，国之爪也。城者所以自守也。此三者国之具也。（《墨子·七患》）

同时，为政者还要学习古代圣王，鼓励男女早婚多育，其曰：

昔者圣王为法曰：“丈夫年二十，毋敢不处家。女子年十五，毋敢不事人。”此圣王之法也。圣王即没，于民次也，其欲蚤处家者，有所二十年处家；其欲晚处家者，有所四十年处家。以其蚤与其晚相践，后圣王之法十年。若纯三年而字，子生可以二三年矣。此不惟使民蚤处家而可以倍与？（《墨子·节用上》）

从节用上看，任何资源的使用，都要用在切实派上用场的地方，不作无谓的浪费，其曰：

圣人为政一国，一国可倍也；大之为政天下，天下可倍也。其倍之非外取地也，因其国家，去其无用之费，足以倍之。圣王为政，其发令兴事，使民用财也，无不加用而为者，是故用财不费，民德不劳，其兴利多矣。（《墨子·节用上》）

圣王的治理措施，在于行节用之政。这样一来，虽然花费少，但发挥的效力大。墨子认为，节用的关键在于资源的投入能否增加民众之利，其曰：

> 凡足以奉给民用，则止。诸加费不加于民利者，圣王弗为。（《墨子·节用中》）

这句话具有两个方面的意思：其一，资源的投入仅仅限于民用，而结合墨子的论述，民用的理解主要是指民众的基本物质生活保证；其二，倘若资源的投入不能增加民用，则不再投入。也就是说，一旦满足了民众的基本物质生活，资源就不用再投入了。这样一来，所有需要资源投入的艺术生活、情感生活都被墨子摒弃在外了。这样一种实用主义的精神充分体现在墨子对于社会生活的各项措施之中，其论饮食：

> 足以充虚继气，强股肱，耳目聪明，则止。不极五味之调，芬香之和，不致远国珍怪异物。何以知其然？古者尧治天下，南抚交阯，北降幽都，东西至日所出入，莫不宾服。逮至其厚爱，黍稷不二，羹胾不重，饭于土熘，啜于土形，斗以酌。（《墨子·节用中》）

其论衣服：

> 古者圣王制为衣服之法曰："冬服绀緅之衣，轻且暖；夏服絺绤之衣，轻且清，则止。"诸加费不加于民利者，圣王弗为。（《墨子·节用中》）

其论兵甲：

> 古者圣人为猛禽狡兽，暴人害民，于是教民以兵行，日带剑，为刺则入，击则断，旁击而不折，此剑之利也。甲为衣则轻且利，动则兵且从，此甲之利也。（《墨子·节用中》）

其论舟车：

车为服重致远，乘之则安，引之则利，安以不伤人，利以速至，此车之利也。古者圣王为大川广谷之不可济，于是利为舟楫，足以将之则止。虽上者三公诸侯至，舟楫不易，津人不饰，此舟之利也。(《墨子·节用中》)

其论殡葬：

古者圣王制为节葬之法曰："衣三领，足以朽肉；棺三寸，足以朽骸。堀穴深不通于泉，流不发泄则止。死者既葬，生者毋久丧用哀。"(《墨子·节用中》)

其论宫室：

其旁可以圉风寒，上可以圉雪霜雨露，其中蠲洁，可以祭祀，宫墙足以为男女之别则止，诸加费不加民利者，圣王弗为。(《墨子·节用中》)

其论音乐：

圣王之命也，多寡之。食之利也，以知饥而食之者智也，因为无智矣。今圣有乐而少，此亦无也。(《墨子·三辩》)

在墨子的思想中，饮食只求果腹，不求美味；衣服只求保暖，不求奢华；舟车只求交通，不求繁饰；殡葬只求适度，不求厚敛；宫室只求足用，不求豪华；音乐无利民用，尽量不用。可以看出，墨子最关注这些生产生活活动中能够最低程度损耗物质资源而最大限度地满足人的基本物质生活需求的方面，但对于基本物质生活之上的东西则完全不去顾及。

此外，在资源的生产与分配上，墨子也看到君民一体的重要性，其曰：

> 凡五谷者，民之所仰也，君之所以为养也。故民无仰则君无养，民无食则不可事。故食不可不务也，地不可不力也，用不可不节也。五谷尽收，则五味尽御于主，不尽收则不尽御。一谷不收谓之馑，二谷不收谓之旱，三谷不收谓之凶，四谷不收谓之馈，五谷不收谓之饥。岁馑，则仕者大夫以下皆损禄五分之一。旱，则损五分之二。凶，则损五分之三。馈，则损五分之四。饥，则尽无禄，禀食而已矣。故凶饥存乎国，人君彻鼎食五分之三，大夫彻县，士不入学，君朝之衣不革制，诸侯之客，四邻之使，雍食而不盛，彻骖騑，涂不芸，马不食粟，婢妾不衣帛，此告不足之至也。（《墨子·七患》）

君民都需要物质资源，民众生产物质资源，君主进行社会治理。民众在君主的治理下生产，君主通过税收获得大部分物质资源来维持社会的治理。这是君民各自的分内之事。如果民众遇到天灾，物质资源的生产减量，那么君主的消耗也应该进行同比例的削减。这样，君民双方共同承担天灾造成的损失，可谓兼爱精神的体现。

（五）赏罚以使民

赏罚是维持尚同的一道强有力的保障，墨子曰：

> 古者圣王为五刑，请以治其民。譬若丝缕之有纪，罔罟之有纲，所连收天下之百姓不尚同其上者也。（《墨子·尚同上》）
>
> 举天下之人，皆欲得上之赏誉，而畏上之毁罚。（《墨子·尚同中》）

圣王设置赏罚，可以用奖赏引导方向，用刑罚设定底线。这样一来，天下民众就如同入了网格之中，只能遵照君主的命令行事。

凡使民尚同者，爱民不疾，民无可使，曰必疾爱而使之，致信而持之，富贵以道其前，明罚以率其后。为政若此，唯欲毋与我同，将不可得也。（《墨子·尚同下》）

赏罚能够促成尚同，促使民众快速执行君主的命令。但需要指出的是，赏罚本身只是一个手段，其价值立场是中性的。在理想中，君主上同于天，下达具有兼爱精神的命令，故赏罚的设置可以进一步维护兼爱的落实。但是，倘若君主是昏聩的，其命令不利于天下，只利于君主自身或者统治集团的，那么赏罚的设置也会发生作用，产生助纣为虐的后果。故而，赏罚本身不能是一种基础性的措施，赏罚的使用必须配合其所维护的核心价值来进行判断。

四、治理秩序

在墨子的理想中，美好的社会应该贯彻天意，并以君主为首，百姓各守分事，具有充足的民生保障以及合理的物质分配。

（一）天意的贯彻

鉴于尚同的要求，墨子理想中的社会不可能有很多独立的民间组织，更多的是层层上同的集权政府。故社会治理的主体不可能是民间，而是大权独揽的政府，所谓“然而正者，无自下正上者，必自上正下”（《墨子·天志下》）。于是，社会治理中对于天志贯彻和兼爱的实施，必须落实在政府的为政上，这就是所谓的顺天意。墨子将为政之道与天意联系起来，其曰：

顺天意者，义政也。反天意者，力政也。（《墨子·天

志上》）

何以知义之为善政也？曰：天下有义则治，无义则乱，是以知义之为善政也。（《墨子·天志中》）

曰顺天之意者，兼也；反天之意者，别也。兼之为道也，义正；别之为道也，力正。（《墨子·天志下》）

顺天意者，能够实施兼爱，就是善政、义政，可以治理好社会；反天意者，不能实施兼爱，就是力政、不义之政，反而会搞乱社会。墨子将此天意落实到社会秩序中，建立了一套以天意为准绳的评价体系，其曰：

故子墨子之有天之意也，上将以度天下之王公大人之为刑政也，下将以量天下之万民为文学出言谈也。观其行，顺天之意，谓之善意行，反天之意，谓之不善意行；观其言谈，顺天之意，谓之善言谈，反天之意，谓之不善言谈；观其刑政，顺天之意，谓之善刑政，反天之意，谓之不善刑政。故置此以为法，立此以为仪，将以量度天下之王公大人卿大夫之仁与不仁，譬之犹分黑白也。（《墨子·天志中》）

在这一套顺天意的评价体系中，无论是官府的刑政，还是民众的意行言谈，都要符合天意。符合天意就是正确的刑政意行言谈，不符合天意就是错误的刑政意行言谈。

（二）君主的领导

在天意贯彻的社会秩序中，处于其金字塔顶端的就是君主。在墨子的理想中，君主可以非常清晰地知道天意并传达天意，君主能够“得天下之明法以度之”（《墨子·天志上》）。需要指出的是，君主对于天意的明晰，并非出于神秘的体验，而是其能够去除自我心灵中情感的影响，很好地发挥其理性思辨的能力，显现其本有的尚德尚智的善性，从而得出天志是兼爱的结论。其实，天下所有人在理论上都可以具有君主同样的能力，但是他们在实践中无法真实地做到，故需要服从天志鬼神和尚同制度来促成其功效。

君主在知道天意之后，一切人世间的政策都应以兼爱为核心，墨子曰：

> 古圣王审以尚贤使能为政，而取法于天。虽天亦不辩贫富、贵贱、远迩、亲疏。贤者举而尚之，不肖者抑而废之。（《墨子·尚贤中》）

上天对待人不论贫富、贵贱、远近、亲疏，而只是无差别地爱人；所以圣王对待人也不论贫富、贵贱、远近、亲疏，也要无差别地爱人。同时，圣王会招收真正能够落实兼爱精神的贤士，帮助其一起来治理国家。

> 贤人唯毋得明君而事之，竭四肢之力以任君之事，终身不倦。若有美善则归之上，是以美善在上，而所怨谤在下，宁乐在君，忧戚在臣，故古者圣王之为政若此。（《墨子·尚贤中》）

墨子认为，贤明的大臣，应该竭力执行君主所传达的天意的精神，为君主分担治理天下的重任。

（三）社会的分事

兼爱由上天发源，通过君主大臣的领衔作用，最终落实在天下民众的身上。每个民众都有与其身份相应的应做的事情，此为分事。分事主要有以下两个方面的特征。

其一，分事符合所执事者的自然本性与自然需求。例如：

> 凡回于天地之间，包于四海之内，天壤之情，阴阳之和，莫不有也，虽至圣不能更也。何以知其然？圣人有传：天地也，则曰上下；四时也，则曰阴阳；人情也，则曰男女；禽兽也，则曰牡牝雄雌也。真天壤之情，虽有先王不能更也。虽上世至圣，必蓄私，不以伤行，故民无怨。宫无拘女，故天下无寡夫。内无拘女，外无寡夫，故天下之民众。（《墨子·辞过》）

墨子认为，天地万物都有其自身的自然本性和自然需求，而良好的社会秩序就是让人们的自然本性和自然需求都得到充分的满足。由此我们可知，墨子所谓的兼爱，并不是完全以绝对的平等对待所有人，而是就着天下人的差异性来成就天下人。然而，在墨子的视域中，天下之人的差异性，仅仅局限于生物本性的差异性——比如男女的差别，而不能看到更为高级的个体差异。

其二，分事促使执事者的生产生活构成整个社会运作的一环。例如：

> 今天下之君子之为文学出言谈也，非将勤劳其惟舌，而利其唇呡也，中实将欲为其国家邑里万民刑政者也。今也王公大人之所以蚤朝晏退，听狱治政，终朝均分，而不敢怠倦者，何也？曰：彼以为强必治，不强必乱；强必宁，不强必危，故不敢怠倦。今也卿大夫之所以竭股肱之力，殚其思虑之知，内治官府，外敛关市、山林、泽梁之利，以实官府，而不敢怠倦者，何也？曰：彼以为强必贵，不强必贱；强必荣，不强必辱，故不敢怠倦。今也农夫之所以蚤出暮入，强乎耕稼树艺，多聚叔粟，而不敢怠倦者，何也？曰：彼以为强必富，不强必贫；强必饱，不强

必饥，故不敢怠倦。今也妇人之所以夙兴夜寐，强乎纺绩织纴，多治麻丝葛绪，细布縿，而不敢怠倦者，何也？曰：彼以为强必富，不强必贫，强必暖，不强必寒，故不敢怠倦。（《墨子·非命下》）

又如：

王公大人蚤朝晏退，听狱治政，此其分事也；士君子竭股肱之力，亶其思虑之智，内治官府，外收敛关市、山林、泽梁之利，以实仓廪府库，此其分事也；农夫蚤出暮入，耕稼树艺，多聚叔粟，此其分事也；妇人夙兴夜寐，纺绩织纴，多治麻丝葛绪，细布縿，此其分事也。（《墨子·非乐上》）

通过上述分事的协调，每个人都做其应做的工作，都为社会秩序作出各自分位的贡献。于是，整个社会就会显得良善有序，例如：

是故古之圣王发宪出令，设以为赏罚以劝贤，是以入则孝慈于亲戚，出则弟长于乡里，坐处有度，出入有节，男女有辨。是故使治官府，则不盗窃，守城则不崩叛，君有难则死，出亡则送。此上之所赏，而百姓之所誉也。（《墨子·非命上》）

我们在这里可以看到一个有趣的情境，即墨子兼爱思想的普遍性与其分事思想的特殊性竟然可以结合在一起。不同身份的人，从不同的自身特质出发，做不同的事情，这就必然有其自身固有的资源。从兼爱思想看，墨子并不是要人人磨灭自己的特性，从事相同的工作，而是人们已经天然地处在一个差异而有序的整体系统中，并要人们在各自具有差别性的工作岗位上为集体作出贡献。故兼爱不是给予一样的资源，而是每个个体给出各自特色的资源，从而构成系统的良性运行。

墨子的社会治理思想与儒家的社会治理思想一样，都是针对周文的礼崩乐坏而提出的方案。然而，“在墨子心目中，正是以周文为生活所不必需者。其俭朴终于成为文化价值之窒息，人伦常道之枯萎”①。故其治理思想，仅仅以原始的天帝鬼神信仰为支撑就迫不及待地在经验世界推行其充满着实用精神的治理主张。而这种治理主张，以兼爱而极度超越于普通人的常性，以尚同而严重捆绑人的自主，故终不能在现实中产生长久的效果。

① 蔡仁厚：《墨家哲学》，东大图书股份有限公司1978年版，第8页。

第九章
韩非子的社会治理思想

韩非子是先秦最后一位具有整体性思想系统的思想家。韩非子的思想对于先秦儒家思想、黄老思想、三晋法家思想都有很大程度的继承，同时又将之重新取舍融汇纳入新的系统之中，构建了一套更为完备的法家理论学说。

依据《史记·老庄申韩列传》记载，韩非子为韩之诸公子，好刑名法术之学，归本于黄老，其与李斯曾师从荀子。韩非在韩未遭见用，然其书被秦王所重。秦攻韩，韩非出使秦，秦王本欲重用韩非，李斯妒其才，进谗言而害之。韩非死于秦，然其著作流传于世。秦虽杀韩非，然秦之政治实践，则借李斯之操作而大致依循韩非之法家思想。秦之一时勃兴，其功在于法家，秦之二世而亡，其弊亦在法家。其间，虽有具体实践之误作，然法家理论本身之弊端亦不可小觑，故法家学说之功，虽有显著之效，难有长久之势。

现流传《韩非子》一书，共五十五篇，主要为韩非子与法家后学的著作汇编集。司马迁说："非……作《孤愤》《五蠹》《内外储》《说林》《说难》十余万言。"（《史记·老庄申韩列传》）梁启雄先生以此十篇为韩非作品之标准，对其余篇目考证如下："一、似是韩非本人的作品，有《显学》《定法》《难势》《难一》《难二》《难三》《难四》七篇。二、没有多大问题的篇章，有《南面》《说疑》

《问辩》《六反》《诡使》《八经》《八说》《和氏》《奸劫弑臣》《难言》《亡征》《喻老》《爱臣》《心度》《三守》《备内》《饰邪》《八奸》十八篇……三、文体不同而思想体系同的，有《主道》《扬权》二篇……四、篇中局部有问题的，有《解老》《问田》二篇……五、思想和文字与他篇都有点不同的篇，有《十过》《用人》《安危》《功名》《忠孝》《大体》《守道》《观行》《制分》九篇。"①依照梁先生的考证，除了第五类九篇以及第四类二篇的部分文字之外，其余篇目皆可以视为代表韩非思想之作品。本文论述韩非之社会治理思想，即以上述考证之篇目为基础，开展理论之阐发。

一、韩非子思想的前期渊源

韩非为法家思想之集大成者，然其思想亦非一蹴而就，在其思想形成之前，已有多种思想学说渐趋于此方向，故韩非之学说并非空中楼阁，实乃应时之创造。

盖春秋而至战国，百余年间，天下风气为之一变。顾亭林先生有言：

> 如春秋时，犹尊礼重信，而七国则绝不言礼与信矣。春秋时，犹宗周王，而七国则绝不言王矣。春秋时，犹严祭祀，重聘享，而七国则无其事矣。春秋时，犹论宗姓氏族，而七国则无一言及之矣。春秋时，犹宴会赋诗，而七国则不闻矣。春秋时，犹有赴告策书，而七国则无有矣。邦无定交，士无定主，此皆变于一百三十三年之间。史之阙文，而后人可以意推者也。不待始皇

---

① 梁启雄：《韩子浅解》，中华书局2009年版，第6—8页。

之并天下，而文武之道尽矣。[1]

先秦诸家学说，由春秋而至战国，迫于时代风气之变，亦少一分雍容不迫之态，而多一片急功近利之心，学说所关注之问题，亦由形上之思辨转移到形下的实用之中。

儒家孔子以下，除了曾子、子思、孟子一脉之心性传承外，尚有子夏一脉之诗礼传承。曾子约礼，而重内在道德之树立；子夏博文，而重外在礼教之健全。由子夏而至吴起、李克，此脉遂失其心性之基而一变为法术之教。钱穆言："孔子死后，贵族阶级堕落崩坏，益发激进，儒家思想暂转入消极的路去，如子夏、曾子等是……从此等消极状态下又转回来，重走上积极的新路，便成后来之所谓法家。李克子夏弟子、吴起曾子弟子、商鞅李、吴之后起可为代表。"[2] 荀子之学，亦可以视为受此脉思想之影响。韩非受业于荀子，更变本加厉，更其师之礼教而为法，转内在道德之主体性而为外在刑名之客观性，实在可以说是迎合了此一风气之变化。

道家老子以下，有庄子注重内在个体境界之一脉，又有黄老注重外在群体治理之一脉。以先秦为限，庄子之后，所继者寥寥，而黄老之学则风气日炙。庄子之学以个体之自由无待于天下，而黄老之学则以自然之法先定天下万物之性分，万物之存在遂有内在之自主自立而转变为天道决定之客观形态。

战国时期，既有儒、道二家思想之流变，又有新兴之三晋法家[3]之崛起。"法家思想分由三支发展：一曰法治派，二曰势治派，三曰

① 顾炎武著，黄汝成集释，栾保群、吕宗力校点：《日知录·周末风俗》，载《日知录集释》（全校本），上海古籍出版社 2006 年版，第 749—750 页。

② 钱穆：《国史大纲》，第 104 页。

③ 所谓三晋法家，或生于三晋之魏、赵、韩，或仕于三晋之魏、赵、韩。

术治派。法治派以商鞅为代表，势治派以慎到为代表，术治派以申不害为代表。”[①]

商鞅为卫人，先仕于魏，后仕于秦。商鞅变法于秦，前后两次。“商鞅为了富国强兵，乃针对秦国政治、经济、军事、社会各方面的缺失，立了十四项革新的法令。这十四项法令如下：设连坐法、除奸邪（不告奸者腰斩，告奸者与斩敌首同赏，匿奸者与降敌同罚）、增户口（民有两男以上，不分异者倍其赋）、重军功、禁私斗、重农业、轻工商、抑贵族（宗室非有军功考绩，不得为属籍）、戒僭侈（明尊卑爵秩等级，各以差次名田宅、臣妾，衣服以家次）、抑富豪（有功者显荣，无功者虽富不得奢华）、立大县（集诸小乡、邑、聚为县，置令、丞，凡三十一县）、平赋税（为田开阡陌封疆，而赋税平）、平度量衡等。”[②] 这些变法举措打击了封建贵族，加强了君主集权，促使举国之民众皆竭力于农战而成就君国之利。

慎到为赵人，为稷下学者之一，其学说以道家思想为源头，而有黄老之风。其学说否定人心之自觉自明，而以自然之物势为要，于是人之主体奋斗已不甚重要。其学说之核心在于强调物势而客观化君主之律法，其曰：“腾蛇游雾，飞龙乘云，云罢雾霁，与蚯蚓同，则失其所乘也。故贤而屈于不肖者，权轻也；不肖而服于贤者，位尊也。尧为匹夫，不能使其邻家。至南面而王，则令行禁止。由此观之，贤不足以服不肖，而势位足以屈贤矣。”（《慎子·威德》）在慎到看来，人之德性好坏并不重要，关键在于人所依仗的权势。不肖之人在势位上亦可治贤达之人，贤达之人不在势位上则被治于不肖之人。故治与被治和贤与不肖无关，而与势位有关。其又言：“一兔走街，百

---

① 王邦雄：《韩非子的哲学》，东大图书股份有限公司 1993 年版，第 75 页。

② 曾春海：《中国哲学史纲》，第 156 页。

人追之，贪人具存，人莫之非者，以兔为未定分也。积兔满市，过而不顾。非不欲兔也，分定之后，虽鄙不争。”（《慎子·逸文》）未定分，诸多个体之间就会产生纷争；定分之后，诸多个体之间的纷争就会平息。慎到看到定分势位之作用，而否定诸多个体自身解决纷争之能力，故其学说重法，以君主之法来显现自然之物势，并以此左右人之活动，确定人之定分。

申不害为郑人，仕于韩。申不害学黄老而主刑名，《史记》载其“内修政教，外应诸侯，十五年。终申子之身，国治兵强，无侵韩者”（《史记·老庄申韩列传》）。申不害之学，以术见长。“术的出发点在于对臣下的不信任，及君主的才智未贤于人的情况下。因此，人君在臣下前尽量不露声色以隐藏内心的情感与见识，使臣下无从窥伺和算计而反制或利用君主以遂臣下之私。”[①] 故君主无论贤与不肖，皆不用私智，唯有操以形名，因名责实即可，其曰：“为人君者，操契以责其名。名者，天地之纲，圣人之符。张天地之纲，用圣人之符，则万物之情无所逃之矣。”（《申不害·大体》）申不害之术，匿藏君主个人之私智，而操以形名之术。匿藏私智，则群臣难以窥见君主之心意而无法借势阿谀奉承，只得尽显自我之本意；操以形名，则赏罚皆以名实之客观为准，体现主体性之私智无用武之地。如此，不才之君亦可操纵奸猾之臣。

考察儒、道思想之流变与三晋法家之思想，可知战国思想界之风气偏重于客观性与可操作性。一方面，人之主体性已被大大打压，故道德自律自觉的实践道路被视为迂腐而不能用，社会之治理则已趋于客观化。儒家之重心由心性道德而转为礼法，道家之重心由自然之无

① 曾春海：《中国哲学史纲》，第157页。

而转为物势之有，法家之重心则更以律法为要，而轻忽一切个体的努力。另一方面，此客观性之操纵，非单个个体所能行使，而必假于圣王一人之身。无论儒、道、法，皆以圣王为行使客观性操控之依止，故君主之权力极大地膨胀起来。此一思想文化形态，正与周秦之际废封建、行郡县之举互为表里。

二、治理本体

韩非子治理思想之本体基础，以天道论、心性论为其核心。天道论从普遍客观性上论述了韩非子所理解的世界的存在根源，心性论则从普遍的主体性上论述了韩非子所理解的人生的行动根源。

（一）天道论

韩非子之天道论，以道、德、理三字为关键。其论道曰：

> 道者、万物之始，是非之纪也。（《韩非子·主道》）

万物之始，是万物的存在根源；是非之纪，是万物的运作方向。也就是说，道既是万物的存在基础，又是万物的运行法则。如此，道就是纯粹的普遍客观性。

普遍的道必然在具体的事物内在本性上表达出来，就是事物内在的德，其论德曰：

> 德者，内也。得者，外也。上德不德，言其神不淫于外也。神不淫于外则身全，身全之谓德。德者，得身也。凡德者，以无为集，以无欲成，以不思安，以不用固。为之欲之，则德无舍，德无舍则不全。用之思之则不固，不固则无功，无功则生于德。

> 德则无德，不德则在有德。故曰："上德不德，是以有德。"（《韩非子·解老》）[①]

德，是内在本有的特性；得，是外在获取的特性。人如果通过感官来获取，就是得，而不是德；只有关闭感官而反求向内，才能真正体会到自身内在本有之德。

> 夫道者，弘大而无形；德者，核理而普至。至于群生，斟酌用之，万物皆盛，而不与其宁。道者，下周于事，因稽而命，与时生死。参名异事，通一同情。故曰道不同于万物，德不同于阴阳，衡不同于轻重，绳不同于出入，和不同于燥湿，君不同于群臣。凡此六者，道之出也。道无双，故曰一。（《韩非子·扬权》）

道恒常而无有形象，落实在万物自身即是德，而所成就的万物特性就是理。理是实实在在的，而且具有普遍性。天下万物之所获者，则为道的一小部分。天下万物有盛有衰，不能与道一样保持本体之宁静。而道则可落实到万事万物之中，赋予万事万物以存在的根源与运行的法则，并由着万事万物随着时变而生成毁灭。万事万物虽然不一样，但其后面之理所通之大道都是同一的。在这里，韩非子分出形上之恒常与形下之变化，并以形上之恒常可以驾驭形下之变化。由此，韩非子分出了两类事物，一类为"道""德"以及与之可类比的"衡""绳""和""君"，皆属恒常不变者；一类为"万物""阴阳"以及与之可类比的"轻重""出入""燥湿""群臣"，皆属盛衰变化者。两类事物，既有质的不同，又皆同源于道。道以两类事物之同源

---

① 韩非子论道之文部分出于《解老》篇。笔者认为，韩非子之"解老"是以自我之哲学系统来诠释老子之思想，故其《解老》篇之思想，并非老子之思想，而是韩非子之思想。

视之，则为事物存在之源头；以两类事物之一类视之，则为事物运行之法则。

凡理者，方圆、短长、粗靡、坚脆之分也。故理定而后可得道也。故定理有存亡，有死生，有盛衰。夫物之一存一亡，乍死乍生，初盛而后衰者，不可谓常。唯夫与天地之剖判也具生，至天地之消散也不死不衰者谓常。而常者，无攸易，无定理。无定理非在于常所，是以不可道也。（《韩非子·解老》）

理是道在具体事物上的表现，称为定理，故有具体的秩序，定理可以言说分析。但是，此定理之物，则有盛衰存亡，是谓无常；而道本身则不与事物一起存亡，不具定理，故不可言说分析，是谓恒常。因此，就具体的事物看，事物之运行法则为定理。

道者，万物之所然也，万理之所稽也。理者，成物之文也；道者，万物之所以成也。故曰："道，理之者也。"物有理，不可以相薄；物有理不可以相薄，故理之为物之制。万物各异理，万物各异理而道尽。稽万物之理，故不得不化；不得不化，故无常操；无常操，是以死生气禀焉，万智斟酌焉，万事废兴焉。（《韩非子·解老》）

道化为天下万事万物之定理，万事万物各有具体之定理。此物之定理与彼物之定理，各不相同。总和所有定理，可以视为道之大用。道随着万物之差异而体现为不同之定理。具体的事物秉持着各自的定理，而丧失了道之整体的恒常性，于是有生灭变化。

韩非子之天道论与其治理思想实有密切之联系。其所论天道之恒常性以及整体之决定能力，则为其圣王之成立张本；其所论万物之无常变化、生死盛衰，则为其控制百姓张本。

（二）心性论

天道论阐述了一切存在之普遍性，而心性论则阐述了主体自身对此普遍性的认知关系。故天道论是外在超越而横向的，心性论则是内在超越而纵向的。一般而言，众民得此天道而为性，此性即为众民个体之定理，每个个体之心即可表现此定理。

在韩非子看来，人所秉持之性，或者说人所秉持之定理，即为人的感官欲望，其言：

> 人有欲则计会乱，计会乱而有欲甚，有欲甚则邪心胜，邪心胜则事经绝，事经绝则祸难生。由是观之，祸难生于邪心，邪心诱于可欲。可欲之类，进则教良民为奸，退则令善人有祸。奸起则上侵弱君，祸至则民人多伤。然则可欲之类，上侵弱君而下伤人民。夫上侵弱君而下伤人民者，大罪也。故曰："祸莫大于可欲。"是以圣人不引五色，不淫于声乐，明君贱玩好而去淫丽。人无毛羽，不衣则不犯寒。上不属天，而下不着地，以肠胃为根本，不食则不能活。是以不免于欲利之心，欲利之心不除，其身之忧也。故圣人衣足以犯寒，食足以充虚，则不忧矣。众人则不然，大为诸侯，小余千金之资，其欲得之忧不除也。胥靡有免，死罪时活，今不知足者之忧，终身不解，故曰："祸莫大于不知足。"（《韩非子·解老》）

在韩非子看来，欲望是人的天性。人具有肉身，便有感官欲望，这些感官欲望可以维持人的生存。然而，在感官欲望的满足上，圣人与众人就有了差异。圣人可以将感官欲望限制在基本的生理需求满足上，而众人则会无节制地扩大自身的生理需求。由于每个人都不限制自我的欲望，就会导致自我欲望的满足损害他人欲望的满足，于是人与人之间容易产生矛盾与对抗。也就是说，圣人与众人在定理之性上其实并没有什么区别，而前者节欲、后者纵欲则在于主体之心的主宰上。心本身似乎应该是自由的，倘若心能够在满足生理之性的基础上而有新的开拓，则为圣人之心；倘若心仅仅沉溺于生理之性上而无法自拔，则为众人之心。众人之心，被定理所限，沉溺在生理之性上，再无限地扩张，于是产生人与人之间的对抗，一切乱象亦随之而来。圣人之心，则可以超越定理之限，而能体悟更为广阔整全之道。韩非子曰：

> 聪明睿智天也，动静思虑人也。人也者，乘于天明以视，寄于天聪以听，托于天智以思虑。故视强则目不明，听甚则耳不聪，思虑过度则智识乱。目不明则不能决黑白之分，耳不聪则不能别清浊之声，智识乱则不能审得失之地。目不能决黑白之色则谓之盲，耳不能别清浊之声则谓之聋，心不能审得失之地则谓之狂。盲则不能避昼日之险，聋则不能知雷霆之害，狂则不能免人间法令之祸。书之所谓治人者，适动静之节，省思虑之费也。所谓事天者，不极聪明之力，不尽智识之任。苟极尽则费神多，费神多则盲聋悖狂之祸至，是以啬之。啬之者，爱其精神，啬其智识也。故曰："治人事天莫如啬。"（《韩非子·解老》）

天赋予人的是先天的有定理的思虑能力与感知能力，而如何去运用这些思虑能力与感知能力则在人自身之心。如果仅仅限于定理之性，不断地使用这些先天的能力，不断通过计谋进行欲望的扩张与满足，则感知之定理必然会因被逐渐损耗而降低功效。这就是说，众人追逐无限的欲望，但承担欲望的生理之性本身是有限的，故无限的欲望必然会损害有限的功能并产生群己间的矛盾。而圣人则不如此，圣人不在满足有限感官欲望上折腾，不将自己的心智局限于作为定理的思虑与感官功能上，通过超越个体定理的遮蔽而达到大道。

在定理之性上，圣人与众人一般无二，但在心的自我主宰上，圣人与众人则有天壤之别。而且此天壤之别的心，并不是天生的，而是来自人的主观努力。在韩非子看来，无论是圣人还是众人，其心的功能皆是天生而相同的。

> 夫能自全也而尽随于万物之理者，必且有天生。天生也者，生心也。故天下之道尽之生也，若以慈卫之也。事必万全，而举无不当，则谓之宝矣。(《韩非子·解老》)

心能够自全，即能够由局部的定理之性而上升至全面地感知天道。这种全面认知的功能是天生的，人人皆有的。充分地使用此心的功能，即能够穷尽天下之道。由此再观察天下万事万物，则皆能客观地看待其定理，总结出万物应然的客观秩序。由此，圣人与众人之差别，即在自我主观而自由地使用心的功能的差异。此差异并不能诉诸天性，而只能诉诸主体自我。由于个体自我的差异，从而导致众人与圣人之区别。

韩非子论众人，其曰：

> 今不知治者必曰："得民之心。"欲得民之心而可以为治，则是伊尹、管仲无所用也，将听民而已矣。民智之不可用，犹婴儿之心也。夫婴儿不剔首则腹痛，不揊痤则寖益。剔首、揊痤必一人抱之，慈母治之，然犹啼呼不止，婴儿子不知犯其所小苦致其所大利也。今上急耕田垦草以厚民产也，而以上为酷；修刑重罚

以为禁邪也，而以上为严；征赋钱粟以实仓库，且以救饥馑、备军旅也，而以上为贪；境内必知介，而无私解，并力疾斗所以禽虏也，而以上为暴。此四者所以治安也，而民不知悦也。夫求圣通之士者，为民知之不足师用。昔禹决江浚河而民聚瓦石，子产开亩树桑郑人谤訾。禹利天下，子产存郑，皆以受谤，夫民智之不足用亦明矣。故举士而求贤智，为政而期适民，皆乱之端，未可与为治也。（《韩非子·显学》）

一般的众人，其感官所认识到的世界都是具有定理的对象，而其心之思虑所系，则是如何让对象满足自己的定理之性，故不断地去搜寻外在的对象来满足自己定理之性所生发之欲望。如此搜寻而不间断，则其囿于定理之性的对象与定理之性的自我愈来愈深，沉溺其中而无法自拔。韩非子认为，民心不能自全，故具有极强的局限性，政策的制定与实施不能依靠民心。在韩非子看来，民众的意志都是逐利而短视的。在与他人的关系中，民众容易因资源的争夺而产生对抗；在筹划未来的考量中，民众只能看到眼前小利而无法成就长远利益。民心不可依靠，真正的社会治理仍旧需要依靠圣人。在这里，韩非子坚决持有精英主义立场，认为只有作为精英的圣人来制定律法、从事赏罚，才能将民众规范起来。

韩非子论圣人，其曰：

古之全大体者：望天地，观江海，因山谷，日月所照，四时所行，云布风动；不以智累心，不以私累己；寄治乱于法术，托是非于赏罚，属轻重于权衡；不逆天理，不伤情性；不吹毛而求小疵，不洗垢而察难知；不引绳之外，不推绳之内；不急法之外，不缓法之内；守成理，因自然；祸福生乎道法而不出乎爱

恶，荣辱之责在乎己，而不在乎人。（《韩非子·大体》）[①]

圣人之心可以自全，其心不再束缚于诸多定理之性构成的对象世界，放弃私心的思虑谋划，虽仍可以感知世界，但不会因之牵引内心去追逐物质欲望。由此，圣人能从诸多局限中脱离出来，从定理之限制中超拔出来，进入到整体的无限的世界。此整体之无限，即天道。圣人需要去除自身定理之性的限定，直接依照天道之普遍性将之落实为法则，并辅之以赏罚，从而对人世间进行治理。圣人的治理不会由于自己个体的情感欲望而动摇法律、增减赏罚，而是完全依照客观的法律与应有的赏罚实施。这样一来，众人由于圣人所生的法度与赏罚的制衡，则不容易再因欲望的扩张而产生动乱。

韩非子之天道论多取自黄老，以万物之终极实体与根本秩序视之，故天下万事万物皆由此天道所定，而万物又有其定理，此为事物各自特性之所限。韩非子之心性论则取自荀子，以实然之生理欲望来看待人性，故人性即天道落实于人之定理之性，此亦绍继荀子性恶之说。然而，荀子之性恶论需要人人化性起伪，借助礼乐之教将天然生理欲望之本性转化为人为之德性；而韩非子似乎对此转换之途丧失信心，而以完全外在强制之律法措施来控制民众的活动，其所采取之赏罚措施，仍旧是因着众人定理之性来实施，此举不但不能让民众之心恢复到自全之途上来，反而使民众之心向定理之性的局限中越陷越深。

---

① 梁启雄先生认为此篇义理与韩非子思想不符，其实并非如此，其所合之处不在限于定理之性的众人，而在体悟天道之圣君。

三、治理伦理

以韩非子对于人之心性论的设定，则有圣人之心性与众人之心性的分别。其实，圣人之性与众人之性无甚区别，而圣人之心与众人之心在先天功能上亦无甚区别，圣人与众人之别在于个体能否有效主宰其心，使心由溺于定理之性的不自全达到通达整体之道的自全。然而，通观韩非子之论述，众人要达到圣人状态似乎极为困难。在圣人之法度与赏罚协助下，众人仅仅能够各安其定理而不至于产生动乱，至于要求众人达到圣人状态，依照法度赏罚是不可能的。由是之故，在社会生活中几乎人人都是众人，人与人之间必然具有各自的利益算计与矛盾冲突。在韩非子看来，这种众人的心性论所导致的问题，在家庭中的亲人之间、社会上的买卖双方之间甚至朝廷中的君臣之间都普遍存在着。于是，人即为具有计量心的自私自利者，而各类人等之间皆充满着此种私心的较量。

（一）家庭领域的伦理关系

从儒家立场上看，家庭亲人之间应以亲情之爱为主，奉献多于索取，但是在韩非子的视域中，家庭亲人之间也充满了利益的斗争，其曰：

> 人为婴儿也，父母养之简，子长而怨。子盛壮成人，其供养薄，父母怒而诮之。子、父，至亲也，而或谯或怨者，皆挟相为而不周于为己也。（《韩非子·外储说左上》）

韩非子认为，父母养育子女不够丰厚，子女就会怨恨父母；等到父母年迈，子女供奉父母不够丰厚，父母就会怨恨子女。我们在韩非子的论述中，看到的只是父母与子女双方的利益计量。

（二）社会领域的伦理关系

从儒家立场上看，在社会生活中，不同职业之间以及买卖双方之间可以是平等互利的局面。但是在韩非子的视域中，则是各方的行为——无论在世俗理解上仁义与否——都是趋利而已，其曰：

> 夫卖庸而播耕者，主人费家而美食，调布而求易钱者，非爱庸客也，曰：如是，耕者且深，耨者熟耘也。庸客致力而疾耘耕者，尽巧而正畦陌畦畤者，非爱主人也，曰：如是，羹且美，钱布且易云也。（《韩非子·外储说左上》）
>
> 医善吮人之伤、含人之血，非骨肉之亲也，利所加也。故舆人成舆则欲人之富贵，匠人成棺则欲人之夭死也，非舆人仁而匠人贼也，人不贵则舆不售，人不死则棺不买，情非憎人也，利在人之死也。（《韩非子·备内》）

韩非子认为，地主给予耕种者的美食，不是慰劳耕种者的辛苦，而是为了使耕种者下力气将自己土地耕种得更好；耕种者努力耕耘，不是为了报答地主，而是为了获得更多物质酬劳。医生给病人处理伤口，不是关爱病人，而是为了获得丰厚的医疗费。抬轿子的人希望别人富贵，其实并不是真心希望别人好，而是因为别人富贵后就会坐轿子，可以增加自己的收入。卖棺材的人希望别人早死，其实并不是真心诅咒别人，而是因为别人早死就会来买棺材，可以增加自己的收入。这样一来，社会上很多不同价值都被冠以谋取个体利益之动机，道德的独立性就被彻底瓦解。

（三）政治领域的伦理关系

从儒家立场上看，君臣之间应该相互协助，共同促成天下百姓的安乐。然而在韩非子的视域之中，则是君臣“上下一日百战”（《韩非子·扬权》），处处都是钩心斗角、尔虞我诈，其曰：

> 君以计畜臣，臣以计事君，君臣之交，计也。害身而利国，臣弗为也；富国而利臣，君不行也。臣之情，害身无利；君之情，害国无亲。君臣也者，以计合者也。（《韩非子·饰邪》）

韩非子认为，君臣之间的根本利益是对立的。利于君则不利于臣，利于臣则不利于君。从大臣的立场上看，如果危害到自身就无利益可谈；从君主的立场上看，如果危害到君国就无亲情可谈。故大臣千方百计要分占君国之利，君主要千方百计控制大臣，让其无法私占利益而反过来为自己服务。韩非子列举了大臣分占君国之利的情况，其曰：

> 人主之患在于信人，信人则制于人。人臣之于其君，非有骨肉之亲也，缚于势而不得不事也。故为人臣者，窥觇其君心也无须臾之休，而人主怠傲处其上，此世所以有劫君弑主也。（《韩非子·备内》）
>
> 君臣之利异，故人臣莫忠，故臣利立而主利灭。是以奸臣者，召敌兵以内除，举外事以眩主，苟成其私利，不顾国患。（《韩非子·内储说下》）

韩非子认为，大臣窥探君主的私心，通过获取君主信任来分占君主的权力；更有甚者，通过劫君弑主、引兵祸国来谋取大利。君主不但要防备大臣，还要防备自己的妻儿，韩非子曰：

为人主而大信其子，则奸臣得乘于子以成其私，故李兑傅赵王而饿主父。为人主而大信其妻，则奸臣得乘于妻以成其私，故优施傅丽姬，杀申生而立奚齐。夫以妻之近与子之亲而犹不可信，则其余无可信者矣。且万乘之主、千乘之君，后妃、夫人、适子为太子者，或有欲其君之蚤死者。何以知其然？夫妻者，非有骨肉之恩也，爱则亲，不爱则疏。语曰："其母好者其子抱。"然则其为之反也，其母恶者其子释。丈夫年五十而好色未解也，妇人年三十而美色衰矣。以衰美之妇人事好色之丈夫，则身死见疏贱，而子疑不为后，此后妃、夫人之所以冀其君之死者也。唯母为后而子为主，则令无不行，禁无不止，男女之乐不减于先君，而擅万乘不疑，此鸩毒扼昧之所以用也。故《桃左春秋》曰："人主之疾死者不能处半。"人主弗知则乱多资，故曰：利君死者众则人主危。（《韩非子·备内》）

韩非子认为，君主与其妻儿的利益是对立的。君主的妻儿都希望其早死，君主一死，其子可以早日登基为王，获取举国大权；其妻可以荣升太后，避免了失宠的危险并保住快乐逍遥的特权。这样无论是大臣还是君主的妻儿，从他们各自的立场出发都希望君主死去，唯有君主的死亡才能导致他们获利。

此外，韩非子还揭示了国家利益与家庭利益之间的对立，其曰：

楚之有直躬，其父窃羊而谒之吏，令尹曰："杀之。"以为直于君而曲于父，报而罪之。以是观之，夫君之直臣，父之暴子也。鲁人从君战，三战三北，仲尼问其故，对曰："吾有老父，身死莫之养也。"仲尼以为孝，举而上之。以是观之，夫父之孝子，君之背臣也。故令尹诛而楚奸不上闻，仲尼赏而鲁民易降

北。上下之利若是其异也，而人主兼举匹夫之行，而求致社稷之福，必不几矣。(《韩非子·五蠹》)

韩非子举了两个例子，其一：儿子为了国家利益而检举揭发父亲，国家利益得到了保证，但家庭利益被损害了。反过来，我们如果认为儿子的行为是不孝，应该处罚儿子，那么家庭利益得到了保证，国家利益却被损害了。其二，年轻的战士为了赡养自己的老父，战场上不愿意拼命杀敌。这样家庭利益得到了保证，但国家利益被损害了。反过来，如果年轻的战士拼命杀敌而死掉，国家利益得到了保证，但家庭利益被损害了。因此，不同的组织群体由于利益的不同，就会有不同的价值观。在这样的局面下，如果君主与众人一样，仍旧限于定理之性中，则这样的矛盾就会不断升级，祸乱就会时时发生。如果君主以对立群体的价值观作为自己的价值观，那么其君国之利又会大大地削弱，也会产生主弱臣强的后果。

（四）君国之利的功利价值

基于上述各类群体的利益对抗，韩非子认为君主应该从个体的定理之性的束缚中超拔出来，从私心计虑中解脱出来，既不从自身个体利益出发，也不从对立群体利益出发，而是要从整体的君国之利出发。王邦雄认为："惟有透过君王之政治权力，将这一人人异利的冲突加以消除，并统合于国家公利之中。然后才能汇归众流，结合为一，朝着群体的公利、君臣上下共有的价值目标前进。这一价值目标，就在国之治强与代表一国公利之君势的固立。"[①] 而此"一国之公利"并不包含维持诸多个体特性的整体和谐，例如韩非子"批评

① 王邦雄：《韩非子的哲学》，第 122 页。

儒家、侠士、纵横家、患御者和工商五种人无益于耕战，斥他们是蛀虫”[①]，消解诸多个体特性，并将之统一捆绑在一部战车上——即对内财富积聚之耕作与对外财富掠夺之战争，韩非子曰：

> 夫耕之用力也劳，而民为之者，曰：可得以富也。战之事也危，而民为之者，曰：可得以贵也。……故明主之国，无书简之文，以法为教；无先王之语，以吏为师；无私剑之捍，以斩首为勇。是境内之民，其言谈者必轨于法，动作者归之于功，为勇者尽之于军。是故无事则国富，有事则兵强，此之谓王资。既畜王资而承敌国之舋，超五帝，侔三王者，必此法也。（《韩非子·五蠹》）

对内实行农耕，积累财富；对外攻城夺地，夺取财富。这样整体性的君国之利，其实是抬高一国之整体利益，而牺牲诸多个体利益，“依韩非的观点，君主利益与国家利益是一致的。国家的公利唯在君主生命的安危与富国强兵，与富国强兵有直接关系的是农战”[②]。因此，君主应该从个体情感、定理之性上做出转变，以符合大道的君国之利为自己以及整个国家的价值目标。由此可见，君主的伦理站位与其他众人有本质的差别。

似乎在韩非子看来，君主可以分为两类，一类是可以通达天道的圣君，一类是如同众人一样的平庸之君。那么，对于圣君而言，君主应该使其心灵体悟整体之道，并形成刑名之术来促成君国之利，其曰：

> 明君贵独道之容。君臣不同道，下以名祷，君操其名，臣效

① 梁启雄：《韩子浅解》，第465页。
② 郭齐勇：《中国哲学史》，第117页。

其形，形名参同，上下和调也。（《韩非子·扬权》）

圣君与臣民之伦理地位并不等同。圣君之道，在于与道一体，以道入法，操以刑名；臣民之道，在于合乎法度，被刑名所规范。于是臣民的一切行为都向君国之利前进。“圣人之治民，度于本，不从其欲，期于利民而已。”（《韩非子·心度》）圣王以天道之本为依据，用法度刑名来规范天下人定理之性所激发的欲望，最终导向君国之利。

同时，韩非子也看到，圣君未必代代皆有，现实中更多是平庸之君。韩非子认为，即使是庸人之君，无法领悟天道，但只要不用私智，依仗客观的刑名法术，一样可以促使天下臣民向君国之利前进，其曰：

> 释法术而心治，尧不能正一国。去规矩而妄意度，奚仲不能成一轮。废尺寸而差短长，王尔不能半中。使中主守法术，拙匠守规矩尺寸，则万不失矣。君人者，能去贤巧之所不能，守中拙之所万不失，则人力尽而功名立。（《韩非子·用人》）[①]

韩非子指出，治理天下的根本依仗不在于君主个体的贤与不肖，而在于客观的刑名法度，故君主个体之才德并不太重要。理论上可以说，保证君国之利的法度不但约束臣民，也应该一样约束君主。[②]

---

① 梁启雄先生认为此篇义理与韩非子思想有不合处。然而，就所引此段而言，则合于韩非子之思想。

② 然而，在实际情况下，庸才之君主具有绝对的权力，故其实施刑名法度与否，只有自己决定。倘若其不执行此刑名法度或部分执行此刑名法度，则此刑名法度之作用必然趋于无效。故刑名法度对于君主的制约作用实在微乎其微。

四、治理措施

韩非子认为，君主保证举国上下共赴君国之利的方法就是实施法、术、势的治理措施。法、术、势不完全是韩非子的发明，而是对前辈三晋法家的继承。一般认为，法取自商鞅，术取自申不害，势取自慎到。但是，韩非子并不是直接照搬，而是有其独创的变革。

（一）韩非子之法

韩非子之法既继承自商鞅，又对商鞅之法有所改进，其论商鞅之法曰：

> 法者，宪令著于官府，刑罚必于民心，赏存乎慎法，而罚加乎奸令者也。（《韩非子·定法》）
>
> 公孙鞅之法也重轻罪。重罪者人之所难犯也，而小过者人之所易去也，使人去其所易无离其所难，此治之道。夫小过不生，大罪不至，是人无罪而乱不生也。（《韩非子·内储说上》）
>
> 公孙鞅之治秦也，设告相坐而责其实，连什伍而同其罪，赏厚而信，刑重而必，是以其民用力劳而不休，逐敌危而不却，故其国富而兵强。（《韩非子·定法》）

韩非子认为商鞅之法需要公布客观的法令，同时借由民众的价值观①进行赏罚，其总结商鞅之法，具有三类特征。其一，轻罪重罚；其二，连坐同罪；其三，赏罚必信。由于轻罪重罚，故而民众不敢犯法，达到以刑止刑的目的；由于连坐同罪，故而违法之人不容易藏

① 此处所谓“民心”者，应该理解为众人的定理之性。所赏者，为定理之性所喜；所罚者，为定理之性所恶。故法家之赏罚只能加强定理之性的自限，并不能帮助被赏罚者突破自身定理之性的限定。

匿，很快就被周围之人告发。由于赏罚必信，故而民众耕作不敢懈怠，临阵不敢脱逃。这样很快就会国富民强了。同时，韩非子认为商鞅之法有其弊端，其曰：

> 无术以知奸，则以其富强也资人臣而已矣……商君虽十饰其法，人臣反用其资。（《韩非子·定法》）
>
> 商君之法曰：斩一首者爵一级，欲为官者为五十石之官；斩二首者爵二级，欲为官者为百石之官。官爵之迁与斩首之功相称也。今有法曰：斩首者令为医匠，则屋不成而病不已。夫匠者，手巧也；而医者，齐药也；而以斩首之功为之，则不当其能。今治官者，智能也；今斩首者，勇力之所加也。以勇力之所加而治智能之官，是以斩首之功为医匠也。（《韩非子·定法》）

商鞅之法弊端有二：其一，君主倘若仅仅有法而缺乏术，故法所获取的利益很快就被权臣所分占，君主反而被架空；其二，商鞅以官爵奖赏有军功者，然而有军功者未必具有官职所要求的治理才能，故予其官职并不能取得治理的效果。

韩非子在权衡商鞅之法的基础上，建立了自己关于法的理论，主要特点有四：

其一，因时与功效。韩非子言：

> 法与时转则治，治与世宜则有功。（《韩非子·心度》）
>
> 凡治天下，必因人情。人情者，有好恶，故赏罚可用；赏罚可用则禁令可立而治道具矣。（《韩非子·八经》）

在韩非子的视域中，法本身即工具，其目的是维护君国之利，故法之恒常性仅仅具有工具性地位，而不具有本体性地位。韩非子之治国，建立在其众人皆自私自利的人性论以及共同导向君国之利的实效性上。倘若国情有所变更，则人之好恶之所在有所转移，则法之条文应作相应之修正；倘若依照旧法难以获取君国之功效，则法之条文亦应作相应之修正。韩非子具有自己的历史观，他认为：

上古之世，人民少而禽兽众，人民不胜禽兽虫蛇。有圣人作，构木为巢以避群害，而民悦之，使王天下，号曰有巢氏。民食果蓏蚌蛤，腥臊恶臭而伤害腹胃，民多疾病。有圣人作，钻燧取火以化腥臊，而民说之，使王天下，号之曰燧人氏。中古之世，天下大水，而鲧、禹决渎。近古之世，桀、纣暴乱，而汤、武征伐。今有构木钻燧于夏后氏之世者，必为鲧、禹笑矣。有决渎于殷、周之世者，必为汤、武笑矣。然则今有美尧、舜、汤、武、禹之道于当今之世者，必为新圣笑矣。是以圣人不期修古，不法常可，论世之事，因为之备。（《韩非子·五蠹》）

韩非子认为，法度需要与时代相应。时代不同，法度也要做出相应的改变，墨守成规、故步自封的做法是行不通的。故韩非子所倡之法不同于三代，而是与其所处时代特征紧密结合，才能获得最大的功效。

其二，公开与普遍。韩非子言：

法者，编著之图籍，设之于官府，而布之于百姓者也。（《韩非子·难三》）

道私者乱，道法者治。上无其道，则智者有私词，贤者有私意。上有私惠，下有私欲，圣智成群，造言作辞，以非法措于上。上不禁塞，又从而尊之，是教下不听上、不从法也。（《韩非子·诡使》）

释法术而心治，尧不能正一国。去规矩而妄意度，奚仲不能

成一轮。废尺寸而差短长，王尔不能半中。使中主守法术，拙匠守规矩尺寸，则万不失矣。（《韩非子·用人》）[①]

韩非子之法为著于府册的客观之法，一旦成立，则为成文法、公布法。故民众需要遵守此法，官员亦必须依照此法而执行。如此，则为政者与民众皆不能行使个人之私意，皆需依循于法而行使各自之活动。

其三，权威与强制。韩非子言：

法不阿贵，绳不绕曲。法之所加，智者弗能辞，勇者弗敢争，刑过不避大臣，赏善不遗匹夫。（《韩非子·有度》）

明主之国，令者，言最贵者也，法者，事最适者也。言无二贵，法不两适，故言行而不轨于法者必禁。（《韩非子·问辩》）

法一旦确立下来，就具有无上的权威性与强制性。法为整体国民确定了一致性的方向，个体的一切差异性和独特性都在法的面前被抹平，无论贵族与平民都不能违抗法的规定。

其四，标准与规范。韩非子言：

圣王之立法也，其赏足以劝善，其威足以胜暴，其备足以必完。（《韩非子·守道》）[②]

赏存于慎法，而罚加乎奸令。（《韩非子·定法》）

秦昭王有病，百姓里买牛而家为王祷。公孙述出见之，入贺王曰："百姓乃皆里买牛为王祷。"王使人问之，果有之。王曰："訾之人二甲。夫非令而擅祷，是爱寡人也。夫爱寡人，寡人亦

① 梁启雄先生认为此篇义理与韩非子思想有不合处。然而，就所引此段而言，则合于韩非子之思想。

② 梁启雄先生认为此篇义理与韩非子思想有不合处。然而，就所引此段而言，则合于韩非子之思想。

且改法而心与之相循者，是法不立，法不立，乱亡之道也。不如人罚二甲而复与为治。”（《韩非子·外储说右下》）

法对于人的赏罚，则是以君国之利为最终取向的客观化标准下的赏罚，此赏罚完全依照法的既定内容来执行，与世俗的价值观无关。世俗价值观视域中之善倘若与法之规范不符合，则仍旧会受到相应的惩罚。以此类推，世俗价值观视域中之恶倘若与法之规范相合，则会受到相应的奖赏。也就是说，韩非子不允许世俗价值观来反抗法，一切价值观都应该统一到法的标准中来。

（二）韩非子之术

韩非子之术既继承自申不害，又对其有所改进。韩非子论申不害之术曰：

术者，因任而授官，循名而责实，操杀生之柄，课群臣之能者也，此人主之所执也。（《韩非子·定法》）

韩非子认为申不害之术能够因任授官、循名责实，这样人才与职位相配，职能与贡献相配。同时，韩非子认为申不害之术有其弊端，其曰：

申不害，韩昭侯之佐也。韩者，晋之别国也。晋之故法未息，而韩之新法又生；先君之令未收，而后君之令又下。申不害不擅其法，不一其宪令则奸多故。利在故法前令则道之，利在新法后令则道之，利在故新相反，前后相勃。则申不害虽十使昭侯用术，而奸臣犹有所谲其辞矣。故托万乘之劲韩，七十年而不至于霸王者，虽用术于上，法不勤饰于官之患也。（《韩非子·定法》）

申子未尽于法也。申子言“治不逾官，虽知弗言”。治不逾官，谓之守职也可；知而弗言，是不谓过也。人主以一国目视，故视莫明焉；以一国耳听，故听莫聪焉。今知而弗言，则人主尚安假借矣？（《韩非子·定法》）

申不害之术弊端有二：其一，申不害徒有术而无法，韩之法令新旧混杂，故给予权奸钻空子的机会。其二，申不害将每个人限制在其相应的职位上，不能越级上报。韩非子认为固守职责是对的，但若不能越级上报，君主就不容易知道基层的情况，反而被周围权臣所蒙蔽。

韩非子之法，为君主、官员、百姓所共守，然定法者为君主，执法者为官员，被治者为百姓。故法之真正执行，多在于官员。然而官员集团多阳奉阴违、欺上瞒下，分占君主立法之权威来为己仗势，故君主仍需用术以治官。熊十力先生言："盖谓圣人守法而选用大臣，大臣则奉法而督责群吏，使各率其民而举其职，则治本立。故曰明主治吏不治民者，非不治民也，治亲民之吏而民已治矣，是摇木拊本，张网引纲之说也。"① 故治官，亦即间接之治民。韩非子在权衡申不害之术的基础上，建立了自己关于术的理论，主要特点有四：

其一，无为无思。韩非子言：

凡术也者，主之所以执也；法也者，官之所以师也。（《韩非子·说疑》）

术者，藏之于胸中，以偶众端而潜御群臣者也。故法莫如显，而术不欲见。（《韩非子·难三》）

韩非子虽常言"法术之士"，以示"法术"常可连用，但术与法不同，法是纯粹客观而外显的，而术则是主观而内隐的。而且，术主

① 熊十力：《韩非子评论 与友人论张江陵》，上海书店出版社 2007 年版，第 43 页。

要是君主所操，用来驾驭群臣。由于术为君主所操，故君主之心智又需要以圣王为模范，即不必被定理之性所局限，而能在心性功夫上有所突破。韩非子之心性功夫，可以从其《解老》篇相关论述中看出，其曰：

所以贵无为无思为虚者，谓其意无所制也。夫无术者，故以无为无思为虚也。夫故以无为无思为虚者，其意常不忘虚，是制于为虚也。虚者，谓其意无所制也。今制于为虚，是不虚也。虚者之无为也，不以无为为有常，不以无为为有常则虚，虚则德盛，德盛之谓上德，故曰："上德无为而无不为也。"（《韩非子·解老》）

韩非子分辨了心灵致虚功夫的两种状态。其一，刻意去无为无思，所以其心灵一直要去除经验世界中的感官对象从而着意于虚，心意被一个虚的对象所牵制了，这反倒是不虚了，故这种情况属于无术的状态，也是韩非子所反对的状态。其二，真正的虚是无为，即并不着意于虚，经验世界中的感官对象虽然层出不穷，但是心意不被任何一个对象所牵制，这种情况属于有术的状态，也是韩非子所赞成的状态。通过后者无为无思的致虚功夫，君主可以隐去自己的好恶私意。于是，君主面对经验世界的感官对象可以使用两类措施：一类是对于尚未成形之事端进行窥测试探；一类是对于已然成形之事情采取因任授官与循名责实的手段。

其二，识几制动。韩非子言：

主之所用也七术，所察也六微。七术：一曰众端参观，二曰必罚明威，三曰信赏尽能，四曰一听责下，五曰疑诏诡使，六曰挟知而问，七曰倒言反事。此七者，主之所用也。（《韩非子·

内储说上》)

六微：一曰权借在下，二曰利异外借，三曰托于似类，四曰利害有反，五曰参疑内争，六曰敌国废置。此六者，主之所察也。(《韩非子·内储说下》)

君主之识几制动，主要表现为七术六微。“七术”是君主心灵在隐藏自我私意下的主观发用，而“六微”是君主所察觉的微妙之事端。熊十力先生说：“韩非盖尝用致虚守静之功以养其神，栖神于静而不妄费，是谓无为。无为也，则意欲不形于外，而天下莫得窥其藏，是谓无见。无见，则天下不得窃窥以制我，而我则守静以待天下之动而识其几，乃以静制动，不患无术矣。”① 识几之法，本是儒道二家心性论之常法，可以为任何身份的悟道者所通用，然而韩非子仅许君主一人使用，以之驾驭群臣。

其三，因任授官。韩非子言：

今守度奉量之士欲以忠婴上而不得见，巧言利辞行奸轨以幸偷世者数御。据法直言，名刑相当，循绳墨，诛奸人，所以为上治也而愈疏远，谄施顺意从欲以危世者近习。(《韩非子·诡使》)

有擅主之臣，则君令不下究，臣情不上通，一人之力能隔君臣之间，使善败不闻，祸福不通，故有不葬之患也。明主之道，一人不兼官，一官不兼事。卑贱不待尊贵而进，大臣不因左右而见。(《韩非子·难一》)

君主治国，需要任用有才之士，然而君主之视听常会被权臣颠倒是非、混淆黑白。很多有才之士想要为国效命没有机会，而不肖之徒则汇聚在君主周边。韩非子认为君主要识别人才，需要做到以下三

① 熊十力：《韩非子评论 与友人论张江陵》，第37—38页。

点：其一，纯粹依靠官职之要求来选拔人才；其二，官职之设定，需要做到人不兼官、官不兼事；其三，君主需要避开权臣的影响，可以亲自接见身份卑微的有才之士。通过这样的方法，君主可以为国家挑选一批优秀的法术之士。

其四，循名责实。韩非子言：

> 行参以谋多，揆伍以责失；行参必拆，揆伍必怒。不拆则渎上，不怒则相和。拆之征足以知多寡，怒之前不及其众。（《韩非子·八经》）
>
> 明主听其言必责其用，观其行必求其功，然则虚旧之学不谈，矜诬之行不饰矣。（《韩非子·六反》）
>
> 有道之主，听言督其用，课其功，功课而赏罚生焉，故无用之辩不留朝。（《韩非子·八经》）

君主对于已任职的臣下，需要对之进行考核。韩非子认为，君主考核臣下不能听信其花言巧语，而应就其职位督责其政绩，即就做事之前的计划来督责其做事后的功效。这样一来，真正的法术之士就会获得嘉奖，而懒政之徒则无法推卸责任，必然要受到相应的惩处。有了这样的方法，即使臣子有才而无德，君主也能很好地驾驭住他，例如韩非子曾举阳虎的例子，其言：

> 阳虎议曰："主贤明则悉心以事之，不肖则饰奸而试之。"逐于鲁，疑于齐，走而之赵，赵简主迎而相之，左右曰："虎善窃人国政，何故相也?"简主曰："阳虎务取之，我务守之。"遂执术而御之，阳虎不敢为非，以善事简主，兴主之强，几至于霸也。（《韩非子·外储说左上》）

阳虎此人有才能但德行拙劣，被鲁国、齐国驱逐出来，最终去了赵国。赵国君主用循名责实之术来控制他，阳虎不能再为非作歹，只能按照被框定的规则来发挥其职守，从而促成赵国的强大。

（三）韩非子之势

韩非子之势既继承自慎到，又对慎到之势有所改进，其在《势难》篇中引用慎到之言曰：

> 慎子曰：飞龙乘云，腾蛇游雾，云罢雾霁，而龙蛇与蚓蚁同矣，则失其所乘也。贤人而诎于不肖者，则权轻位卑也；不肖而能服于贤者，则权重位尊也。尧为匹夫不能治三人，而桀为天子能乱天下，吾以此知势位之足恃，而贤智之不足慕也。

韩非子认为慎到所言之势具有决定性作用。贤者乘势能治天下，而不肖者不足以败其事；不肖者乘势则能乱天下，而贤者不能济其事。故而，势相比贤与不肖而言更具有决定性作用。同时，韩非子认为慎到之势有其弊端，其曰：

> 夫势者，名一而变无数者也。势必于自然，则无为言于势矣。吾所为言势者，言人之所设也。今日尧、舜得势而治，桀、纣得势而乱，吾非以尧、舜为不然也。虽然，非一人之所得设也。夫尧、舜生而在上位，虽有十桀、纣不能乱者，则势治也；桀、纣亦生而在上位，虽有十尧、舜而亦不能治者，则势乱也。故曰："势治者，则不可乱；而势乱者，则不可治也。"此自然之势也，非人之所得设也。若吾所言，谓人之所得势也而已矣，贤何事焉？（《韩非子・势难》）

韩非子认为，势有自然之势与人设之势，慎到所言是自然之势。依照自然之势，继国者的贤与不肖是天生的，故自然之势无法控制贤与不肖乘势上位后会对天下产生什么样的影响，由此世事之治乱亦皆无法控制。而韩非子所改进之势为人设之势，此人设之势是“用赏善罚恶的方法来抱法处势”①，君主无论贤与不肖，皆不用私智，而是完全依照律法与赏罚来造势，于是天下之治理可以呈现出长期而稳定的样态。故以此人设之势来治理天下，君主个体之贤与不肖就不起什么作用了，自然之势随机而无法控制的缺点也就克服了。“韩非之势，不同于慎子自然之势，非单指势位的承袭而言，亦非赤裸裸的政治权力，其人设之势，乃指威势的运用，必与国法相结，在法有定制常轨之下，对绝大多数的中主而言，势不可乱而可治，此即所谓‘抱法处势则治’的法势。”②

韩非子在权衡慎到之势的基础上建立了自己关于势的理论，主要特点有二：

其一，赏罚独操。韩非子言：

> 君执柄以处势，故令行禁止。柄者，杀生之制也；势者，胜众之资也。（《韩非子·八经》）
>
> 万乘之主、千乘之君所以制天下而征诸侯者，以其威势也。威势者，人主之筋力也。今大臣得威，左右擅势，是人主失力，人主失力而能有国者，千无一人。虎豹之所以能胜人执百兽者，以其爪牙也，当使虎豹失其爪牙，则人必制之矣。今势重者，人主之爪牙也，君人而失其爪牙，虎豹之类也。（《韩非子·人主》）
>
> 夫赏罚之为道，利器也。君固握之，不可以示人。（《韩非子·内储说上》）

---

① 梁启雄：《韩子浅解》，第395页。

② 王邦雄：《韩非子的哲学》，第173页。

韩非子认为，君主的权势并非建立在君主个人之才德上，而是建立在君位上，有此君位就能实施赏罚二柄。君主应该清楚地认识到："彼民之所以为我用者，非以吾爱之为我用者也，以吾势之为我用者也。"（《韩非子·外储说右下》）臣民畏惧赏罚二柄，才会臣服于君主。故君主需要将赏罚的权力牢牢地掌控在自己手中，不能将之转让给大臣使用，不然权臣就会分占君主的权势，君主自身反而会被架空，甚至君位都可能被权臣颠覆。

其二，抱法处势。韩非子言：

> 用赏过者失民，用刑过者民不畏。有赏不足以劝，有刑不足以禁，则国虽大，必危。（《韩非子·饰邪》）
>
> 抱法处势则治，背法去势则乱。今废势背法而待尧、舜，尧、舜至乃治，是千世乱而一治也。抱法处势而待桀、纣，桀、纣至乃乱，是千世治而一乱也。（《韩非子·难势》）

依照慎到之势，则虽有势而无法，故权势仅仅是扩大君主之个人特征。君主个人很少有尧舜之德，也很少有桀纣之恶，大多为一些中等之主。而此中等之主，由于具有极大的权势，其缺点也会被成千上万倍地扩大，比如其赏罚容易受到自己私心的影响，或者被左右权臣所蒙蔽而作出错误的决断。如果君主赏罚不当，则此二柄就会失去维护势位的功能，导致民众的反感与不服，故纯粹的势治是行不通的。韩非子所倡导的势治是抱法处势之治，故赏罚二柄必须依循于客观之法，而不是君主之私心。因此，君主只要依法进行赏罚，民众就会心服口服。这样一来，中等之君的缺点也就被限制住了，不会由于势治而扩大，在中等之君的治理下也能够轻易做到长治久安。由于历史长河里中等之君最多，故用抱法处势之治，则能维持最大程度的国富民强。

（四）法术势之综合与客观化之精神

韩非子之法、术、势，继承自商鞅、申不害与慎到，但又有其发展创新。商鞅、申不害、慎到之法、术、势乃是孤立之法、术、势。商鞅独有法，故法所生之功效被权臣所分占；申不害独用术，故君主虽御群臣，但新旧二法并存，无法迫使君民一体，共谋君国之利；慎到独用势，故君主虽重权位，但其贤与不肖却极大地影响了社会之治乱。

韩非子之法、术、势乃是三者综合之法、术、势。韩非子论法，则需以术、势相佐，王邦雄认为："国法之标准规范性能，必以君势之操权执柄，为其强制之力量，以治术之参验督责，为其运作之方法，始能信赏必罚，功罪得当，因而御臣服民，使一国上下皆在法之制约中，共趋君国之公利"[①]；论术，则需以法、势相佐，"治术之参验督责性能，必以国法之标准，为其运作之规范，以君势之权威，为其力量之后盾，始能知人用人，责效求功，因而统御群臣，使得百官之吏，俱在治术的观测推动之中，依法以治民，忠心以事主，由是而完成君尊而国强的目标"[②]；论势，则需以法、术相佐，"君势之禁众抑下之功能，必以法之明文规定，为其依据之最高准则，以术之执持运作，为其发用之推动方法，始能处势抱法，操权上重，因而胜众禁下，使天下臣民俱在君势的统制中，以求君权固立而国趋治强。"[③]法是治理之客观原则，术是治理之操作手段，势是治理之推动力量。究其要旨，则是法制之精神贯穿到术、势之中，将君主个人的御臣之

① 王邦雄：《韩非子的哲学》，第 205 页。
② 同上书，第 209 页。
③ 同上书，第 207 页。

术变成依客观原则来参验督责，将君位之偶然性权势变成依客观原则来操权执柄。故韩非子之治理精神，在于将治理由人治之个体性与偶然性转换为具有法治精神之客观性与制度性。

五、治理秩序

在韩非子的思想中，家庭、政府、社会三者已然丧失了各自独立的特征。家庭生活与社会生活全部被以君主为核心的政府所裹挟，故社会治理即大政府的管控，其治理之基础是民众定理之性的性恶论局限，其治理之目的就是举国上下共趋君国之利。

（一）理想与现实：韩非子治理秩序之落差

在韩非子的理想中，其设计的治理理论可以超过任何先秦其他学说，并呈现立竿见影的实践效果，比如：

> 明主之国，无书简之文，以法为教；无先王之语，以吏为师；无私剑之捍，以斩首为勇。是境内之民，其言谈者必轨于法，动作者归之于功，为勇者尽之于军。是故无事则国富，有事则兵强，此之谓王资。既畜王资而承敌国之衅，超五帝，侔三王者，必此法也。（《韩非子·五蠹》）

理想中的法家社会治理秩序，民众皆以法为教、以吏为师。吏是法的执行者，法是代表君国之利的直接保证。天下人不允许具有其他不一致的思想，故不同价值观的书简之文与先王之语都要废除。老百姓不许私自争强斗狠，只有在战争中斩首敌军才能算作英勇。民众一切思想言谈都要统一于法度，一切动作实践都要有利于君国，一切斗勇都只能在战争中来表现。也就是说，不同于法度的思想言谈是被彻底禁止的，不利于君国之利的实践活动是要被取缔的，不在战争中的争强斗狠是要去除的。韩非子认为，这样的治理方式，很容易把国家打造成国富兵强的状态，秉持这种治理方式的君主，其功业甚至可以超越三王五帝。

韩非子本人由于遭李斯陷害，没有亲自实施这套主张，而李斯辅秦，李斯与秦始皇都叹服韩非子的理论，并切实使用了韩非子的理论来治理秦国。

> 始皇下其议丞相。丞相谬其说，绌其辞，乃上书曰："古者天下散乱，莫能相一，是以诸侯并作，语皆道古以害今，饰虚言以乱实，人善其所私学，以非上所建立。今陛下并有天下，别白黑而定一尊；而私学乃相与非法教之制，闻令下，即各以其私学议之，入则心非，出则巷议，非主以为名，异趣以为高，率群下以造谤。如此不禁，则主势降乎上，党与成乎下。禁之便。臣请诸有文学诗书百家语者，蠲除去之。令到满三十日弗去，黥为城旦。所不去者，医药卜筮种树之书。若有欲学者，以吏为师。"始皇可其议，收去诗书百家之语以愚百姓，使天下无以古非今。明法度，定律令，皆以始皇起。同文书。治离宫别馆，周遍天下。明年，又巡狩，外攘四夷，斯皆有力焉。（《史记·李斯列传》）

这一段记载，秦始皇以一尊之意辖制整个社会，充分体现了韩非子的理论精神。可以说，韩非子的社会治理理论，在秦国真正获得了实践落实。然而，秦国虽然用了韩非子的理论一统天下，却又二世而亡，其兴也勃焉，其亡也忽焉，韩非子社会治理的现实状态与其理论理想产生了很大的落差。汉人贾谊撰《过秦论》，评价了秦国的治理状态，并分析了秦国灭亡之原因，其言：

> 秦王怀贪鄙之心，行自奋之智，不信功臣，不亲士民，废王道，立私权，禁文书而酷刑法，先诈力而后仁义，以暴虐为天下始。夫并兼者高诈力，安定者贵顺权，此言取与守不同术也。秦离战国而王天下，其道不易，其政不改，是其所以取之守之者无异也。孤独而有之，故其亡可立而待。……今秦二世立……而重之以无道，坏宗庙与民，更始作阿房宫，繁刑严诛，吏治刻深，赏罚不当，赋敛无度，天下多事，吏弗能纪，百姓困穷而主弗收恤。然后奸伪并起，而上下相遁，蒙罪者众，刑戮相望于道，而天下苦之。自君卿以下至于众庶，人怀自危之心，亲处穷苦之实，咸不安其位，故易动也。是以陈涉不用汤武之贤，不借公侯之尊，奋臂于大泽而天下响应者，其民危也。……贵为天子，富有天下，身不免于戮杀者，正倾非也。是二世之过也。①

贾谊基本上是从儒家的立场上去批评秦之二君。其言秦始皇“不信功臣，不亲士民，废王道，立私权，禁文书而酷刑法，先诈力而后仁义，以暴虐为天下始”，除去情感性的用语外，我们可以看到秦始皇之行为十分符合法家坚持法、术、势之理想。但唯有“怀贪鄙之心，行自奋之智”似乎与韩非子理论不符。韩非子要求君主不用私智，超越定理之性的限定，而依循于天道所客观化的法度，但秦始皇似乎并没有做到这点。或者，如果我们认为贾谊将不同于儒家仁爱立场的法家式的天道人心都视为“贪鄙之心，自奋之智”，那么也可以说秦始皇之心性也符合韩非子之理论了。其言秦二世“赏罚不

---

① 贾谊：《过秦论》，转引自姚鼐：《古文辞类纂》，上海古籍出版社 2016 年版，第 2—3 页。

当，赋敛无度，天下多事，吏弗能纪”以及“奸伪并起，上下相遁”，则完全脱离了法家之理论。在韩非子的视域中，赏罚需要符合客观情形，起到奖惩功过的作用，然而“用赏过者失民，用刑过者民不畏”（《韩非子·饰邪》），秦二世赏罚不当，不但起不到激励作用，反而产生反向的负面作用。同时，秦二世本身才智不如秦始皇，身边又有赵高等奸臣当道，指鹿为马、颠倒黑白，蒙蔽了君主的视听，分占了君主的权威。朝中大臣顺赵高者生，逆赵高者亡，最后把握朝政者都是一帮宵小之徒。无事时争功领赏，有事时相互推诿，遇急时背主弑君、卖国求荣。故而秦虽以法家治国，但秦二世之行为，已经与理想中的法家治理相差甚远，犯下了君主不能犯的大忌。

通观韩非子之理论与秦二代君主之实践，则理论与实践具有极大之差距。此差距并不能仅仅归罪为君主个体没有充分实践韩非子之理论，而是需要更深一层地认识到，韩非子治理理论本身必然会导致现实中秦二代君主之治理状态。

（二）缺陷与改善：韩非子治理理论之问题

韩非子治理思想之缺陷，以人性论与价值观为理论问题，以君主个体之承担法、术、势为实践问题。

在人性论上，韩非子以定理之性之限制来看待人之本性，并不认为每个个体可以平等地体悟天道，由此而产生其愚民的思想。韩非子并不信任民众可以自理，而是迫切需要有一个外在的规范去控制民众。外在规范需要规范任何一个不能体悟天道的个体，故其价值观必然不同于任何一个不能体悟天道的个体。

在价值观上，韩非子认为人人都有趋向自利的价值观，那么外在规范的价值观则是将趋于自利的价值观转为趋于君国之利的整体性价值观，并且韩非子认为，这种趋于君国之利的价值观来自圣君对于天道的体悟。

我们可以反思韩非子的人性论与价值观，人性必然是自私的，这是一个独断的结论。它无视人世间具有超越利益的道德、亲情、艺术等因素，这也是后人批评韩非子阴忍惨刻之所在。如果人性善与恶，在理性上皆无法直接证明，尚且还可以留有一说，那么天道的价值取向是君国之利，就更缺乏必然的逻辑依据。因为，依照韩非子人性理解的推论，天道也完全可以落实为人人保有各自的利益，只要用刑名之法保障大家互不侵犯、相互和谐，也是可以成立的。

退一步讲，即使我们承认韩非子之人性论与价值观仍旧具有其合理性，韩非子的治理思想仍旧无法真正落实。韩非子的理论需要君主个体来承担法、术、势的人为实践，但君主个体是无法做出如此担当的。一旦君主担当不起来，韩非子的理论大厦仍旧会崩溃瓦解。

韩非子的理论具有法治的客观精神，将法之客观性嵌入术与势，成就整个社会的客观规范，这是其相较于前辈三晋法家的优胜之处。然而，这样的法之客观性精神，仍旧需要有人来承担。承担此客观精神者，并不是所有的人民，也不是专门的集团，而是独揽大权的君主一人。我们可以问，客观的规范从哪里来呢？韩非子认为悟道的圣王可以制定出符合君国之利的法度来。但是，悟道的圣王百世难寻，世上更多的是中等之君。中等之君，不能悟道，又如何制定法度呢？韩非子认为，中等之君虽然自己不能制定出法度，但可以依循法度来进行治理。于是问题就出现了，韩非子一方面认为法度要顺世而变，故需要法今王，不能法先王，但是又要中等之君法先前圣君已经制定好的法度，这就有了内在的矛盾。中等之君才德不如人，何以必然会采取先王之遗训？如果说，所谓圣君之法，其实不在先王，而在韩非，那么中等之君如何可以看出韩非之法的优越性，而主动去实施韩非之法呢？韩非之法或者说圣君之法，皆是以法来限制民众与君主，方能君民一体，共趋君国之利。而中等之君，才德不如人，却又私意纵横，若不愿为法度所辖制，则此法度亦拿君主没有任何办法。是故，依照韩非子之人性论，君为中等之性乃人性的常道，故其难以成为客观法度之坚实的承担者。一旦其无法承担其客观性，而是乾纲独断，那么法就变成庸主实施个人私意欲望之帮凶，而其势又助长此错误的蔓延，而其术又驾驭群臣使臣下不敢进谏。本来客观的法治，一下子就变成庸主之人治。倘若庸主再被权臣所蒙蔽，则法、术、势之危害又令出多门，庸主之人治又变为多人之不协调的人治，君国之利被多家侵占，百姓生活困苦不堪，于是政权必然会走向危亡。

我们以秦国二代君主为例，秦始皇一代枭雄，其行使韩非之法，尚不能完全客观化。秦始皇个人凌驾于法之上，而不是被法所规范，故其行使韩非子之法，虽有功效，然而已存亡羊之患。而至秦二世，则一庸主而已，由庸主之人治，转而为权臣之人治。法、术、势之客观精神消失殆尽，成为私意欲望之帮凶，故秦二世而亡，亦在情理之中。

我们倘若要继承韩非子之治理理论，则要充分发挥其法、术、势综合而具客观性之优长，去除法、术、势君主一人承担之弊病。客观之法，若为一人所操控，则法治沦为人治。故客观之法，必被多人所操控，则法治尚能维持其客观性。而要承认多人所操控，则必然承认多人之操控优于一人之操控。故其人性论上，要么承认人人皆为定理之性所局限，故君主一人并无其优越性，而多人之制衡反具优越性；要么承认人人皆可以超越定理之局限、人人可悟天道，故多人悟天道优于一人悟天道。操控权亦不被一人所执。究其实，则在于人人平等，君主在本体论与伦理道德上并不超越于众人，故法之客观性由众人共同承担。由此，既然法之客观性为众人所操控，故法之价值趋向并不保证君主一人，而是保证全体国民，于是君国之利可以转为国民之利。如此，韩非子法、术、势之客观性才能真正维持，而韩非子精神之可贵处也得以正名，重新彰显于世。

第十章
儒、道、墨、法四家社会治理思想体系的理论分判

在前文有关诸子治理思想的分析中可以看到，任何一位思想家或者思想流派，其治理思想的四大组成部分都是具有内在统一性的。治理本体、治理伦理、治理措施、治理秩序环环相扣，相互呼应。在此意义上，每家治理思想都是自成系统的独立整体，很难进行高下优劣的分判。简单地讲某一思想流派在哪一环节具有何种思想，而另一思想流派在相应环节没有此种思想，比较容易做到，但是这样做的理论意义似乎不大。而且，在此比较基础上判别治理系统之高下，则更是让人难以下结论。

因此，笔者所做的尝试就是暂时抛弃以上的写作进路，而是顺着先秦诸子治理思想中共性的内在脉络，梳理出一个治理思想的基础类型。此基础类型，既具有自身内在的逻辑开展，又能解释先秦诸子的多种社会治理思想。由此，我们以基础类型为参照平台，可以对照出先秦诸子治理思想的本质性异同点，并做出高低优劣的分判。

一、治理思想基础类型的逻辑架构

先秦诸子社会治理思想，从整体上看，包括了治理本体、治理伦理、治理措施、治理秩序四个方面。治理本体是形上学，是人之存在的基础。在此前提下，则能谈治理伦理、治理措施、治理秩序等形而下学。治理伦理是在人的存在基础上的人与人的关系。这种人与人的关系，决定了精神发展的方向与物质资源的分配。治理措施是对治理伦理的制度化，从而让治理伦理的应然性变成可供实践的实然性。治理秩序是治理所希望达到的理想状态。

与传统中国哲学的研究相比，中国传统治理思想是将传统中国哲学针对主体性的研究扩大到主体间性。也就是说，治理思想中的治理本体，相当于传统中国哲学研究中的本体论，包含天道论、心性论、性情论等层面；治理思想中的治理伦理，相当于传统中国哲学研究中的伦理学；治理思想中的治理措施，相当于传统中国哲学研究中的功夫论，只不过此功夫不是针对个体的功夫，而是针对群体的功夫；治理思想中的治理秩序，相当于传统中国哲学研究中的境界论，只不过此境界不是针对个体的境界，而是针对群体的境界。

（一）治理本体

在哲学思想中，本体是存在的根源与保证。可以作为本体的，一般不是具体的物件，而是无法继续溯源的东西。在中西哲学史上，主要有四类东西曾被当作本体。一类是偏于客观性之体的天道；一类是偏于客观性之用的整体生存；一类是偏于主观性之体的心灵；一类是偏于主观性之用的人的实践。

就天道而言，天不是指天文学、物理学意义上的天，而是指一切存在之所以然的东西。万物生之成之，但是为何生之成之，则无法解答，十分神妙；万物为有而不为无，但是为何为有而不为无，则无法解答，亦十分神妙。如果以天道为体，那么万物在时空中的存在与运行，就是用。

就整体生存而言，其本来可以指万物在时空中的存在与运行，即天道之用。但哲学家将之作一翻转，即整体生存为体，天道为用。天道不是第一性的，而只是整体生存塑造的一个假象。整体生存才是第一性的。整体生存虽然包含了一切事物的存在与运行，但任何具体的事物都不是整体生存，故整体生存仍旧不可溯源，于是整体生存就可以作为本体而成立了。

就心灵而言，心不是指心理学意义上的心，此心不能被情绪、欲望以及因果律所支配决定，而是一个自己完全可以主宰自己的东西，故其后面没有任何更为基础的东西。心本身是最自由的、最基本的，一切决断都在心的自由意识中得以成立。如果以心灵为体，那么以心体为主导的身体实践，就可以视为心灵之发用。

就人的实践而言，本来人的实践是指心灵的发用，故心灵为体，实践为用。但哲学家将之做一翻转，即实践为体，心灵为用。心灵不是第一性，而是人的实践长期塑造而成的。心灵之自由只是实践中的一个局部性的环节，实践才是真正促成一切存在与运行的基础。对于实践而言，人类的所有实践自然无法统计，具体的实践并不等同于本体意义上的实践，故此人的实践虽然貌似可以捉摸，但其实只能虚讲，无法坐实，故仍旧不可溯源，于是人的实践就可以作为本体而成立了。

此四类本体，分别为主观之体、主观之用、客观之体、客观之用。任何一类本体都可以统摄其他三类为其发用。在先秦诸子社会治理思想中，主要涉及的本体是两类，即天道与心灵。生存与实践作为本体意义的情况在此处并不多见[①]，故本文就以天道与心灵为限展开治理本体的讨论。

天道与心灵作为两大本体，在极端情况下必然无法共存，两者必择其一。然而，在先秦诸子思想中，虽然各家思想会有一定的差别，但是天道与心灵似乎具有一种共生的关系。

从天道上看，天道可以分为两类，一类是天之德性，一类是天之气性。天之气性是指万物生存与运行的经验层面，而天之德性是指万物生存与运行的价值层面。借用亚里士多德的四因说，天之气性是质料因、形式因，而天之德性是目的因、动力因。

从心灵上看，心灵是天道化生万物之一，故其内在必然也有德性与气性。但是心灵与天道化生的其他事物相比，心灵具有其最为特殊的特性。其他事物会被其气性之具体特征所限，而无法显现其德性。虽然心灵从其气性上讲，也为人之形具特征所限，有相应的欲望情感，但心灵却可以摆脱这些欲望情感而达到彻底的自由，也是不被任何形具特征限定而作纯粹自由的思考与决断。心灵从其德性上讲，对德性的感悟或认知都可以在其自由状态下达成，故而心灵可以自由决定是否依照德性去做行为实践。也就是说，心灵可以被形躯之情感欲望所限，也可以不被形躯之情感欲望所限，而显现出德性之精神。此限与不限，完全在于心灵自身之思虑与决断。

德性与心灵的关系，构成了中国哲学的心性论。若就超越德性与经验气性一体而言心，则德性内在于心而觉于心，心可以不分主客地直接感悟德性，德性对其而言首先表现为一种内在的道德情感（在

---

① 中国哲学中讲生存本体的有张载之太和之气，讲实践本体的有陈亮、叶适之事功派。

此道德情感之首发下，可以再作反省[①]而成就道德知识），此为性觉派。若仅仅就经验气性而言心，则德性外在于心而不觉于心，心只能作为认知主体去客观地认知作为认知客体的德性，德性对其而言首先表现为一种外在的道德知识（在此道德知识之首发下，可以以之作为应然的追求而成就道德情感），此为性寂派。

（二）治理伦理

无论是性觉派，抑或性寂派，其对于天道，或是感悟，或是认知，都是可以把握的。而且，在中国的主流传统中，这种把握的能力，是人人皆有的。也就是说，人人都天然地具有把握最高真理的能力。这种最高真理既包含了德性，又包含了气性。因此，人人在最高真理面前都是平等的，由此可以说人人平等。也就是说，人人都可以把握德性，人人都具有满足气性需求的权力。

气性在具体的人身上的表现，必然具有自身限定性的特征，即要保证自身限定性的持续。自身的限定性的持续，就是自身生命的延长以及自身所在种族生命的延长。如此，食欲和性欲就是依附于自身限定性的基本需求。食欲保证自我生命的延长，没有食欲就会饿死；性欲保证繁衍后代，保证种族的延长，没有性欲就会灭族。

然而，气性的生理欲望并不会轻易自觉地停留在基本需求满足的局面之中，而是容易顺着生理欲望无限地扩充下去，由此，就会影响到别人的生理需求。当某个个体生理需求的扩充影响到其他人的生理需求，那么人人平等的前提就会打破。因此需要对每个人生理需求的满足制定一种界限，从而保证每个人既能满足自我生理需求，又不会

---

① 当下刹那之自我作为认知主体而客观冷静地分析上一刹那的作为认知客体的自我所持之道德情感，由之而成就关于道德情感的客观知识。

影响其他人的生理需求。于是，德性的重要性就出现了。

德性在具体的人身上的表现，是一种价值导向性的要求。这种要求包含自身从生理需求的直线翻滚中逆觉自身，使其意识到自身存在的意义与使命以及自身与他者之间的对等关系。当德性觉醒之后，德性就可以赋予自身、他者以及整体存在以意义，并试图协调生理需求的有限范围，从而使自身与他者在此意义中可以有序地处理生理所需的物质资源。

德性赋予自身与整体的关系，就是所谓的伦常。伦常大致分为两类：一类是有血缘关系的人与人之关系，比如父子、夫妇①、兄弟；一类是无血缘关系的人与人之关系，比如朋友、君臣。前者由于是自我在经验生活中自幼接触的亲人，故德性之表现更为注重情感之交融；后者由于是自我在经验生活中长大后接触的陌生人，故德性之表现更为注重原则之执守。这样就有了私人道德与公共道德的区别。私人道德所面对的对象有限，故其具有较多的个体主观性色彩；而公共道德所面对的对象无穷无尽，故其具有较大的群体客观性色彩。鉴于人在社会生活中所处的职业不同，就会有此职业所要求的不同的具体道德，故公共道德还可以分为一般公共道德与具体职业道德。

（三）治理措施

在治理伦理的基础上，人与人的伦常关系大致上可以作出一套整体性的普遍划分。这样的工作称之为“定分”。定分把原来原子化的个体根据德性伦常的关系作出了划分。于是，每个个体都具有其归属的定分。此定分既包含了血缘关系中的定分，又包含了非血缘关系中的定分。一个人在不同关系中可以有不同的定分。比如，面对父亲

① 夫妇虽然没有直接的血缘关系，但是通过结婚生子而间接具有了血缘关系。

时，他是儿子的定分；面对妻子时，他是丈夫的定分；面对儿子时，他是父亲的定分；面对上级时，他是下级的定分；面对下级时，他是上级的定分；面对一般陌生人时，他是一般陌生人的定分；面对政府时，他是平民的定分。在如此多样的定分中，国家将定分的下限制度化，赋予每个定分相应的责任与权利并强制执行。至于定分下限以上的内容，或多或少受着伦常的影响，但更多地为每个人自我掌控。

执政者负责了公共领域的治理措施。就其权力而言，执政者负责公共领域权责定分的维护，故其必然设置一套奖惩措施来维护社会整体定分下限的实施。倘若有某个个体，很好地践行了其所在定分的权责，则执政者要给予相应的嘉奖；倘若有某个个体，没有践行其所在定分的权责，则执政者要给予相应的惩处。就其责任而言，执政者有责任保证民众气性与德性的满足。故执政者要做好民生工作，一方面将税收确定在合理范围内，使政策不去干扰民众的生产生活，并给予民众出生、住房、工作、医疗等物质生活的保障；另一方面给予教育、文化、娱乐等精神生活的保障。

除了执政者之公共措施之外，民间社会仍旧有一些非法律性、半强制性的乡规民约来补充执政者行政之不足，或者在定分下限之上再作某些程度的提升。

因为，治理措施是由治理伦理之普遍意义而来，并不局限于公共领域之定分与私人领域之定分。所以，无论何种定分之人都有权促进或纠偏治理措施。由此之故，官方与民间在治理措施上，还需要共同合作做好下述两件事。一件是对原有治理措施的维护，即对民间的优秀人才进行官方的培养与录取，而进一步充实执政者群体；另一件是对原有治理措施的纠偏，即民间的人士通过合理合法的方式，来反映官方治理措施的偏差或者官员德不配位的情况，从而促进旧有治理措施的改善。

（四）治理秩序

治理秩序是治理措施实施后的理想效果。从个体之气性上讲，人的物质生活得到保障，人们得以安居乐业。从个体之德性上讲，人的精神生活要么上同于天，要么内安于心，都能得到真理的慰藉。个体在伦常生活中可以达到全面的自治。

从个体与定分上讲，每个人自身的道德与才能都与其定分之权责要求相匹配，人人都可以达到尽伦尽制。

从定分上讲，社会生活中的不同定分各安其位，能够互相合作，互通有无。私人领域与公共领域之间和谐一体，相互促进。倘若具有不足之处，也可以通过和谐的方式进行调整与解决。

二、儒道墨法四家治理思想的基础类型分析

在治理思想基础类型的参照平台上，我们可以将儒、道、墨、法四家治理思想统合在一个系统里，并以之为标准作以下分析。

（一）儒家治理思想的基础类型分析

先秦儒家以孔子、孟子、荀子为代表。孔子思想比较圆浑，具有多种解释可能，于是孟子、荀子分别代表着不同的解释路向。

1. 治理本体的基础类型特征

孟子之天道以德性为主，气性为辅；而荀子之天道则完全为气性。孟子之心灵包含了天生的德性、气性；而荀子之心灵只具有天生的气性。就孟、荀普遍认可的心灵之气性层面而言，除了基于生理的

情感欲望之外，还有心灵之自由与思虑能力。也就是说，孟子之心灵，除了德性之外，还有自由意识、思虑能力、情感欲望；而荀子之心灵没有德性，只有自由意识、思虑能力、情感欲望。这样一来，孟子心灵给予的方向来自自由意识下的德性精神，而荀子心灵给予的方向来自自由意识下的思虑能力。德性精神在心灵上的发动，是道德情感的充沛而出，心灵对德性情感进行反思，而成就道德知识。道德情感与道德知识可以对治情欲的泛滥，而进行适当的导欲。思虑能力在心灵上的发动，是对依循于气性生命滑落的矛盾必然性的认知，从而重新构思其他路径的解决办法。这种解决办法构成知识的认知，心灵以此知识为目标而生发应然的情感。此类知识与此类情感也可以对治情欲的泛滥，而进行适当的导欲。就孟子而言，其德性可以直接表现在心中，可以判为性觉派；而荀子在理论的表述上不承认先天的德性，但在实际的化性起伪的思虑计量上，却隐藏着对于德性的知识，故可以说其所构建的知识仍旧是道德知识，其所生发的情感仍旧是道德情感。此道德知识先于道德情感，而且道德知识对于心灵而言，不能自我一体自觉，而是心灵去主动认知，由此仍可以将之划为性寂派。

2. 治理伦理的基础类型特征

孟子以德性之人人具有，而言“人皆可以为尧舜”（《孟子·告子下》）；荀子以思虑能力人人具有，而言“涂之人可以为禹”（《荀子·性恶》）。在此意义上，可以说孟、荀皆承认人人平等。

孟子所言的德性力量，以主体内在自觉自发自为为根本，以外在礼法为辅助，故总体来说，孟子的道德观属于道德自律。荀子所言的道德，主要来自礼法的规范，如果心灵不能够对强制的礼法规范作出自由意识下的选择，而是被迫去遵守礼法规范，那么如此所形成的道德则是他律道德。故荀子虽然也可以从自由意识在思虑中成就道德知识来说道德自律，但此说的力量极弱，总体上还是道德他律。

孟子之伦理建构以德性论为基础，故其发动以个体为中心对外扩充，在有限个体的生活场景中，容易产生场景的远近亲疏之别，故必然有“以羊易牛”的等差秩序，于是就会生成以仁爱为重的私人领域道德与以道义为重的公共领域道德的差别。[①] 荀子之伦理建构以礼法为基础，故其发动以普遍性的律法准则来统一要求，这样在理论上不太容易生成差异化的公私伦理规范。但是，荀子依循儒家传统所具有的公私区别，也在礼法中作此设定，故仍旧保留了公私伦理的差异。但是这种差异只有历史文化的根源，而缺失了理论自身的心性论根源，所以一旦历史文化的影响变弱，那么这些差异化的伦理观就会统一起来，成为完全按照礼法实施的“以吏为师”了。

3. 治理措施的基础类型特征

孟子主张职业分工，故亦含有定分之思想。其定分之划定大致以气性之区分，而奠之以德性的方向，故社会分工可以相互协作，而不会相互冲突。荀子之定分，则来自气性的冲突之反思，故以隐性之仁爱底色而导之以定分，其社会分工亦可以相互协作，不会互相冲突。

此外，在执政者富之、庶之、教之上，以及在君子人才培养、从道不从君的改善机制上，孟荀都有相同的看法。

4. 治理秩序的基础类型特征

孟、荀在社会治理的秩序上也大致类似，都秉承了孔子“大道之行也，天下为公”的思想。社会上任何一个个体都能安其所养，获得其恰如其分的生活方式，并与其他人的生活方式达成和谐状态。

---

① 参看陈乔见：《公私辨：历史衍化与现代诠释》，生活·读书·新知三联书店 2013 年版，第 274—277 页。

孔子的社会治理思想大致可以看作孟、荀治理思想的综合。孟、荀在治理措施与治理秩序上相一致，而在治理本体与治理伦理上则有一定的差异，其根源在于对孔子之性产生了不同的理解。子贡曰："夫子之文章，可得而闻也；夫子之言性与天道，不可得而闻也。"（《论语·公冶长》）正是因为孔子未有确切地讨论性与天道，故导致孟、荀产生不同路向的解读，而导向性觉与性寂这两条路向。但是，孟、荀之不同并不是对立式的不同，他们从不同的出发点出发，最后做到了殊途而同归。如果将荀子化性起伪所隐藏的仁心底色算上，则荀子之系统可以划入孟子之系统中，孟子之解读可以视为孔子系统之正统。

（二）道家治理思想的基础类型分析

先秦道家以老子、庄子、黄老道家为代表。老子所撰《道德经》，文辞简略，意涵丰富，具有多种解释可能。庄子、黄老道家代表对于老子的不同解读路向，庄子对于老子的解读走了心性论、境界论的路线，黄老道家对于老子的解读走了政治理论的路线。

1. 治理本体的基础类型特征

在治理本体的层面上，庄子与黄老道家就对老子之道进行了不同路径的解读。老子之道的"自然"是自然如此之意，故万物有万物之存在与运作，同时也有其之所以如此存在与运作的理。如果说前者为道用，后者则为道体。老子称前者为"有"，后者为"无"。庄子将老子之道境界化，就心中所呈现的主体性的道用来谈道，并不太直接谈道体。老子之"无"，在庄子处成为主体之无去任何意志的功夫，与"涤除玄览""致虚极、守静笃"等同。而黄老道家将老子之道实体化，就心外之客观性的道体来谈道。老子之"无"，成为无形无相之实体的简称。

从对天的理解来看，老子之“天”为天然之事物的存在运行及其所以然之理，只是若从儒家立场来看，老子之理不是仁爱之理，而是空头的无物之理，其作用不是给予动力因与目的因，而是去除任何动力因与目的因，故称之为“无”，也就是说只有气性而无德性。庄子之“天”继承了老子这一思想内涵，而黄老道家则将天实体化为天地万物的运行规律。黄老道家之“天”，虽然也有暂时以“无”名之者，但绝非无去动力因、目的因，而是在无形无相中具有积极的目的因、动力因。这样，黄老道家之“天”，一改老、庄之消极而变为积极，由出世的思想转为入世的思想。

老子之心，本来就其气性之结构而言，可以具有限定的情感与认知结构，但同时又可以在自由状态中，不被限定的情感与认知结构所束缚。庄子之心继承老子之心的理解，发挥了心的自由状态和不待物的逍遥义。而黄老道家则是部分吸收了老子之心的特点，只是去除本心中限定性的情感与认知，而没有学习心中之自然自由义。老、庄一脉，心之去除限定性情感与认知的功夫与自然的呈现是一体。而黄老道家，则是心之去除限定性情感与认知的功夫，只是为了更清晰地去认识实体化的道体。

老子、庄子之心，在心的涤除、静笃功夫下，直接与去除目的因、动力因的“无”之性体为一，可谓性觉派。而黄老道家，在心的涤除、静笃功夫下，则去认知具有目的因、动力因的实体，心性并非一体，而是两截。心灵自身不具备实体化道体的超越性，故为性寂派。

2. 治理伦理的基础类型特征

老、庄的治理伦理都是注重每个人的个体自然特性。故每个个体只要达到自然状态，无论展现出何等样态，都是独一无二的。故自然的此人与自然的彼人之间无法进行比较，也就没有了高低贵贱之别。在此意义上，我们也可以说老、庄是主张人人平等的，只是这种平等是道体面前无比较平台的人人平等。在具体的人与人关系上，老子主张要柔弱胜刚强，以无为而达到无不为，即以道家之自然柔顺之德来对待他人，不将自我的主张普遍化来要求他人，同时尊重每个人的自身特性。庄子更是继承了老子这一特点，达到齐物的境界，即对于自我以及他者之气性生命之不可去除者，持无所待的心理，从而达到自我心灵的彻底自由。老、庄在伦理关系的主张上，似乎都是顺应万物之特性，而不是以自己的私意去强求万物。老、庄的自然精神，来自心灵的彻底自由，可以说是心灵自由开显出来的无所待的德性精神，故也可以称为自律道德。由于老、庄所主张的道德不去干涉他者，而只关注自己的心灵境界，故在此出世的旨向下，老子可以西出函谷而避世，庄子可以妻死而鼓盆歌之。故在老、庄的伦理思想中，家庭伦理与社会伦理都无甚独立地位，也不予单独讨论。

黄老道家则与老、庄都不相同。实体性的道落实在人间，则表现为人的定分。对于此定分的了解，似乎只有圣人可以达到，其他人只能服从圣人对于定分的安排，于是可以说，圣人与一般人在体悟实体之道的意义上是不平等的。就定分而言，人人守住自我的定分，就是达到自我的自然。故黄老道家之自然是他律道德。黄老道家在社会生活中表现的定分，似乎更多地指向公共领域，而私人领域没有被提及，甚至在理论上不具备独立的地位。

3. 治理措施的基础类型特征

老子经常在社会治理层面来讲无为与为无为，无为是不去制定违背自然的政策法规，为无为是去除违背自然的政策法规。庄子则更收敛于内心之境界，很少谈社会治理层面的治理措施，只是在个人与君王相处的意义上谈要顺其本性与其周旋等。

黄老道家在治理措施上则有较为整全的内容。在定分的基础上，审查刑名并辅以奖赏与惩处，通过先松后紧的状态将民众由不合于自然定分的状态转化为符合自然定分的状态。同时，提拔德才上能够胜任的人才，为治理积聚力量。

无论是老、庄还是黄老道家，似乎都缺乏制度上的自我纠偏机制。老子只是大方向上说了物极必反的原理，而庄子根本不涉及政治生活，故亦没有类似的言论；黄老道家以圣人体悟天道而制定定分，故其他人既然无法通天，更无从知道定分之正确与否，而圣人既然通天，自然是正确的而不会有错，故此制度亦无须纠偏机制。

4. 治理秩序的基础类型特征

老、庄的治理秩序是道家的理想境界，人人之间没有过度的交往，如老子所言“小国寡民……民至老死，不相往来”（《道德经·第八十章》），或如庄子所言“相忘于江湖”（《庄子·大宗师》）。

黄老道家的治理秩序则是自然之定分得到彻底实施，民众自觉依照定分行事，定分与定分之间是自然而和谐的，故民众之间没有任何矛盾，不需要奖励与惩处，相互之间也是自然和谐的。由于黄老道家之伦理多指向公共伦理，故其治理秩序之定分也多指向公共领域的秩序。

（三）墨家治理思想的基础类型分析

墨家思想没有自身流派的演变，故仍旧以墨子思想为蓝本来进行墨家社会治理思想的分判工作。

1. 治理本体的基础类型特征

墨家的天道被人格化并赋予德性，但不太注重气性。故其落实在人生上，亦是注重德性，而不注重气性。墨家的天道与人心是两分的状态。天道注重德性，并宣告人们要做到兼爱；而人心具有气性，气性的心灵具有生理欲望与认知能力。如果没有兼爱的天志，人的情欲就会积聚，主见就会繁多，天下就会动乱。由于人心无法直接感悟天道，故只能通过心灵气性之中的知识理性来认知天道，故而天志对于人而言是普遍而无温度的命令。天志对于人心而言，仅仅是一种客观的外在的命令，需要心灵的理性去认知才能获得，去听命才能实践，故墨家之实现，可以归入性寂派。

2. 治理伦理的基础类型特征

对于天志，理论上人人都可以通过自我的理性来认知，故在此层面亦可以说人人平等。但是，墨子又认为一般人很难自我获得天志，唯有巨子或者成为圣王的巨子才能彻底认知天志，其他人只要通过逐级尚同最后尚同于天即可，故其平等性在制度设定中又催生了不平等性。由于不注重人的气性甚至压抑人的气性，故人的生命展开不能以自我为中心，而是以普遍的天志为中心，人与人的关系也不是以自我为中心的远近亲疏的展开，而是以普遍的天志对于原子化的个体的纵向要求来进行的。人的道德行为，除了巨子是自我选择之外，其他人如此做基本上是天志兼爱的命令使然，具有他律道德的倾向。同时，由于兼爱要求对待有血缘关系的亲人与无血缘关系的陌生人一样而无等差，于是家庭伦理就不复存在，只有统一的兼爱的伦理。

3. 治理措施的基础类型特征

墨家的治理措施虽然没有讲定分，但是其兼爱主张就是定分后面的权责，其尚同主张就是定分的相互关系，其严格的人世间与鬼神界的赏罚，就是对定分的严格落实。墨家也主张尚贤亲士来实施和维护其尚同的制度，并主张人们要尚同于天而不是尚同于上级。当上级不能尚同于天的时候，下级可以以尚同于天的理由来对其进行劝诫。此外，在民生问题上，墨家主张要节用、节葬、非乐，亦即降低物质生活标准，去除精神生活的开销，从而将资源让更多数人共享。

4. 治理秩序的基础类型特征

墨家的治理秩序，则是天志的彻底落实。在墨家看来，天志给予的兼爱、尚同的理想可以调节人与人的和谐关系，人人都能在此获得基础的生活保障，过上彻底平等的生活。

（四）法家治理思想的基础类型分析

法家思想虽然有三晋法家与韩非子思想的区别，但由于韩非子集法家之大成，故仍旧以韩非子思想为蓝本来进行法家社会治理思想的分判工作。

1. 治理本体的基础类型特征

法家之道继承了黄老道家的特征，将天道看作实体化的存在。然而，法家论人则继承了荀子的特征，以气性之人来定位人性。由此气性落实在人心中，人心具有生理欲望、思虑能力以及自由意识。气性之心与实体之天，不是一体之关系，故心是主体而认知客体是天，此为性寂派。对于更多的普通大众，在势的作用下，连认识的实际机会也没有。

2. 治理伦理的基础类型特征

法家认为，人人在理论上都可以认识天道，故在此意义上，也可以说人人平等。但是，在历史情况下，唯有圣人可以真正认识天道，并且圣人与众人被势所分出高下，故实际上是人人不平等。法家认为，人性充满着自私自利，故天然的伦常关系必然是对抗争夺的，血缘关系与非血缘关系一样是对抗争夺的，它们没有本质的区别。律法为圣王所起，具有外在的普遍性，用来规范人与人的关系，此为他律道德。私人领域的道德与公共领域的道德都为律法所规范，故不同领域不具有自身的独立性。

3. 治理措施的基础类型特征

法给予了社会以定分，势通过赏罚二柄、术通过循名责实来巩固这种定分。法家认为整体的社会运作，其目的在于耕战，最大限度地成就君国之利，故民众只是手段，民生问题并不在其考虑之中。法家不太注重贤才的培养，因为任何人——无论平民还是大臣——都在法、术、势的严酷监管下，无论个体特征贤与不肖，都不能越雷池半步，故都能担当其责。同时，君主只要遵守这套法、术、势的制度行使即可，不能分权给大臣。于是一切纠偏机制也被视为削弱君国之利的行为而被废止，故法家亦缺乏纠偏机制。

4. 治理秩序的基础类型特征

法家希望以圣王依照天道所构建人为之法来管制一切社会活动，故其理想的状态是“以法为教，以吏为师”，即法之定分统管一切，最后社会达到整体和谐，成就君国之利。法家似乎没有考虑到，倘若天下已经合并为一国，那么君国之利的对立面就不是其他国家，而是自己的人民。倘若一个政权以其人民为压榨对象与敌对势力，那么亡国之日亦不远矣，秦之兴亡可为一例。

鉴于上述分析，简而言之，儒家肯定人人皆有内在德性生命的普遍性和外在气化生命的差异性，结合此普遍性与差异性达到和而不同的礼乐社会。道家否定德性生命的普遍性，只在自然的意义上肯定气化生命的差异性，反对一切的人为干涉。墨家只肯定巨子的德性生命，否定人人皆有德性生命的普遍性，又通过尚同来抹平气化的差异性。法家否定德性生命，而用名法管控气化生命的差异性。

三、儒道墨法四家治理思想的基础类型判别

在上述分梳工作的基础上，我们可以针对儒、道、墨、法进行相应的判别工作。

（一）儒家社会治理思想之优缺点

孔子之社会治理思想比较圆浑，孟子与荀子则从不同的侧重点对其十字打开。就孟子的社会治理思想而言，其理论偏重于心性基础，而能发挥德性主体之优势，此其优势之不可掩者。然而，孟子在德性精神的发动处，道德甚于知识，故知性精神为其所不足。以此之故，孟子所建立之礼法结构，则以仁心为基础，缺乏定分之普遍性，客观性略显不足。

荀子明于天人之分，而重视人之思虑能力，故能化性起伪。其对于礼法结构之建立，彰显外王之客观性，此其优势之不可掩者。然其化性起伪而成儒家式的礼乐制度，实缺乏德性精神之基础，此为其不足。

简而言之，孟子重于德性，疏于礼乐；荀子重于礼乐，疏于德性。故可以将之做一整合，以孟子统合荀子，则庶乎合于孔子治理思想之精义，且社会治理基础类型相较也最为完备。

（二）道家社会治理思想之优缺点

老子之社会治理思想，以无为为宗，故对于浮夸功利之世风无疑是一股警醒剂，此为其优势之不可掩者。然而，其对于社会之诸多不完善，只能消极之去除，而不能积极之完善与证成，此为其不足。

庄子逍遥，可以去除心灵之前理解而达至个体无所待之境界，此

其优势之不可掩者。但是庄子之逍遥仅限于个体境界，无法外化为客观性格局，此为其不足。

黄老道家所言定分，而有客观性之局面，此其优势之不可掩者。然其他律道德不利于德性成长，扼杀社会之生机，此为其不足。

简而言之，老子取其扫除弊政之优势，庄子取其心灵无待之境界，黄老取其客观定分之安排。

（三）墨家社会治理思想之优缺点

墨家注重兼爱，则于人人皆能相爱相助，此为社会秩序之最高目的，此其优势之不可掩者。然而，墨家以最高理想要求初始阶段，且以基础物质生活要求他人，取缔文化生活，遂有不切人情之患。此外，其尚同制度，虽有定分之义，但更易导致他律道德以及堕入集权政府之可能，此为其不足。

简而言之，墨家仅取其兼爱之形式义即可。

（四）法家社会治理思想之优缺点

法家以其法、术、势结合而建立礼法之客观性，非个体执政者之贤与不肖可以动摇，此为其优势之不可掩者。然而人性论不以德性为基础，故其宗旨在于服务得势位之君国之利，而不在天下全体之利，此为其不足。

四、儒道墨法四家治理思想的基础类型综合

细考上述四家之优缺点，若以基础类型为模板，则以孔子为宗，综合孟、荀之儒家思想可以自成一完备系统，代表基础类型的现实状

态。其余诸家之优点，皆可置于其间而作一融合。

（一）治理本体的综合

在治理本体上，天道与人性需要汲取孟子之学说，包含德性与气性，并以德性精神为核心。心灵则汲取孟子、庄子之学说，既能对前理解之束缚无所待，又能在自由心灵中觉察其德性之精神。如此，心灵成就德性取之孟子，摆脱束缚成就自由则取之庄子，而成就性觉派的治理本体。

庄子心灵境界之自由说亦可融汇于孔、孟“出入无时，莫知其乡”（《孟子·告子上》）、“勿助长”（《孟子·公孙丑上》）之义，而为孔、孟之学所统摄。

（二）治理伦理的综合

在治理伦理上，汲取孟子之说，而成就人人平等义。同时，做好两方面工作。一方面，以孟子理论中德性之扩充，而成就仁爱为主的血缘伦理与道义为主的非血缘伦理。另一方面，以荀子理论中气性之心的思虑衡量来成就定分。德性与气性相互补充，如此之道德观仍旧可以谓之自律道德。

（三）治理措施的综合

在治理措施上，汲取荀子、法家之说，在定分最低限度上成就法、术、势保障的客观治理规范。但其旨向则在孟子之说，故为德性精神之天下全体之利。由此，执政者需要保障民众的生存与发展，在物质生活与精神生活上都要不断提高。同时，进行教化，选拔贤才，学而优则仕；对于德不配位或者定分之位设置不合理的情况，具有专门的客观化的纠偏机制。定分最低限度以上部分，则交给乡风民俗、家庭伦理来柔性化处置。

法家之法、术、势之客观义亦可融汇于荀子之礼乐之制，为荀子学所统摄。

（四）治理秩序的综合

在治理秩序上，汲取墨家之说，人人“兼相爱，交相利”；汲取老子、庄子之说，人人保持自我的特点，又相互达到和谐；汲取孔、孟、荀之说，达到和而不同的大同之世。

墨家之兼爱说可融汇于孔子之“大道之行也，天下为公”（《礼记·礼运》）之义，为大同社会之奋斗目标。老、庄之自然说，亦可融汇于孔子之“古之学者为己”（《论语·宪问》）之义。由此，三家学说之精义亦可为孔、孟之学所统摄。

综上所述，四家治理思想之综合，大致上以孔、孟、荀治理思想为底盘，由其他诸子思想在孔、孟、荀治理思想之相应部分进行增添而成。所增添之部分，大致上孔、孟、荀思想亦有相应的主张而不明显，故将之纳入孔、孟、荀治理思想之系统中而能不违背其内在逻辑的一贯性。由此之故，综合的社会治理基础类型亦可以看作儒家社会治理思想的新开展。

结　语

先秦诸子的社会治理思想处理了先秦时期礼崩乐坏背景下的社会问题。固然他们在处理这些问题时，需要针对他们所处的时代与社会的具体特征，但是我们也可以看到，关于这些问题的形成与解决的思考，除了具有其时代的特殊性之外，也有人性中的普遍性。在前者的意义上，先秦诸子的社会治理思想只具有历史文化的价值，而在后者的意义上，先秦诸子的社会治理思想则仍旧是具有生命力的思想系统，其不但可以在当下结合新的时代特征进行新的开展，还可以对当下既有的社会治理给予一定程度的启示。

我们在对先秦诸子社会治理思想的分判中，获得了以孔子为宗，孟、荀合流又综合诸家优长的传统社会治理思想的基础类型，并视之为较为完备的社会治理思想系统。而在当下的社会实践中，这种治理思想的基础类型除了坚守其本有的优长之外，还必须与知识理性与辩证唯物论相融合，以处理新的时代问题。

事实上，无论传统与现代，社会治理思想都必须基于人的永恒追求以及变化的时代形势而进行不懈地发展与改进。这种勇于奋进的精神，早已隐藏在古老的文献之中：

子贡问于孔子曰："赐倦于学矣，愿息事君。"孔子曰："《诗》云：'温恭朝夕，执事有恪。'事君难，事君焉可息哉！""然则，赐愿息事亲。"孔子曰："《诗》云：'孝子不匮，永锡尔

> 类。’事亲难，事亲焉可息哉!”“然则赐愿息于妻子。”孔子曰：“《诗》云：‘刑于寡妻，至于兄弟，以御于家邦。’妻子难，妻子焉可息哉!”“然则赐愿息于朋友。”孔子曰：“《诗》云：‘朋友攸摄，摄以威仪。’朋友难，朋友焉可息哉!”“然则赐愿息耕。”孔子曰：“《诗》云：‘昼尔于茅，宵尔索绹，亟其乘屋，其始播百谷。’耕难，耕焉可息哉!”“然则赐无息者乎?”孔子曰：“望其圹，皋如也，颠如也，鬲如也，此则知所息矣。”子贡曰：“大哉！死乎！君子息焉，小人休焉。”（《荀子·大略》）

在儒家看来，生命的意义就在于永无止息地创造意义。儒家不似道家那样认为只要每个事物保持自然状态就能达到天然的和谐，而是认为社会的和谐需要人为的建设与维持。儒家不似墨家那样认为存在着最高的天志定立了人间的秩序，并配有辅佐的鬼神来赏善罚恶，而是认为人间秩序的建立与维持要依靠人的不懈地道德实践。儒家不似法家那样认为礼法仅仅是为了保障既得权势的君主利益，而是认为礼法的精神在于保障普天下人民的物质与精神需求。由此可见，儒家一无依傍，完全以纯粹的德性生命之持续实践担当其化育群伦、尽伦尽制的责任，可谓天地间最大的悲情。以儒家精神为核心的传统社会治理思想，也正是具备了这样的精神动力，方能在时间的长河中返本开新，源远流长。

参考文献

古籍文献

陈鼓应：《庄子今注今译》，中华书局 1983 年版。
陈鼓应：《黄帝四经今注今译——马王堆汉墓出土帛书》，中华书局 2016 年版。
程树德：《论语集释》，程俊英、蒋见元点校，中华书局 2022 年版。
公孙龙：《公孙龙子校释》，吴毓江校释，上海古籍出版社 2001 年版。
戴震：《孟子字义疏证》，何文光整理，中华书局 2008 年版。
段玉裁：《说文解字注》，上海古籍出版社 1988 年版。
顾炎武：《日知录集释》（全校本），黄汝成集释，栾保群、吕宗力校点，上海古籍出版社 2006 年版。
郭庆藩：《庄子集释》，王孝鱼点校，中华书局 2022 年版。
郭象注，成玄英疏：《南华真经注疏》，曹础基、黄兰发点校，中华书局 1998 年版。
焦循：《孟子正义》，沈文倬点校，中华书局 2021 年版。
梁启雄：《荀子简释》，中华书局 1983 年版。
梁启雄：《韩子浅解》，中华书局 2009 年版。
孙希旦：《礼记集解》，中华书局 1989 年版。
孙星衍：《尚书今古文注疏》，陈抗、盛冬铃点校，中华书局 2004 年版。
王弼：《老子道德经注校释》，楼宇烈校释，中华书局 2008 年版。
河上公：《老子道德经河上公章句》，王卡点校，中华书局 1993 年版。

王先谦：《荀子集解》，沈啸寰、王星贤点校，中华书局 2022 年版。
吴毓江：《墨子校注》，孙启治点校，中华书局 2020 年版。
姚鼐：《古文辞类纂》，上海古籍出版社 2016 年版。
朱熹：《四书章句集注》，中华书局 2012 年版。

中文专著

白彤东：《旧邦新命：古今中西参照下的古典儒家政治哲学》，北京大学出版社 2009 年版。
蔡仁厚：《墨家哲学》，东大图书股份有限公司 1978 年版。
蔡仁厚：《孔孟荀哲学》，学生书局 1984 年版。
蔡仁厚：《王阳明哲学》，九州出版社 2013 年版。
曹峰：《文本与思想：出土文献所见黄老道家》，中国人民大学出版社 2018 年版。
陈平原编校：《中国现代学术经典 胡适卷》，河北教育出版社 1996 年版。
陈乔见：《公私辨：历史衍化与现代诠释》，生活 · 读书 · 新知三联书店 2013 年版。
陈荣捷：《王阳明传习录详注集评》，华东师范大学出版社 2009 年版。
冯友兰：《中国哲学史》，华东师范大学出版社 2015 年版。
郭静云：《天神与天地之道：巫觋信仰与传统思想渊源》，上海古籍出版社 2016 年版。
郭齐勇：《四书通识》，中华书局 2023 年版。
郭齐勇主编：《儒家伦理争鸣集：以“亲亲互隐”为中心》，湖北教育出版社 2004 年版。
郝长墀：《政治与人：先秦政治哲学的三个维度》，中国政法大学出版社 2012 年版。
黄绍箕、柳诒徵：《中国教育史》，中国和平出版社 2014 年版。
黄玉顺：《面向生活本身的儒学——黄玉顺生活儒学自选集》，四川大学出版社 2006 年版。
黄玉顺：《中国正义论的形成》，东方出版社 2015 年版。
蒋重跃：《韩非子的政治思想》，北京大学出版社 2010 年版。
蒋庆：《政治儒学》，生活·读书·新知三联书店 2003 年版。
蒋庆：《公羊学引论》，福建教育出版社 2014 年版。
李刚：《道治与自由》，社会科学文献出版社 2005 年版。
李笑岩：《先秦黄老之学渊源与发展研究》，上海古籍出版社 2018 年版。
李泽厚：《中国现代思想史论》，生活·读书·新知三联书店 2008 年版。
梁启超：《先秦政治思想史》，上海古籍出版社 2014 年版。
梁漱溟：《乡村建设理论》，商务印书馆 2015 年版。
梁涛主编：《中国政治哲学史（第一卷）》，中国人民大学出版社 2017 年版。
林存光：《政治的境界——中国古典政治哲学研究》，中国政法大学出版社 2014 年版。
吕思勉：《中国文化思想史九种》，上海古籍出版社 2009 年版。
牟宗三：《牟宗三先生全集》，联经出版事业公司 2003 年版。
钱穆：《国史大纲》，商务印书馆 1996 年版。
钱穆：《庄老通辨》，生活·读书·新知三联书店 2005 年版。
钱穆：《论语新解》，九州出版社 2011 年版。
王邦雄：《韩非子的哲学》，东大图书股份有限公司 1993 年版。
王邦雄：《老子的哲学》，东大图书股份有限公司 2004 年版。
王邦雄：《老子〈道德经〉的现代解读》，吉林出版集团股份有限公司 2011 年版。
王邦雄、曾昭旭、杨祖汉：《孟子义理疏解》，鹅湖出版社 2007 年版。
韦政通：《中国的智慧》，吉林出版集团股份有限公司 2009 年版。
吴根友：《道家思想及其现代诠释》，上海交通大学出版社 2018 年版。
吴晋生：《墨学与当代政治》，中国书店 1995 年版。
萧公权：《中国政治思想史》，新星出版社 2005 年版。

熊十力：《韩非子评论 与友人论张江陵》，上海书店 2007 年版。
许苏民：《人文精神论》，人民出版社 2011 年版。
许苏民：《中西哲学比较研究史》，南京大学出版社 2014 年版。
殷昭举：《创新社会治理机制》，广东人民出版社 2011 年版。
余英时：《论天人之际》，中华书局 2014 年版。
张舜卿：《周秦道论发微》，中华书局 1982 年版。
张祥龙：《孔子的现象学阐释九讲》，华东师范大学出版社 2009 年版。
曾春海：《中国哲学史纲》，五南图书出版股份有限公司 2012 年版。
周可真：《管理哲学元论》，中国社会科学出版社 2023 年版。
周濂：《现代政治的正当性基础》，生活·读书·新知三联书店 2008 年版。
周书俊：《先秦管理思想中的人性假设》，经济管理出版社 2017 年版。

海外著作

埃德加·沙因：《组织心理学》，王红宇、王斌译，中国人民大学出版社 2009 年版。
巴纳德：《经理人员的职能》，王永贵译，机械工业出版社 2013 年版。
丹尼尔·雷恩：《管理思想史》，孙健敏译，中国人民大学出版社 2014 年版。
道格拉斯·麦格雷戈：《企业的人性面》，韩卉译，浙江人民出版社 2017 年版。
狄百瑞：《亚洲价值与人权——儒家社群主义的视角》，尹钛译，社会科学文献出版社 2012 年版。
恩斯特·卡西尔：《人论》，甘阳译，上海译文出版社 2004 年版。
弗雷德里克·温斯洛·泰勒：《科学管理原理》，朱碧云译，北京大学出版社 2013 年版。
威尔·金里卡：《当代政治哲学》，刘莘译，上海译文出版社 2011 年版。
亚伯拉罕·马斯洛：《动机与人格》，许金声译，中国人民大学出版社 2013

年版。
亚伯拉罕·马斯洛：《马斯洛论管理》，朱智文译，中国科学技术出版社 2023 年版。
亚当·斯密：《道德情操论》，谢宗林译，中央编译出版社 2009 年版。
亚当·斯密：《国民财富的性质和原因的研究》，郭大力、王亚南译，商务印书馆 1972 年版。
The Commission on Global Governance, *Our Global Neighborhood: The Report of the Commission on Global Governance*, Oxford University Press, 1995.

期刊论文

韩星：《寓治于教——儒家教化与社会治理》，《社会科学战线》2012 年第 12 期。
胡大雷：《诸子学说与古代学术的子学经验——论诸子体系的他者生成》，《文史哲》2019 年第 4 期。
黄森荣：《先秦管理思想中的利益论》，《史学月刊》2001 年第 3 期。
李宏亮：《士在人间：中国传统贤能政治的哲学表达》，《河北大学学报（哲学社会科学版）》2022 年第 1 期。
刘敬鲁：《孟子"性善论"的价值意蕴及其对社会治理的意义》，《复旦学报（社会科学版）》2015 年第 2 期。
牟宗艳：《老子自然主义与人文主义相结合的治国理念》，《文史哲》2003 年第 6 期。
彭新武：《先秦法家的治国理念及其现代性》，《孔子研究》2023 年第 1 期。
施炎平：《周易与中国古典管理》，《周易研究》2011 年第 6 期。
王坤鹏：《"均"之思：社会转型期思想变化的一个案例》，《孔子研究》2022 年第 1 期。
王磊：《略论春秋战国时期法家思想对现代依法治国理念的启示》，《焦作大学学报》2011 年第 2 期。

王培君：《先秦水文化与任势管理思想》，《求索》2010 年第 10 期。

王威威：《治国与教民：先秦诸子的争鸣与共识》，《中国哲学史》2020 年第 1 期。

吴照云、姜浩天：《天人合一：中国管理学派的理论基础》，《中国文化与管理》2024 年第 1 期。

杨军、王楚宁、徐长青：《西汉海昏侯刘贺墓出土〈论语·知道〉简初探》，《文物》2016 年第 12 期。

周静：《荀子的治国理政思想探析》，《东岳论丛》2015 年第 8 期。

周可真：《管理哲学视域中的儒学和后现代新儒学——兼评多元发展中的新儒学》，《江海学刊》2020 年第 1 期。

周可真：《先秦诸子管理思想论纲》，《苏州大学学报》2004 年第 5 期。

张荣明：《古代中国社会转型期的治国理念》，《天津师范大学学报（社会科学版）》2019 年第 3 期。

张兆端：《多元一体的先秦诸子治理思想体系研究》，《吉林大学社会科学学报》2019 年第 1 期。

朱光磊：《〈孟子·公孙丑上·知言养气章〉中“不动心之道”义理发微》，《鹅湖》2016 年第 11 期。

朱汉民：《先秦诸子政治态度平议》，《现代哲学》2017 年第 2 期。

朱琳：《“人类命运共同体”：先秦诸子“同”观念的现代转化》，《广西民族研究》2021 年第 2 期。

后　记

本书是2018年国家社科基金青年项目“先秦诸子社会治理的思想体系与理论判释”的成果。原来的题目太过繁琐，故更名为《先秦治道论》。

管理哲学是跨学科的综合研究，既是管理学寻找形上根源的提升，又是哲学进行形下实践的路径。苏州大学哲学系有管理哲学的研究传统，例如：崔绪治老师将马克思主义哲学与管理学结合起来，李兰芬老师将伦理学与管理学结合起来，周可真老师将中国哲学与管理学结合起来。我自2012年入职苏州大学哲学系以来，在李兰芬、周可真等老师的带领下，也从事管理哲学的研究。由于我本有的学术积累是中国哲学，故除了中国哲学的教学与研究之外，另外开辟了中国管理哲学这一研究领域。

2018年，我在中国社会科学出版社出版的《对话儒学：中国当代公共道德建设的文化视野》是我的第一本中国管理哲学著作。该书从儒家伦理的角度来审察当代公共道德建设的相关问题，是儒家管理思想的现代运用。而《先秦治道论》则在全面分析先秦诸家的治理思想之后，最后归宗于儒家治理思想。如果说《对话儒学：中国当代公共道德建设的文化视野》是一本对现代进行审视的中国管理哲学著作，那么《先秦治道论》则是一本对古代进行回望的中国管理哲学著作。可以说，《先秦治道论》是《对话儒学：中国当代公共道德建设的文化视野》的前传。

2024 年 6 月，我参加了江苏省文联组织的“名师带徒”计划之“黄河历史文化豫鲁行”采风团，认识了张凯、吕沁、李文三位优秀的青年书法家。他们三位在繁忙的考察行程中挤出个人休息时间来切磋书法艺术，实在令人敬佩。我请求他们帮忙写封面题签，三人慨然应允。李文老师铺开纸张，吕沁老师提供笔墨，张凯老师题写书名。此外，商务印书馆杨晓婕编辑的专业工作使本书更加成熟，臻于完善。对于以上诸位老师的辛勤付出，我表示由衷的感谢！

图书在版编目（CIP）数据

先秦治道论 / 朱光磊著 . -- 北京 : 商务印书馆 , 2025. -- ISBN 978-7-100-25159-4

I . B220.5

中国国家版本馆 CIP 数据核字第 2025AS3758 号

先秦治道论

朱光磊　著

商　务　印　书　馆　出　版

（北京王府井大街 36 号　邮政编码 100710）

商　务　印　书　馆　发　行

南京鸿图印务有限公司印刷

ISBN 978-7-100-25159-4

2025 年 6 月第 1 版　　开本 880×1240 1/32

2025 年 6 月第 1 次印刷　　印张 12½

定价：85.00 元